绍兴文理学院鲁迅研究院成果文库

鲁迅的故事

张梦阳 著

中国出版集团有限公司
华文出版社

图书在版编目（CIP）数据

鲁迅的故事 / 张梦阳著 . —北京：华文出版社，2022.4（2023.8 重印）

ISBN 978-7-5075-5440-3

Ⅰ.①鲁… Ⅱ.①张… Ⅲ.①鲁迅（1881-1936）-生平事迹 Ⅳ.① K825.6

中国版本图书馆 CIP 数据核字（2022）第 040770 号

鲁迅的故事

著　　者：	张梦阳
责任编辑：	张明华
出版发行：	华文出版社
社　　址：	北京市西城区广外大街 305 号 8 区 2 号楼
邮政编码：	100055
网　　址：	http://www.hwcbs.cn
电　　话：	总 编 室 010-58336239　发 行 部 010-58336267
	责任编辑 010-58336259
经　　销：	新华书店
印　　刷：	三河市航远印刷有限公司
开　　本：	710mm×1000mm　1/16
印　　张：	19.25
字　　数：	247 千字
版　　次：	2022 年 4 月第 1 版
印　　次：	2023 年 8 月第 5 次印刷
标准书号：	ISBN 978-7-5075-5440-3
定　　价：	49.80 元

本书若有印装质量问题，请与发行部联系调换

目 录

开头的话   1

一　鲁迅的诞生

1. 会稽山下的绍兴   2
2. "胡羊尾巴"出世   3
3. 从百草园到三味书屋   14
4. 惊天变故   24
5. "乞食者"   31
6. 祖父周福清入狱   39
7. 父亲的病与死   50
8. 看见世人的真面目   64
9. 新思潮，新世界   77

二 鲁迅的留日

10. 国民性问题和尚武精神　　　　　　　　82
11. 仙台学医和藤野先生　　　　　　　　　86
12. 弃医从文，拯救国民　　　　　　　　　90
13. 被骗回国与朱安成婚　　　　　　　　　91

三 鲁迅的创作

14. 发愤写作，提出"立人"思想　　　　　96
15. 踢鬼的故事　　　　　　　　　　　　100
16. 绍兴的革命生活　　　　　　　　　　102
17. 在教育部任职　　　　　　　　　　　104
18. 抄古碑，校古籍，思考历史与将来　　106
19. 第一声呐喊——《狂人日记》　　　　108
20. 鲁迅的本原思想——"幸福的度日，合理的做人"　111
21. 阿Q的诞生　　　　　　　　　　　　113
22. 《呐喊》出版　　　　　　　　　　　116
23. 兄弟失和　　　　　　　　　　　　　117
24. 鲁迅名义上的妻子——朱安　　　　　119
25. 鲁迅与俞芬三姐妹　　　　　　　　　122
26. "士穷而后文工"　　　　　　　　　 127
27. 宫门口西三条二十一号　　　　　　　135
28. 鲁迅的母亲——鲁瑞　　　　　　　　138
29. 《野草》之一《秋夜》的诞生　　　　140
30. 《语丝》的创办　　　　　　　　　　143
31. 许广平印象　　　　　　　　　　　　146

32.《野草》的反响和续写	152
33.《野草》题辞	193
34.《彷徨》的小说	195

四 鲁迅的转折

35. 厦门行	206
36. 到广州	210
37. 去上海	212
38. 左联盟主	213
39. 白色恐怖下的生活	214
40. 怜子如何不丈夫	216
41. 鲁迅与瞿秋白	230
42. 善良幽默的鲁迅	246
43. 鲁迅与柔石	248
44. 鲁迅与萧军、萧红	251
45. 木刻与版画	256

五 鲁迅的晚年

46. 晚年的杂文	266
47. 自知之明与知人之明	273
48. 死	275
49. 悼念	289

开头的话

中学生里流行着"三怕"说——"一怕文言文,二怕写作文,三怕周树人",几乎每年都会传出鲁迅(周树人)作品遭到中小学语文教材删减的流言。那么,如今的中学生是否还需要读鲁迅?鲁迅究竟是什么模样?确实可怕吗?

我想:学生怕周树人,原因是多方面的。过去把鲁迅的形象树立得过于片面,突出了他"横眉冷对千夫指"的冷血斗士的一面,忽视了他人性、人情的一面。近些年有些学者已经开始弥补这一面,致力于鲁迅的人间化,谈他的生活、七情六欲,甚至说真实的鲁迅比想象中的"好玩"一百倍,而"好玩"是一切读书和研究的真谛,使鲁迅与人们接近了,有人情味了。但鲁迅的"好玩",不仅仅是幽默、风趣、亲切,还有他超越常人的深刻的一面。他确实跟人们,尤其是青年,不光讲逗趣、好听的顺耳话,更多的是常讲些逆耳忠言,他的著名散文诗《过客》就刻画了一个永远不停前行的"过客"的形象。1925年3月9日,《过客》发表在《语丝》周刊第十七期。一个月之后,即1925年4月11日,鲁迅在给文学青年赵其文的信中说:

《过客》的意思不过如来信所说那样,即是虽然明知前路是坟而偏要走,就是反抗绝望,因为我以为绝望而反抗者难,比因希望而战斗者更勇猛,更悲壮。但这种反抗,每容易蹉跌在"爱"——感激也在内——里,所以那过客得了小女孩的一片破布的布施也几乎不能前进了。

因而,除了乐观、有趣、人情味儿的一面,更为重要的是,鲁迅毕生都在"反抗绝望",进行着"更勇猛,更悲壮"的战斗!他告诫年轻人,世界绝不像他们天真地想象的那样简单、美好,是个"黄金世界",而是复杂、多面的,要准备着交"华盖运",准备好受挫折,激发人们从反面以及多角度深思多想的兴趣,纵然碰壁,也坚持为真理进行"深沉的韧性的战斗","幸福的度日,合理的做人"。

只有理解了这一点,才可能从"怕"转变为由衷的喜欢、敬佩。由此我们自己也成熟起来。

为什么众多文人早如流星一般消逝了,鲁迅这颗明星却越来越灿烂呢?尽管不断有人从各个方面以各种方式攻击、扭曲、谩骂他,种种流言把他说得多么可怕,甚至可恨,他却始终活在人们心中,日益显现他的价值和光芒,就在于从根本上来说,鲁迅是一位比别的文人深刻得多的大哲,是如苏格拉底、康德、孔子那样启人思维的大哲,又是一位敢于正视严峻现实、懂得怎样斗争的老练的战士。

哲学是人类认识中最高的智慧,即关于世界普遍规律和人生价值意义的智慧,也是对世界和人生问题的整体性、根本性的把握。一般性的文学家,通过他的叙述和描写告诉人们世界和人生是什么样的。大哲性的文学家,则在启悟人们从中懂得世界和人生为什么是这样的,同时往往从反面逆向启发你明白自己面对着怎样的世界和人生,自己又应该怎样做?怎样发挥人区别于动物的特长——思维,运用思维去正确地认识自己、认识世界。这样的哲学性不是给予人一时的感动与知识,而是赋予智慧和勇气,具备永久性的力量。

鲁迅就是这样的大哲性的文学家,而且是中国式的现代性的大哲性的文学家,他艺术地概括并表现了中国人以至整个人类的普遍弱点——阿Q的精神胜利法,启悟人们以此为镜像从思想方法上反省自己、改造自己。他的智慧又是以文学形式传达给人们的,因而传播得更深更远,感染力更强更久,最适合中国人从中汲取营养和智慧,从而提高"思考的能力"。正是由于这样的原因,鲁迅被称为"民族魂",百年以来日益深入人心,不仅中国人,而且东亚其他国家的人民,甚至世界人民都愈益感到他存在的意义和价值,把对他的研究步步推向深刻化。我们解决学生"怕周树人"的问题,要把鲁迅人间化,但不是把这位大哲简单化、庸俗化,而是讲出他一生的业绩和文章里所包含的深刻哲理和坚实力量。

我们现在就来讲讲这位大哲的故事。

一 鲁迅的诞生

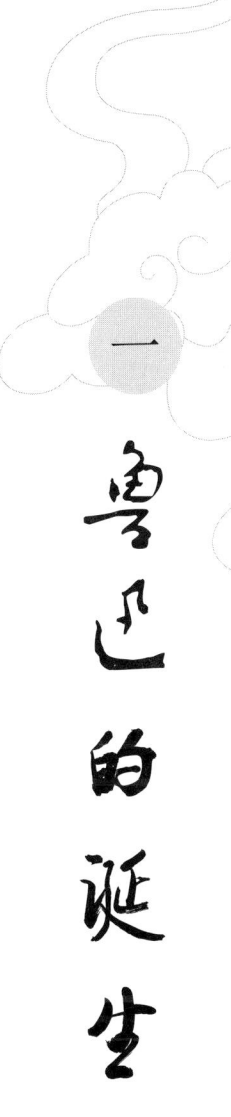

1. 会稽山下的绍兴

在中国江南靠临东海的钱塘江之畔，郁郁葱葱的会稽山下，有一座赭黄色的大禹陵，相传四千多年前，神州大地水洋洋而不息，大禹治水三过家门而不入，以实干精神洗雪父亲治水失败之耻，成为中国第一个王朝——夏朝的创建者，是古代中国历史上的一代"圣王"。大禹巡守此地时病故，葬于会稽山下。春秋战国时期，此地又出现过越王勾践被吴王夫差战败后，十年生聚，十年教训，卧薪尝胆，发愤图强，终于反败为胜、洗刷耻辱的事迹。明代中叶出现了大思想家王阳明，王阳明墓就在此地。明代末期又出现了中国思想史上最彻底的反皇权思想家黄宗羲。清初，明朝宰相马士英逃往此地，此地鲁王属下的礼部尚书王思任有言："越乃报仇雪耻之国，非藏垢纳污之区。"拒之。清兵破城后，王思任绝食而死。清朝末年，此地又出现了秋瑾、徐锡麟等刚烈义士和章太炎、蔡元培等誓死反清的思想文化名人。

此地就是浙江绍兴。

一方水土养一方人。养育了一代代人杰的绍兴，是山水如画、河汉成网的鱼米之乡。这里以河为路，以舟当车，乘小船就可通往四面八方。沿河集市繁华，生活富庶，历代皇族都爱到此居住。宋朝时，徽、钦二帝被金兵挟持而去，康王赵构在爱国将领宗泽等人的保卫下，在今天的河南商丘（那时的南京）即位，史称南宋。金兵继续入侵，赵构仍不想抗战，仓皇南逃到今天的绍兴（那时的越州），又逃至今天的宁波（那时的明州）。爱国军民奋起抵抗，暂时转危为安，赵构回来住在越州。1131年，赵构下令改元绍兴，并升越州为绍兴府。越州官绅联名上表，请求皇帝题写府额，赵构答应了，题写了"绍祚中兴"四字。南宋改年号为绍兴后，却定都杭州。但南宋最后的六个皇帝、皇后都葬在绍兴富盛附近的攒宫宝石山，称为宋六陵。至今，绍兴还流传着许多有关南宋的故事。周家始祖是著有《太极图说》的濂溪先生周敦颐。南宋末年，为避金兵，周家先祖始迁绍兴。到第七世寅宾公移居覆盆桥，第八世熊占公，多谋略，善治家，家道从而兴起。

据周福清给后人留下的《恒训》所说，周家到清乾隆时已有"田万余亩，当铺十余所，称大族焉"。到19世纪已有兴、文、诚、礼、义、信等十几个房族，在绍兴覆盆桥筑有贵族居住的老台门之外，随着人口的繁多，不够住，又在西边修了新台门。鲁迅往上三代属兴房，一直住在新台门。但自周福清兄弟辈开始不事生计，侄辈继之卖田典屋，产业尽矣，一步步败落下来。

2. "胡羊尾巴"出世

1881年9月25日，正是秋天，绍兴周家新台门热火起来了。从西往东数第二间房的楼下，周伯宜和鲁瑞住的房子里传来一个男孩的啼哭声。周家兴房的长孙诞生了。

好消息报给了正在北京当"京官"的祖父周福清，即介孚公，接到家信的那一日，适值一位姓张的官员来做客。为求吉利，用客人的姓氏取名，把长孙的小名定为"阿张"，随后再找同音异义的字取作"书名"，乃是"樟寿"二字，号曰"豫山"，取义于豫章。因为出身翰林的祖父周福清曾任江西南昌下属的豫章郡金溪县令，历史上会稽郡与豫章郡同属扬州。江西多产樟木，地名多有"樟树""樟坪""樟村"等，江西简称"赣（贛）"，为"章"与"贡"的组合，意思就是向朝廷进贡樟木。后来樟寿上书房去，同学们取笑他，叫他作"雨伞"，他听了不喜欢，请祖父改定，介孚公乃将山字去掉，改为"豫才"。将"豫章"一语分别置于原名"樟寿"与"豫才"之中，含有双重意思：一是期待孩子将来能成为樟树那样的栋梁之材，二是纪念自己曾在江西做官。

依照绍兴的习俗，在孩子吃奶之前，先让他尝五种滋味，第一是吃醋，尝酸味；第二是吃盐，尝咸味；第三是吃黄连，尝苦味；第四是吃钩藤，既尝苦，又挨刺；第五是吃糖，尝甜味。尝遍了这五种人生况味以后，才将乳汁放到嘴里，使他长大起来，去迎接人世的酸苦辣咸、艰苦磨难，争取最后的甘甜。樟寿当然也遍尝了这五种滋味，这或许预示着他以后的人生也将遍尝这些人生况味，用笔把这些滋味写出来。

姆娘生下樟寿不久，乳房上长了一个硬块，怕是望心痨，据说烂穿可以看到心脏，就想找一位奶娘。正好帮工庆叔的老婆生了一个女儿，奶水很多，愿意来做奶娘，曾祖母便叫她来看看。庆叔的老婆那时二十六岁，生得身材高大，体格健壮，性情也很开朗，家里就把她雇用下来了。大家叫她庆太娘。因为高大，叫她阿长，孩子们称她为长妈妈。后来庆太娘家里有事回去了，又请了一位黄胖而矮的什么妇人来补她的缺，由于大家叫惯了，没有再改口，还叫她长妈妈，奶奶则叫她阿长。

樟寿的生日，阴历是闰年八月初三，与"灶司菩萨"同生日，出生时衣胞又是"蓑衣胞"，胎胞质地薄，像蓑衣的样子。按照绍兴的老说法，生于闰年，是"蓑衣胞"，又和菩萨同生日的孩子，是很少的。这样的孩子，将来一定有出息；不过，难以养大。于是，周家全家人，上自爷爷，

2. "胡羊尾巴"出世

下至父母,都忙了起来,想方设法使他能顺利长大。因为他是周家兴房的长孙,"物以稀为贵",要想法子避鬼,保佑。

一是除了通行的"满月"和"得周"的各样祭祀之外,还要向神佛去"记名"。这就是把小孩的名字记在神或佛的账上,表示他已经出了家,不再是人家的娇儿,免得鬼神妒忌,想要抢夺了去。樟寿首先是向大桶盘湖畔寺庙的女神记名。这女神不知是什么神道,好像是九天玄女吧!记了名的义务是每年有一次,要去祭祀"还愿",备了小三牲去礼拜。

二是要拜一个和尚为师父。从周家台门的东昌坊口西边往北走,不远的塔子桥头有座长庆寺。寺里的住持,人称"龙师父",樟寿不到一岁,就被领到长庆寺去拜他为师父了。师父瘦长的身子,瘦长的脸,高颧细眼,和尚是不留须的,他却有两绺下垂的小胡子。他对人很和气,对樟寿也很和气,给他取了个法名叫作"长庚"。还给了件百家衣,就是"衲衣",论理,是应该用各种破布拼成,樟寿的却是橄榄形的各色小绸片缝就,大概是模仿袈裟的做法吧,一件从好些人家拼凑出来的东西似乎有一种什么神力,非喜庆大事不给穿;还有一条在绍兴称为"牛绳"的物事,原义自然是牵牛的绳索,作为小孩的装饰乃是用红丝线编成的,有小指那么粗,长约二尺许,两头打结,套在脖子上,平常未必用,若是要出门去的时候,那是必须戴上的。牛绳本身只是一根索子而已,而这种"牛绳"上却挂着一些零星小件,都是有避邪能力的法物。譬如有小铜镜,有叫作"鬼见怕"的一种贝壳,还有一寸多长的小本"黄历",用红丝线结了网装着。最珍贵的是银筛,那筛子圆径不过寸余,中央一个太极图,上面一本书,下面一卷画,左右缀着极小的尺、剪刀、算盘、天平之类。

这是因为中国的邪鬼,是怕斩钉截铁、不能含糊的东西的。"龙师父"是位特别的和尚,不教小樟寿念一句经,也不教他一点佛门规矩;他自己呢,穿起袈裟来做大和尚,或者戴上毗卢帽放焰口,"无祀孤魂,来受甘露昧"的时候,是庄严透顶的,平常也不念经,因为是住持,只管着寺里的琐事。在樟寿看来,他不过是一个剃光了头发的俗人。说他是俗人的主要标志是和尚是不应该有老婆的,然而他有。听说他年轻时,是一个很能干的和尚,交际很广,认识各种人。有一天,乡下做社戏了,他和戏子相识,便上台替他们去敲锣,精光的头皮,簇新的海青,真是风头十足。乡下人大抵有些顽固,以为和尚是只应该念经拜忏的,台下有人骂了起来。师父不甘示弱,也给他们一个回骂。于是,战争开始,甘蔗梢头雨点似的飞上来,有些勇士,还有进攻之势,"彼众我寡",他只好退走,另一面却紧追,逼得他又只好慌张地躲进一家人家去。而这人家,又只有一位年轻的寡妇。而这寡妇正是后来的师母,樟寿见她的时候,她大约有四十岁了,胖胖的,穿着玄色纱衫裤,在自己家的院子里纳凉,她的孩子们就来和樟寿玩耍。有时还有水果和点心吃,所以樟寿很爱她。

两三岁时,要种痘了。这一天,就举行了种痘的仪式,堂屋中央摆了一张桌子,系上红桌帷,还点了香和蜡烛,父亲抱了樟寿,坐在桌旁。一位医官过来,穿的什么服饰,樟寿记不得影子了,记得的只是他的脸:胖而圆,红红的,还戴着一副墨晶的大眼镜。说着难懂的"官话"。至于动刀,点浆,也是一点记忆都没有。后来自看臂膊上的疮痕,才知道种了六粒,四粒是出的。

当时,樟寿并没有感觉痛,也没有哭,那医官还笑着摸摸他的头顶,说道:"乖啊,乖啊!"父亲翻译给他说:"是在称赞偌呢!"就送了他两样可爱的玩具。一样是朱熹所谓"持其柄而摇之,则旁耳还自击"的鼗鼓,也就是拨浪鼓。

樟寿不觉得稀罕,因为过去玩过。最可爱的是另外一样,叫作"万花筒",是一个小小的长圆筒,外糊花纸,两端嵌着玻璃,从观察孔的一端向明一望,那可真是猗欤休哉,里面竟有许多五颜六色、稀奇古怪的花朵,而这些花朵的模样,都是非常整齐巧妙,为实际的花朵丛中所看不见的。况且奇迹还没有完,如果看得厌了,只要将手一摇,那里面就又变了另外的花样,随摇随变,不会雷同,真是"层出不穷"。然而,樟寿要探检这奇境了。他于是背着大人,在僻远之地,剥去外面的花纸,使它露出难看的纸版来;又挖掉两端的玻璃,就有一些五色的通草丝和小片落下;最后是撕破圆筒,发现了用三片玻璃条合成的空心的三角。花也没有,什么也没有,想做它复原,也没有成功,这就完结了。他真不知道惋惜了多少年……

三四岁,能够听故事了。那是一个夏夜,樟寿躺在一株大桂树下的板桌上乘凉,祖母摇着芭蕉扇坐在桌旁,给他猜谜,讲故事。忽然,桂树上沙沙地有趾爪的爬搔声,一对闪闪的眼睛在暗中随声而下,使他吃惊,也将祖母的话打断,另讲猫的故事了——

"你知道吗?猫是老虎的先生。"祖母说,"老虎本来是什么也不会的,就投到猫的门下来。猫就教给它扑的方法,捉的方法,吃的方法,像自己捉老鼠一样。这些教完了;老虎想,本领都学到了,谁也比不过它了,只有做老师的猫还比自己强,要是杀掉猫,自己便是最强的角色了。它打定主意,就上前去扑猫。猫是早知道它的来意的,一跳,便上了树,老虎却只能眼睁睁地在树下蹲着。猫还没有将一切本领传授完,还没有教给它上树。"

这是侥幸的,樟寿想,幸而老虎很性急,否则从桂树上就会爬下一匹老虎来,究竟很怕人。他要进屋子里睡觉去了。

祖母还讲了白蛇娘娘的故事。有个叫作许仙的救过两条蛇,一青一白,后来白蛇化作女人来报恩,嫁给了许仙;青蛇化作丫鬟,也跟着。一个和尚,叫法海,是得道的禅师,看见许仙脸上有妖气——凡讨妖怪做老婆的人,脸上就有妖气的,但只有非凡的人才看得出——便将他藏在金山寺的法座后,白蛇娘娘来寻夫,于是就"水漫金山"。但是白蛇娘娘终于中了法海的计策,被装在一个小小的钵盂里了。钵盂埋在地里,上面还造起一座镇压的塔来,这就是雷峰塔。此后似乎事情还很多,如"白状元祭塔"之类。那时,樟寿唯一的希望,就在这雷峰塔的倒掉。当时,家里有一部弹词《白蛇传》,大家都同情"白娘娘",看不起许仙,而尤其怨恨法海。看到绣像上有法海时,樟寿就用指甲掐他的眼睛,结果这一页上的法海形象就特别破烂了。

樟寿还从画上看到了民间的故事。他的床前贴着两张花纸,一是"八戒招赘",满纸长嘴大耳,他以为不甚雅观;别的一张"老鼠成亲",却可爱,自新郎新妇以至傧相、宾客、执事,没有一个不是尖腮细腿,像煞读书人的,但穿的都是红衫绿裤。他想,能举办这样大仪式的,一定只有他所喜欢的隐鼠。

激起樟寿生活乐趣的还有家里的忙月帮工庆叔。他忠厚、勤谨,本名章福庆,是绍兴乡下杜浦乡四村人。原来是一位竹作工人,竹作手艺很高,除了补竹箩、竹簟之类的粗活,还会竹作的细活,如编提花盒、做考篮之类,能在考篮上编出"福禄"的字样。村里人都叫他竹作阿福,到东昌坊口做竹工的时候,被周家看中,成了这家的忙月。他长方脸,直而削的鼻子,眉毛浓黑,目光有神,给人以威严感。但他待人特好,受到周家的尊敬。周氏三台门的工人们也很敬重他,尊称他为"班长"。因为与周福清同名而犯了"福"字的忌,所以小孩们都叫他"庆叔",祖母则叫他"老庆"。年节祭祀忙时,庆叔又把他的儿子运水叫来看管祭器。樟寿和运水成了好朋友,和庆叔一起在雪地里捉麻雀。晚上,樟寿三兄弟就跟庆叔走棋,听他们父子讲海边的故事。过年时,庆叔还会做庙会上买不到的竹制土货玩具,引得孩子们欢呼雀跃。

这段生活给鲁迅留下了美好的印象。多少年后,他回绍兴搬家到北

2. "胡羊尾巴"出世

京,在小说《故乡》里这样回忆运水:"我的脑里忽然闪出一幅神异的图画来:深蓝的天空中挂着一轮金黄的圆月,下面是海边的沙地,都种着一望无际的碧绿的西瓜,其间有一个十一二岁的少年,项带银圈,手捏一柄钢叉,向一匹猹尽力的刺去,那猹却将身一扭,反从他的胯下逃走了。"不过小说里已把"运水"改作"闰土"了。

而最激起樟寿对图画书兴趣的还是玉田公公。这位公公谱名兆蓝,又作梦蓝,字肖云,号玉田,小名"蓝"。族中大排行十二,系周家仁房下的义房周之谆的儿子,原有兄弟九人,他是老六,与樟寿祖父周福清是同曾祖的堂兄弟。周福清中了翰林,新台门周家觉得无上光荣,他便更名瀚清,"玉田"也改了一个字为玉泉,别号琴逸。但樟寿一辈仍然叫他"蓝爷爷"。樟寿七岁时,家里让他到"蓝爷爷"处开蒙读书。读的第一本书是《鉴略》,这是樟寿祖父的主张,认为孩子读书不应从《千字文》《百家姓》开始,而应从《鉴略》读起。这样一边认字,一边可以先懂得一点历史知识。樟寿在这里读了三个月书,就得到"蓝爷爷"的青睐,夸他才思敏捷,一次上三字课对,课题是"汤婆子",樟寿即对"竹夫人",不但对仗工整,而且意思恰当。

"蓝爷爷"是一个胖胖的、和蔼的老人,唇上留着八字胡,住在新台门的中部第四进,正好和樟寿曾祖母、祖母的住房相对,中间是一个不大的明堂,用曲尺形的高墙隔开,南面只剩了一条狭长的天井,北面的小明堂也就不宽大。

从白板门出去,走过大堂前,弯到他那里很有一段路。如果没有那高墙,就只有一个明堂之隔,不过十步左右而已。樟寿兄弟常到他家去,吸引他们的是特别有趣的藏书和花草虫鱼。樟寿和"蓝爷爷"谈书,三弟松寿则观看明堂花架上放着的珠兰、建兰、茉莉,还有一种据说是从北方带来的马樱花,很好看,松寿家没有的。"蓝爷爷"对花草很爱惜,对松寿说："你看不要紧，不要用手去摸啊！"于是松寿就反背了两只手看，"蓝爷爷"也就放心了。可是玉田奶奶呢，却什么也不管，把晒衣服的竹竿搁在珠兰的枝条上，枝折断了，竹竿落在地上，湿衣服又脏了，她心痛她的衣服，愤愤地咒骂珠兰："死尸！"玉田公公也心痛得什么似的，他心痛他的珠兰。玉田公公还养着金鱼和油蛉一类的虫，松寿也喜欢。

这老人是个寂寞者，因为无人可谈，就很爱和孩子们往来，有时简直称樟寿兄弟为"小友"。他最爱跟樟寿谈书，樟寿也特别爱看他的书。在他的书斋里看见过陆玑的《毛诗草木鸟兽虫鱼疏》，还有很多名目很生的书籍。樟寿那时最爱看的是《花镜》，上面有许多花的图案。"蓝爷爷"还捋捋唇上的八字胡说给他听，曾经有过一部绘图的《山海经》，画着人面的兽，九头的蛇，三脚的鸟，生着翅膀的人，没有头而以两乳当作眼睛的怪物……可惜现在不知道放在哪里了。樟寿很愿意看看这样的图画，但不好意思力逼他去寻找，他是很疏懒的。问别人呢，谁也不肯真实地回答他。压岁钱还有几百文，买吧，又没有好机会。有书买的大街离他家远得很，他一年中只能在正月间去玩一趟，那时候，两家书店都紧紧地关着门。玩的时候倒是没有什么的，但一坐下，樟寿就记得绘图的《山海经》。大概是太过于念念不忘了，连长妈妈也来问《山海经》是怎么一回事……

过了十多天，或者一个月吧，长妈妈告假回家以后的四五天，穿着新的蓝布衫回来了，一见面，就将一包书递给樟寿，高兴地说道："哥儿，有画儿的'三哼经'，我给你买来了！"

樟寿似乎遇着了一个霹雳，全体都震悚起来；赶紧去接过来，打开纸包，是四本小小的书，略略一翻，人面的兽，九头的蛇……果然都在内。

这使樟寿对长妈妈发生新的敬意了，别人不肯做，或不能做的事，她却能够做成功。她确有伟大的神力。樟寿曾经有一只可爱的小鼠，大抵在地上走动，只有拇指那么大，也不很畏惧人，绍兴那里叫它"隐鼠"，这

2. "胡羊尾巴"出世

样过了大约一两月；有一天，樟寿忽然感到寂寞了，真所谓"若有所失"。他的隐鼠，是常在眼前游行的，或桌上，或地上。而这一日却大半天没有见，大家吃午饭了，也不见它走出来，平时，是一定出现的。他再等着，再等它一半天，然而仍然没有见。长妈妈说，隐鼠是昨天晚上被猫吃去了！于是樟寿开始仇猫，见猫就打。但许多天之后，也许是已经经过了大半年，樟寿竟偶然得到一个意外的消息：那隐鼠其实并非被猫所害，倒是它缘着长妈妈的腿要爬上去，被她一脚踏死了。因此樟寿严重地诘问起长妈妈，当面叫她阿长。但自从长妈妈给他买来《山海经》，谋害隐鼠的怨恨，从此完全消灭了。

这四本书，乃是樟寿最初得到，最为心爱的宝书。书的模样，多少年后他还如在眼前。可是从还在眼前的模样来说，却是一部刻印都十分粗拙的本子。纸张很黄；图像也很坏，甚至于几乎全用直线凑合，连动物的眼睛也都是长方形的。但那是樟寿最为心爱的宝书，看起来，确是人面的兽；九头的蛇；一脚的牛；袋子似的帝江；没有头而"以乳为目，以脐为口"，还要"执干戚而舞"的刑天。

此后樟寿就更加努力搜集绘图的书，于是有了石印的《尔雅音图》和《毛诗品物图考》，又有了《点石斋丛画》和《诗画舫》。《山海经》也另买了一部石印的，每卷都有图赞，绿色的画，字是红的，比那木刻的精致得多了。这一部直到多少年后还在，是缩印的郝懿行疏。木刻的却已经记不清是什么时候失掉了。

姆娘鲁瑞共生了五个孩子，四个男孩儿，分别叫樟寿、櫆寿、松寿、椿寿，一个女孩儿叫端姑。大阿官樟寿特别聪明伶俐。他幼小的时候，长得很体面，也很活泼，那时绍兴爱给很小的孩子穿红衣服。樟寿穿着红棉袄，手里拿着一位和尚木匠给他做的大关刀，表演了一个关公要杀人的动作，举起刀在大人面前高声说："给偌看看！"逗得人们大笑。

鲁瑞记得，这孩子讨人喜欢。那年正月，几位本家长辈在家里玩牌。樟寿五岁，在牌桌间玩玩看看，他偏爱甜点，大概想弄点东西吃。忽然一位长辈逗趣地问他，喜欢哪个人打赢？他出人意外地回答："我喜欢大家都赢！"一句话引得大家都笑起来了。

樟寿一直很快乐，但是小妹妹端姑得天花死时，他却在屋隅暗泣，姆娘询问他何故，答说："为妹妹啦。"知儿莫若母，姆娘深知儿子心地善良，不光是妹妹，就是朋友，甚至不认识的人，以至鸽子、小鼠这些动物，如遭惨死，他也会心疼的。樟寿最喜欢的就是妹妹了，常看着不满一岁的小妹不停地笑。小妹也跟着大哥笑，小圆脸上显出两个小酒窝儿……嗨，多可爱的囡子啊，怎么这样小就死了呢？

樟寿还爱跟曾祖母逗笑。曾祖父苓年公行九，曾祖母通称九老太太。她以严正称，平常总是端正地坐在房门口那把石硬的太师椅上。那椅子是花梨紫檀木做的也说不定，但石硬总不成问题，加上一个棉垫子也毫无用处，可是她一直坐着，通年如此。樟寿兄弟有时跑进她的房里，叫她一声"太娘娘"，她就眉开眼笑，说："阿宝来啦！"叫她的丫鬟宝姑道："拿点东西来给阿宝吃！"兄弟三人，她分不清，一律叫"阿宝"。于是便有一个十六岁的姑娘应声而出，从描花彩瓶里，拿出零食给孙子吃，曾祖母连连说："阿宝，乖，吃咚，吃咚！"

樟寿有时去和曾祖母开玩笑，假装跌跟斗倒在地上，曾祖母便说："啊呀，阿宝呀，衣裳弄脏了呀！"樟寿赶紧爬了起来，过一会儿又假装跌了，要等曾祖母再说那两句话逗趣。

樟寿聪颖，诡谲，一上学就很快学会了对课，因此名声在外，都知道他才思敏捷，出口不凡。鲁瑞的大姐夫阮士升，是有名的才人，就想借鲁瑞带外甥樟寿到自家做客的机会考他一考。当时，阮士升的四个儿子和本

2. "胡羊尾巴"出世

地贡生阮廷藩都在场。

阮士升对樟寿说:"阿张,我开个头,给你对个课,大家热闹热闹。"

樟寿自然应命。说罢,阮士升指着桌上的一碗猪肉说:"红炖肉!"这个课题是容易的,樟寿看到桌上放着一碗鸡肉,便对道:"白斩鸡。"因能同时就桌取材,席间响起一阵称赞声。

贡生阮廷藩觉得考题太易,要出更难的,扫视四周,发现石墙上有幅《鸳鸯戏水图》,便接口说:"我也出个对子,'擎荷底下戏鸳鸯'。你能对吗?"

樟寿一眼瞟见左面墙上有幅《春燕图》,顺口答道:"垂柳枝头闹春燕。"

众人皆称:"妙对,妙对!"

客散之后,樟寿和几个表兄弟到庭院放花爆,阮士升见天上的明月,便说:"阿张,酒席上你对得不错,现在还有一联,你能对吗?"

樟寿听了应道:"好,试试看。"

阮士升随即手指天空,出了上联:"望日月圆,十五月半,月月月圆称月半。"

这下联樟寿也觉得不好对,只得边想边察看四周景色。忽然,他发觉院中树木和盆花上贴着一条条"送除夕,迎初一"的红条子,受到启发,便昂首续联:"除夕年尾,初一年头,年年年尾接年头。"

这下联对仗工整,无疵可指,喜得阮士升一步跨前连连称赞他聪明。从此,樟寿得了"胡羊尾巴"的外号。这是绍兴话,含有聪明、伶俐、调皮等对孩子喜爱和称赞的意思。

3. 从百草园到三味书屋

樟寿家的后面有一个很大的园,相传叫作百草园。那里却是他的乐园。

不必说碧绿的菜畦,光滑的石井栏,高大的皂荚树,紫红的桑椹;也不必说鸣蝉在树叶里长吟,肥胖的黄蜂伏在菜花上,轻捷的叫天子(云雀)忽然从草间直窜向云霄里去了。单是周围的短短的泥墙根一带,就有无限趣味。油蛉在这里低唱,蟋蟀们在这里弹琴。翻开断砖来,有时会遇见蜈蚣;还有斑蝥,倘若用手指按住它的脊梁,便会啪的一声,从后窍喷出一阵烟雾。何首乌藤和木莲藤缠络着,木莲有莲房一般的果实,何首乌有臃肿的根。有人说,何首乌根是有像人形的,吃了便可以成仙,樟寿于是常常拔它起来,牵连不断地拔起来,也曾因此弄坏了泥墙,却从来没有见过有一块根像人样。如果不怕刺,还可以摘到覆盆子,像小珊瑚珠攒成的小球,又酸又甜,色味都比桑椹要好得远。

长的草里是不去的,因为相传这园里有一条很大的赤练蛇。

长妈妈曾经讲给樟寿一个故事听:先前,有一个读书人住在古庙里用功,晚间,在院子里纳凉的时候,突然听到有人在叫他。答应着,四面看时,却见一个美女的脸露在墙头上,向他一笑,隐去了。他很高兴;但竟给那走来夜谈的老和尚识破了机关。说他脸上有些妖气,一定遇见"美女蛇"了;这是人首蛇身的怪物,能唤人名,倘一答应,夜间便要来吃这人的肉。他自然吓得要死,而那老和尚却道无妨,给他一个小盒子,说只要放在枕边,便可高枕而卧。他虽然照样办,却总是睡不着——当然睡不着的。到半夜,果然来了,沙沙沙!门外像是风雨声。他正抖作一团时,却听得豁的一声,一道金光从枕边飞出,外面便什么声音也没有了,那金光也就飞回来,敛在盒子里。后来呢?后来,老和尚说,这是飞蜈蚣,它能吸蛇的脑髓,美女蛇就被它治死了。

结末的教训是:倘有陌生的声音叫你的名字,你万不可答应他。

这故事很使樟寿觉得做人之险,夏夜乘凉,往往有些担心,不敢去看墙上,而且极想得到一盒老和尚那样的飞蜈蚣。走到百草园的草丛旁边时,也常常这样想。但直到现在,总还是没有得到,但也没有遇见过赤练蛇和美女蛇。叫他名字的陌生声音自然是常有的,然而都不是美女蛇。

冬天的百草园比较的无味;雪一下,可就两样了。拍雪人(将自己的全形印在雪上)和塑雪罗汉需要人们鉴赏,这是荒园,人迹罕至,所以不相宜,只好来捕鸟。薄薄的雪,是不行的;总须积雪盖了地面一两天,鸟雀们久已无处觅食的时候才好。扫开一块雪,露出地面,用一支短棒支起一面大的竹筛来,下面撒些秕谷,棒上系一条长绳,人远远地牵着,看鸟雀下来啄食,走到竹筛底下的时候,将绳子一拉,便罩住了。但所得的是麻雀居多,也有白颊的"张飞鸟",性子很躁,养不过夜的。

这是小朋友运水的父亲庆叔传授的方法,樟寿却不大能用。明明见它们进去了,拉了绳,跑去一看,却什么都没有,费了半天力,捉住的不过三四只。庆叔是小半天便能捕获几十只,装在叉袋里叫着撞着的。樟寿曾经问他得失的缘由,他只静静地笑道:你太性急,来不及等它走到中间去。

樟寿不知道怎么回事……也无从知道。总而言之:他将不能常到百草园了,家里的人要将他送进书塾里去了,而且还是全城中称为最严厉的书塾。他觉得也许是因为拔何首乌毁了泥墙吧,也许是因为将砖头抛到间壁的梁家去了吧,也许是因为站在石井栏上跳。他心里呼叫着:Ade,我的蟋蟀们!Ade,我的覆盆子们和木莲们!

东昌坊东头，是周家新台门。再往东，是老台门。老台门斜对面，有一座奇特的桥，桥上有讲究的板壁，有玻璃窗。天花板是排列得很整齐的椽子，椽子上搁着像瓷器一样的长方砖，外层是瓦，北块还有一扇门。这不像桥，而像一所房子，只是不住人，作为走路用的。这座桥叫覆盆桥。据说这里是西汉会稽太守朱买臣和他的前妻相遇的地方。朱买臣贫穷的时候，妻子抛弃了他，富贵以后，前妻又要求和他破镜重圆。朱买臣从张马河里舀了一盆水，倒在马前，说，如果你能把水重新收回盆里，我就和你恢复夫妻关系。泼在地上的水，如何收得回来？他的老婆十分羞惭，回去就自杀了。这座桥因此得名"覆盆桥"。

覆盆桥南块靠西，是过桥台门，居住着周家中房派下的慎房和裕房。东邻有几间房子，屋虽不多，却有花木、假山、鱼池，很是别致。这是老台门和房十五太爷夏天避暑的别墅，被称为新过桥台门。再东邻就是寿家台门。原是寿镜吾祖父寿峰岚靠酿酒、卖酒积钱购置的，占地六亩，前临小河，后有竹园，修竹千竿，与周家老台门隔河相望。到父辈寿韵樵，即云巢公时，寿家已不靠酿酒为业，成了一户书香人家。经济上也江河日下，把正屋典给了财主李月舫，由寿镜吾在东配房开设了三味书屋。

从东边斜对石桥的寿家台门双扇正门进去，左拐往东进入一扇黑油的竹门，就闻到浓郁的桂花香气，听见三间东配房里传来一群孩子的读书声，有念"仁远乎哉我欲仁斯仁至矣"的，有念"笑人齿缺曰狗窦大开"的，有念"上九潜龙勿用"的，有念"厥土下上上错厥贡苞茅橘柚"的……真是人声鼎沸。

东配房前面，靠墙有一石条横案，上面放着一个石盆，盆里种着一簇簇红红绿绿的小花草，旁边放着一口棕黑色的圆口大水缸，供学生洗笔砚用的。缸底部生满青苍苍的绿苔。

视线上移，透过东配房正中一间的菱形窗格，朝里望去，就见正中墙上挂着一块匾，上书："三味书屋"。老寿先生这样解释"三味书屋"的含义：早在他祖父寿峰岚先生的时候，以酿酒为业，却非常喜爱读书写字。一日，他从别处得到一块匾额，上面写着"三余书屋"四字，为杭州梁同书所书。他如获至宝，非常喜欢。据《三国志》裴松之注，引董遇言，所谓"三余"，就是为学当以三余：冬者岁之余，夜者日之余，阴雨者时之余。大概寿峰岚先生喜其字而不喜"三余"的含义，就把"余"挖改成"味"。现在细看，还会看出笔迹的不同。所谓"三味"，有一种说法是"读经味如稻粱，读史味如肴馔，读诸子百家味如醯醢"。还有另一种说法，是在宋朝李淑写的《邯郸书目》的序文里，认为"诗书，味之太羹，史为折俎，子为醯醢，是为书三味"。把经、史、子三类书比作三种烹调不同的肉食。老寿先生则有另一种解释，认为应是"布衣暖，菜根香，品尝诗书滋味长"。"布衣"就是老百姓，"布衣暖"就是甘当老百姓，不去当官做老爷；"菜根香"就是满足于粗茶淡饭，不羡慕山珍海味的享受；"诗书滋味长"就是认真体会诗书的深奥内容，获得深长的滋味。

"三味书屋"匾额下是蓝地洒金屏门四扇，刻着一副对联：

三味书屋

此处正安吟榻好，不如且入醉乡来。

草书奇浑，没有署作书人名姓。联中央是一幅画，画中一只肥大的梅花鹿伏在古树下。画前摆着一张炕床，炕床的前沿放着一张八仙桌和一把大圆椅，桌子的两旁是茶几和椅子。再往前的左右间楹柱上，刻着一对联语：

花前屡泛罗浮酒，架上常存宛委书。

周围摆着七八副桌椅，坐着七八个不同模样的孩子。正中大圈椅上，坐着一位高而瘦的老人，须发都花白了，还戴着大眼镜。这就是塾师寿镜吾，绍兴城中方正、质朴、博学的人。他自己也念书。不一会儿，学生的声音低下去，静下去了，只有先生还大声朗读着：

"铁如意，指挥倜傥，一座皆惊呢～～；金巨罗，颠倒淋漓噫，千杯未醉嗬～～……"

先生一边读，一边微笑起来，而且将头仰起，摇着，向后面拗过去，拗过去。

先生读书入神的时候，学生开始自由活动。西窗下，身长头小绰号"小头鬼"的吴书绅，弓起身用纸糊的盔甲套在指甲上做戏。旁边的两个孩子，也跟着学。

紧靠小门坐着一个男孩儿，十三岁光景，穿着一件深蓝色的竹布长衫，寸多长的一把锁匙挂在大衫大襟的扣里，辫子编成三股而又垂得最长。头发又黑又硬，前额的几根头发向上梗挺着，眉毛很浓，眉宇之间透出一股英气。厚厚的单眼皮掩着一双不大的眼睛，眸子黑亮有神，内敛着沉毅的光，像总在观察着什么，思索着什么，令人生出一种莫名的敬畏感。但这孩子又让人觉得和悦可亲,在他紧抿的嘴角上挂着一丝淡淡的微笑,像是在嘲弄这个世界,又要与这个世界亲近,鼻翼翕张间还露出一股天真烂漫的气息。他就是樟寿。

樟寿把家藏的《唐诗叩弹集》方正地摆在桌角,铺开"荆川纸",用"金不换"小字笔,在抽屉内的一方铜墨盒里捺笔尖,准备抄写百花诗,就被正从小门钻进后园的"小头鬼"撞了一下,毛笔捺歪了。樟寿拧起浓黑的眉毛,瞪了"小头鬼"一下,连忙捂住了桌上的锡制茶壶。"小头鬼"专爱搞恶作剧,不是用锥子钻破别人茶壶的锡皮,又用黄蜡封好,待别人到家用热水沏茶时壶就漏出水来,就是捉了蟑螂从锁孔放进抽屉,咬坏别人的纸盔甲。

"小头鬼"刚过去,樟寿肩头又挨了另一位同窗轻轻一拍,回头一看,见是机灵鬼寿恒,站在他身后的是他的堂兄弟兰星。寿恒的聪明,樟寿也是佩服的。但私下里,樟寿却觉得他的聪明没有用在正处。

寿恒冲樟寿做个鬼脸,看着樟寿桌案上的书说:"光看书有什么意思,到后园玩去。"

樟寿笑笑,没有答话。寿恒早就和兰星一起出去了。

身着绸缎衣裤的商人子弟胡昌训和章翔耀挨到樟寿身边,很想看他描绣像。樟寿没有描,倒是不慌不忙地拿出一个红纸条,用铜制镇纸圈压好,换了只"十里红"大字笔捺了墨,工工整整地写了四个字:"君子自重",把字条端端正正地放在桌案右角。俩人见了,吐了吐舌头,知趣地溜进后园了。

笛房族叔周梅卿过来了,在樟寿身边看了看,就到后园去了。他与樟寿最好,铜墨盒就是他借给樟寿用的。一时间,书房只剩樟寿一人。时令正值九月,桂花飘香,令人心醉,到底耐不住诱惑,樟寿也出了教室,直奔园子而去。

一进入后园，就如堕入了桂花酒坛，心都醉了。这个小园，南北长两丈多，东西宽一丈多，园虽小，但花木繁茂，布景紧凑。东北隅有一小亭，悬匾"自怡"二字，下署"子昂书"。其实，这乃康熙年间绍兴著名书法家雪岩山人金炳所书，并非元代书画家赵子昂的真迹。亭壁上有四言诗一首，据说是寿镜吾父亲云巢公手题：

栽花一年，看花十日。

珠璧春光，岂容轻失。

彼伯兴师，煞景太烈。

愿上绿章，飙霖屏绝。

据说是云巢公在一阵暴雨之后，看到落花满地，感慨万千，挥笔而写的一首感叹诗。

小亭两旁，长着两株树龄在百年以上的大桂花树，荫蔽全园，开花时金粟漫天，香闻数里。

桂花树旁又有砖砌花坛一个，种着高出屋上的百年蜡梅十余本，一到寒冬腊月就迎风开放。

东南隅又有百年以上大天竹一丛，高与屋齐，自为一坞。秋冬垂垂结实如红豆，如火珠，至为美观。正中为牡丹花坞，叶绿花红。旁边有两个大石礅，上置花瓷缸，各种有翠柏一株。南墙下又有藤萝一本，也是百年之物。

樟寿出来后蹲到桂花树下从湿湿的泥土孔里寻蝉蜕。从泥孔里掏出一枚蝉蜕，细心地观赏着。看着蝉蜕半透明的黄色硬壳和带齿的前腿，觉得很有趣。接着，他举手一扇，捉了只苍蝇，摔在地上，又用小树枝压死了，拨到一个蚂蚁窝旁边，静悄悄地看着蚂蚁们围吃死苍蝇。小小蚂蚁们很勤劳，也很团结，一起搬动苍蝇，忙着往窝里运，还排成一长队……

正看得入神，一个叫高幼文的小个子同窗，从小门里悄悄出来，走到樟寿身边，蹲下小声对他说："阿张，我知道先生一会儿对课的题了。"

"什么题？"樟寿也好奇地问。

"独角兽。你看怎么对？"高幼文神秘兮兮地说。

樟寿顺嘴答道："四眼狗。"

高幼文似乎放下心来，高兴地一边玩去了。

樟寿看蚂蚁吃死苍蝇正看得出神，眼前忽然出现了两个纸盔甲，一晃晃地在互相掐架。

樟寿抬起头，原来又是"小头鬼"恶作剧，在两根拇指上各套了一个纸盔甲，在他眼前做戏。

樟寿毫不示弱，从衣襟里掏出自制的纸盔甲，挑出两个套在自己的拇指上，与"小头鬼"对打起来。

一对阵，就显出高低了。"小头鬼"的纸盔甲做得很简易，不过是用白纸折叠粘上罢了。樟寿的可不然，用红、绿、黄、蓝、黑几种颜色纸剪裁糊成，样式很多。还有各种兵器，用竹丝做柄，制成长矛、画戟、钺斧等，应有尽有，都做得非常精致。并用墨笔在盔甲正面画出了人脸的眉眼、胡须，涂了彩色，都是参考各种绣像小说书上的画像来做，煞是好看，样式多，剪得也精巧。盔的大小正好适合戴在大拇指上，以大拇指的下节做项颈，甲可以披在拳上；四指是屈着的，如果二、三指间夹了刀枪等兵器，还可装作武将打仗的姿势。

两人一一对打，一时间把周围的孩子都吸引过来了。大家睁大了眼看，像在观赏一出好戏。

"人都到哪里去了？"先生在书房大叫起来了。

孩子们惊住了。"小头鬼"和两三个孩子一窝蜂往小门挤，樟寿和寿恒连忙拉住，说："别忙。一个一个地进去。"

孩子们一个一个陆续地回书房了。

老寿先生有一条戒尺，但是不常用，也有罚跪的规则，但也不常用，普通总不过瞪几眼，大声道："读书！"

于是大家又放开喉咙读一阵书。

读了一阵，老寿先生又沉醉于自己的朗读，学生们又开始做自己的事了。

这时，老寿先生的儿子寿洙邻到课堂上来了。三味书屋南邻有耳房一间，上悬"谈余小憩"小匾一块，也为雪岩山人金炳所书，由小寿先生在此设帐教两个学生，称为"启蒙班"。不过，有时小寿先生也来做父亲的助教，到大堂一起上课。见父亲点了下头说："今天提前对课。"

平时都是下午对课，今天忽然提前，孩子们不禁紧张，睁大眼睛望着，竖起耳朵听着。

小寿先生说出了课题："独角兽。"

小个子高幼文闻听大喜，举手要求答对。小寿先生指指他，叫他答。他猛起身，大声说道："四眼狗。"

一时间，逗得满书房哄堂大笑。樟寿用书遮着脸，也笑得要死。

小寿先生发火了，呵问道："'独角兽'是麒麟，是天下珍宝，'四眼狗'算什么东西。怎么能与之对课？"

学生们七嘴八舌，有对"二头蛇"的，有对"三脚蟾"的，有对"八脚虫"的，有对"九头鸟"的。

樟寿却翻着刚读过的《尔雅》说："我对比目鱼。"

小寿先生闻听，马上赞道："'独'不是数字，但有'单'的意思；'比'也不是数字，但有'双'的意思，可见是用心对出来的。"

老寿先生一边捋着胡须，一边望着樟寿微笑。刚入学时，他看着这孩子怯生生地对着三味书屋的匾和梅花鹿行礼跪拜，又对着他行礼，就觉得怪可人心疼的。可是,这孩子不知从哪里听来,说东方朔认识一种名曰"怪哉"的虫,为冤气所化,用酒一浇,就消释了,竟瞪着眼睛问道:"先生,'怪哉'这虫,是怎么一回事?"惹得他很不高兴,脸上显出了怒色,回道:"不知道。"于是就对这孩子严厉了几天。但是没过多长时间,又见樟寿确实聪明可爱,虽然有时调皮,跑到庙会里扮小鬼,脸上的油彩没洗干净就跑回书房,躲在门口不敢进来,也让人喜欢。樟寿纵然并不是最聪明的,同样的书,樟寿读几遍能背出四十行,寿恒却能背出八十行,但寿恒有点儿嬉皮相,不像樟寿那样既聪明又正派,仍对樟寿和气起来了。

樟寿见自己对课使老小两位先生都满意,就悄悄对小寿先生说:"四哥,我这里靠门口透风,能不能调一下位子,到东北隅僻静处去?"

小寿先生心知樟寿是因喜阅小说杂书,藏抽屉中,靠门口不便偷读,托词以寻找僻静,但他也喜读杂书,对樟寿这种喜好,不仅不反对,还暗中支持,就到老寿先生身边问了问,回来对樟寿说:"好吧,倷就搬吧。"

樟寿乐得直蹦高,连忙挪桌子。一边的高幼文也过来帮忙,小声嘟囔道:"倷怎么唬我?说对'四眼狗'?"

樟寿凑到他耳旁道:"你太呆了。我跟你开玩笑呢。不过,按照《水浒传》里人物的诨名,对'四眼狗'也可以的。"

桌凳搬好了,樟寿在窗下的墙角坐了下来,感到舒服极了。这样,低头看抽屉里的小说杂书,别人不易发现,自己又得到了光亮。

下面该写大字了,樟寿一本正经地铺好了纸,用铜制镇纸圈压好,用"十里红"的大字笔捺了捺墨,工工整整地写起来。

学生们写大字,老寿先生又看自己的书。看了会儿,累了,眯眼养神。

忽然大叫起来："屋里一只鸟，屋里一只鸟！"大家都吃惊，以为先生着了魔。

小寿先生连忙跑出来查看，并没有发现什么鸟。但仔细一看，才知道有一只死笨的蚊子叮在老先生近视眼镜的玻璃外边哩！这蚊子是被小寿先生赶跑还是捉住，不得而知。总之学生大笑起来，老寿先生自己也忍不住笑了。

写完大字，学生们都送到老寿先生那里去。先生为了对自己刚才的笑剧表示歉意，给大家多画了几个"红鸡蛋"，樟寿的尤其多。放学时，又把孩子们送出大门。

临过桥时，樟寿向大家道声"下午见"，转身向新台门的家里走去。

4. 惊天变故

樟寿在三味书屋静心读书的时候，他家里发生了惊天变故。

公元1893年，即清光绪十九年阴历九月的一天，日头偏高时分，从北面县前街的县衙门里走出两个衙役，去马圈牵出两匹高头大马，一跃而上，威风凛凛地朝着东昌坊口走来，横冲直撞来到周家台门门口。

两个衙役，一个高瘦细长，另一个矮胖短粗，天气还不很冷，但都穿着深蓝色的皮袍子，大襟以下都没有扣上，腰间系了一根很阔的腰带，袍里的皮毛有一溜翻出，露在外面，是雪白的上等羊皮，头上戴的是红缨帽，各人手里拿着一支长长的旱烟管。骑的大马也都很阔气，瘦子骑的是棕色的，胖子骑的是黑色的，毛皮都泛着光泽，连马鞍、脚镫也都锃光瓦亮，新簇簇的。

到了周家新台门，两个衙役都下了马，把马拴在对面空地的大树干上。刚一落脚，就冲着台门大喊："捉拿犯官周福清！""捉拿犯官周福清！"

4. 惊天变故

  一时间吓得门斗里坐在两条长石凳上等荐头的乡下妇女,像炸了窝的母鸡般,一哄而散。住在周家新台门门房,专给人做荐头的单妈妈也赶紧躲进屋里,关严了门。

  两个衙役径直进了大门,横着身子往里走去。穿过仪门,过了大厅,入白板门,来到过廊,又从过廊空隙拐进了桂花明堂,桂花香气并没有令衙役陶醉,反倒使他们更发了疯,破了嗓子大喊:"捉拿犯官周福清!""捉拿犯官周福清!"

  这时,周福清的次孙櫆寿、三孙松寿,连同周福清妾生的儿子周伯升,虽然比櫆寿只大一点儿,也称为升叔,都在家里。

  松寿的姆娘和长妈妈听到有人在桂花明堂大喊"捉拿犯官周福清",不禁大惊失色,连忙拉着松寿顺楼梯上到小堂前楼上。周福清的小妾,潘庶祖母吓得钻进自己屋里的床底下。櫆寿和升叔本来整天托词读书,关上厅房的门,终日在明堂里玩。正在自娱中,听见衙役的喊声,二人吓得又跑回厅房,藏进了厅堂的桌案底下。顶东头房子里住着的诚房祖父子传公公和子传奶奶也闭紧了房门。奶妈抱着四弟小椿寿躲进屋里床帐内。

  松寿从楼窗口往外偷看,只见两个一瘦一胖的衙役站在楼前大喊:"捉拿犯官周福清!""捉拿犯官周福清!"

  还是祖母镇静,在楼下招呼,请他们到小堂前坐下了。

  松寿伏在楼板上,从缝隙里向下张望,见衙役坐在太师椅上,一边吸着长长的旱烟管,一边稍歇一会儿就大喊一声:"捉拿犯官周福清!"还不住地抚弄着皮袍翻露在外面的一溜雪白羊皮,像是自己找乐,又像是小孩过年穿上新衣想让别人跟着观赏。

  这两个衙役坐了小半天工夫,总是这个姿势,也总是这么叫喊。除了他们的声音,台门里死一般的静寂。

  祖母进自己的房子,拿了两袋钱,捧到小堂前,送给两个衙役。不知过了多长时间，声音消停了，衙役走了。祖母在楼前发愣。

姆娘和长妈妈带着松寿从楼上下来，迎向站在楼下的祖母。

潘庶祖母也出来了，眼泪汪汪地望着祖母，不知所措。

藏在厅房里的升叔和橺寿也从黄门进来，扑到祖母跟前。

子传奶奶和子传公公开了门，远远望着这一家人，目瞪口呆。

过了一会儿，在前边大厅看书、下棋的胖胖的玉田公公也来了，专在外边泡酒馆、号称"街楦"的礼房族叔衡廷，四处闲逛的"破脚骨"礼房族伯周四七都来了。

大家面面相觑，像木偶一样一动不动，说不出一句话。

台门里一片死寂。

樟寿放学回到家门口时，衙役已经走了。空地上的大树下留有一堆马粪，还冒着热气。几个闲人围在自家门口张望、议论。

樟寿紧抿嘴角，往坟墓一般死寂的家门走去。

门洞里的房门紧闭着，死一样的沉寂。绍兴人们的衣、食、住、行之中从古至今流行着"尚乌"的风情。乌毡帽、乌干菜、乌篷船，为绍兴的"三乌文化"。此外还有乌台门，这是古城最深幽的一道风景，里面隐藏着江南的精致文化与迷人风情。樟寿就在这乌色中往里走着。

出了仪门，进了大厅。樟寿下意识地看了一眼厅柱上抱对的上下联：

品节详明德性坚定，事理通达心气和平。

看着这副对联，樟寿似乎更沉住了气。

穿过桂花明堂，进入黄门，忽看到家人和亲戚都呆立着，一语不发。

猛然间，姆娘扑过来搂住了他。

长妈妈走过来，叫了声："大阿官！"

祖母也过来了，抚着他的肩膀。

4. 惊天变故

二弟櫆寿，三弟松寿，连同升叔，一起过来了。

亲戚们也都望着他。

年仅十三岁的樟寿，周家兴房的长男，成了这群人的中心。

樟寿还是紧闭嘴角，原来那天真烂漫的神情消失了，只有一种无可名状的坚忍。

姆娘搂着他，带着哭声说："爷爷犯事了，衙役来捉拿……"

衡廷终于开了口："听街上说，介孚公是因为在苏州府，代人科场行贿犯事的。"

又圆又胖的玉田公公捋捋唇上的八字胡说："其实，这种事情现在很常见，介孚还是结怨太多。记得那年陈秋舫跟四七的姑姑结婚以后，住在百草园的三间头里不愿走，介孚挖苦他说：'躲在布裙下，是没有出息的。'被他听到，立即告辞，对人说：'今后如果不出山，就不上周家门。'后来他果然中了进士，但没有做官，当了师爷，正好在苏州府。介孚的事捅到他手里，还不趁机报复。"

子传公公接着说："那年介孚兄在江西做知县时，俞凤冈知县曾求过亲，要介孚兄的女儿周德做他的继室，结果碰了一鼻子灰。介孚兄说他是癞蛤蟆想吃天鹅肉。俞凤冈怀恨在心，这次派衙役来闹，就是报复。"

祖母点了点头道："是有这回事，嗯……"像是在想什么事，往自家屋里走。

亲戚见此状，就退散了。

家里的人跟着来到祖母屋里，后房里午饭已经摆上桌了，但大家都无心吃。

祖母紧皱眉头，想了下说："先让阿张吃。吃过饭，还得上学堂去，那里比家里安生。"

姆娘忙扶过祖母说："偌先吃。"祖母不吃，要在一旁吸旱烟。姆娘只好拉樟寿吃饭，又招呼槭寿、松寿、长妈妈、祖父的小妾潘庶祖母和升叔吃，然后忙给祖母装烟，点上。

祖母的旱烟管，是一支乌木细竿，很长。祖母吸了口烟说："先让阿张在三味书屋躲几天再说。"

樟寿胡乱吃了几口饭，过来看姆娘。最揪他的心的，就是姆娘了。

姆娘也说："赶快上学堂去，别惦记家。"

这时，旁边房子传来了四弟椿寿的大哭声，姆娘和长妈妈急忙过去看。

奶妈把小椿寿抱出来了，他圆胖的小脸哭得皱成一团，早已不见了蜜桃般的笑容，像知道家里出了大事一样……

经过了解，才知道事情是这样的。光绪十九年，即1893年，樟寿的祖母九老太太去世，周福清只好带着潘姨太和次子伯升回乡奔丧，丁忧在籍。离家多年，一回来就觉得台门已经成了大杂院，周家已每况愈下，原本寄托希望的侄辈周四七等后人一个个成了烟鬼酒徒，只能败家，他着实气恼。而自己呢，补实缺才五年，如今因为母丧丁忧又去职了。这年已五十七岁，丁忧三年下来，已经六十，如何补得上缺？更是感到丧气！所以愈益性格急躁好骂人。

这一年，清朝为祝慈禧"万寿"，皇上颁旨在全国各省举行一次恩科乡试，派定已升为四品官的殷如璋为浙江主考，周锡恩为副主考。殷如璋，江苏甘泉人，是周福清的同榜进士，当时叫作"同年"。周福清作为一位太史公丁忧在籍，声望高，又与主考同年，不免要受到周家有关许多人的请托。因为每届秋闱，在浙江应试的秀才多达六七千人，录取的名额仅一百零几名。找门路，通关节，买举人，是清朝科举中的公开秘密。于是，周福清道墟的姐夫章介千等人便再三恳请周福清出来

4. 惊天变故

帮忙。

起初，周福清觉得不大好办。但因为自己的儿子周伯宜也要应试，出钱人付酬又高，通常买一名举人，得送主考白银一千多两，他们却情愿出两千多两。有人献计说，既然酬金高，就让殷如璋无酬录取你的儿子好了。事后，这些人还会另外有酬谢。这样，周福清磨不过，就替他们写了一封信。把出钱人所开的一万两银子期票塞进信封，于1893年8月31日带其仆人陶阿顺由绍兴启程去苏州，9月3日路过上海，9月5日晚抵达苏州停泊。

9月7日，殷如璋的官船果然也来到苏州，泊阊门码头。周福清即嘱陶阿顺先去投帖拜会，如对方不见，再投信函。

陶阿顺雇船出发，终于设法挨到了官船附近，再由船夫驾小船送他到官船边，将信递交殷如璋的当差，并声言要立等回复。而信送达时，副主考正在船上与殷如璋谈天，殷接信后搁置一旁，谈笑如常，然而副主考久坐不去。

陶阿顺系绍兴陶堰人，原为绍兴陈顺泉家佣工，因其能干，周福清特地借来带到苏州办事。然而陶虽帮工能干，对官场人事却一窍不通，他在官船边久等无回音，便急得嚷道："似此万金干系，怎么不给收条？"内情遂遭泄露。

副主考照例拆阅信件，发觉信内有纸两张，一书凭票洋银一万元等语；一书考生五人：马官卷、顾、陈、孙、章，又小儿第八，均用"宸衷""茂育"等字样，还有周福清名片一张，等等。殷如璋觉得事已无可隐瞒，便将陶阿顺发苏州府讯问。

苏州知府王仁堪提审陶阿顺，陶供出自己系受周福清派遣。王仁堪担心案情过大，株连太多，想把案情缩小。想不到苏州府的名法幕友，恰恰是周福清得罪过的周家致房仁派礼系的女婿陈秋舫。果如周家玉田公公等人所料，陈秋舫觉得这正是报复的大好机会。于是来了个执法如山，坚执不允。王仁堪只好一面电告北京吏部，一面把人证、物证押送到杭州，移交浙江臬台衙门处理。这时，浙江巡抚崧骏正在主持浙江乡试，接案后即饬臬司赵舒翘会同藩司刘树堂，督饬杭州知府陈璐亲提陶阿顺审问，查出与行贿有关的考生马家坛，即马官卷者。又查出了周福清的儿子周伯宜，随即把这两人考卷扣留，捕押解省。

周福清见事情败露，先到上海治病，然后又回到绍兴家中，让周四七住进大书房，自己躲在百草园的三间头里。俞凤冈知县趁此机会报当年求亲不成反被辱骂之仇，派衙役来闹。

后来觉得事情挨不过去，又怕县里再来骚扰，牵累家人，他就听从蒋老太太劝说，到会稽县自首投案了。因为周福清还是翰林身份，所以知县亲自登门拜访告知原委，请他坐着预备好的四人轿，抬进会稽衙门，又摆一席酒菜款待，而后派好几个差役护送到杭州。押在杭州府狱司一间专门关押官员的牢房中。

牢房中的周福清，心中鼓囊囊充塞着"怨、悔"二字。一怨姐夫章介千千不该万不该反反复复找他磨贿考信，他一再说："这件事动不得咯！"可是介千不肯歇，非要他办不可，结果闯下滔天大祸。悔的是当时自己怎么就把握不住，硬是亲笔写了信呢？！"一字入公门，九牛拔不出。"嗨！白纸黑字的亲笔信在那里，反正是逃不脱了。何必蜻蜓咬尾巴——自吃自。自己只有这么一个姐夫，大丈夫做事一人承当，自己一人承担了算了！二是怨自己的儿子伯宜不争气，他要是在四年前那场本科乡试上考中了，又何必这次为他操心。说实在的，这次动心参与此事，主要还是为了儿子。这下子，"祖孙父子兄弟叔侄翰林"的匾额是挂不上了。先前听说家里祠堂的翰林匾额忽然凭空坠落，莫不是鬼神先示机缄？但自己不知儆戒，宜其及祸？后悔自己不早防此祸，当初教子不严，没有督促他早早努力，早早中举。但又想到这次儿子必受牵连，按常规是要当场扣留考卷，被捕解省的。他那样软弱的人，经受得起吗？想到这里，不禁老泪横流，觉得对不住儿子。又联想起次子伯升和潘姨太，禁不住更是心疼。周福清逢人就骂，唯独不骂他父亲周以埏、小儿子伯升及爱妾潘姨太。想起他们，泪流得更多了。三是怨佣工陶阿顺太颠顶懵懂，不省人事。怎么能在官船边大嚷："似此万金干系，怎么不给收条？"使得内情尽泄。殷如璋接信后搁置一旁，谈笑如常，其实就是心中默许此事，待副主考离去就会办理。陶阿顺这蠢货是把本来可以办成的事搞糟了。嗨！还是后悔自己不识人，用人不当。怎么就借用了这么个"败事精"呢？

5. "乞食者"

衙役来闹那天晚饭以后，祖母对姆娘说，她要去找俞知县。第二天，祖母就租了一乘轿，穿戴整齐，在台门口上了轿。似乎过了很长时间，祖母回来了，对一家人说："我对俞知县说，周介孚是读书人，是知书达理的，他做的事，一定自己来了结，绝不会连累别人。现在家里只剩下女人和孩子，全不知情。请差役以后不要再来了。"

这样安静了几天，"捉拿犯官周福清！"的风声又紧了。按照以往的情况，犯官捉不着，是要拿家里的长男或长孙问罪的。祖母和姆娘考虑再三，觉得为避免株连，还是让樟寿和櫆寿到皇甫庄舅父家躲避为好。于是，这天黄昏前，让庆叔雇了条小船，姆娘把樟寿、櫆寿两兄弟叫到跟前说："现今到外婆家住几时，便即动身。"怕孩子不肯去，又安慰说："好在时间不会很长，姆娘会接你们回家来的。"然后，他们就悄悄上了船。祖母送到仪门就止步了，长妈妈送到埠头，看着小船划远了，才赶紧回去照看三弟松寿和四弟椿寿。

鲁迅的故事

小船划到了西郭门外,又换了只三明瓦的乌篷船。天一黑就要关城门,必须赶在天黑前出去。往常,船上都要点写着"汝南周"的大灯笼,这次却免了。趁夕阳西下时出了城,沿着鉴湖水巷向东驶去。

姆娘带樟寿、櫆寿去的是范家大院。这座大院在绍兴县皇甫庄,属于范仲淹后人范寅、范啸风所有。樟寿外祖父鲁希曾兴旺时典租了大院的西半部,现在大舅舅、小舅舅和堂舅舅(家人称二舅舅)住在第四进座楼的西半部。楼前有石板天井,南首东西两侧各筑有花坛,植有花木,绿树成荫,花香诱人。花坛前各有一排石凳,罗列盆景。天井北首东西两侧各置一只荷花缸,上种荷花,青翠欲滴;下养金鱼,金光闪烁,自由自在地游弋着。东西两边建有侧厢。樟寿大舅舅就住在西侧厢楼里。过了座楼,第三进就是香火堂,建有神龛,陈放列祖列宗神像和牌位,是祭祀先祖的地方。再往前入厅,即第二进,建筑高大、雄伟壮丽的大厅正上方高悬一方"深远堂"横匾,字体浑厚,笔力雄健。

他们半夜到达,外祖母和两个舅舅、舅母起来迎接,草草吃了些点心,樟寿被安排在大舅舅家住,二弟櫆寿被领到小舅舅家睡。

这段寄住生活对鲁迅刺激很深,直到1925年5月为《阿Q正传》俄译本写的《著者自叙传略》中还说,家里遭大变故后"寄住在一个亲戚家,有时还被称为乞食者"。

"乞食者"一说的来历如何呢?

按说是到舅舅家,应该是最亲近的亲戚,怎么会产生这样深刻的恶感呢?查资料发现,周作人在《鲁迅的故家》三四《〈荡寇志〉的绣像》一节中说大舅父的夫人"是后母,无所出,是很寂寞的脸相"。既然是后母,自己又没有生育,对丈夫前妻生的子女好不了,何况是外甥呢?大舅父是抽大烟的,起得很迟,自己在床上吃,不跟家人一起吃饭。这位后舅母侍候非己

5. "乞食者"

出的孩子吃饭,脸色就不好看。再加上外甥,就更好看不了。本来极为敏感的樟寿就可能产生被人看作"乞食者"的感觉。二弟櫆寿则没有这种感觉,他在小舅舅家,舅母是亲舅母,又有外祖母和琴姑等四个表姐妹做伴。表妹的父亲,樟寿兄弟的小舅舅鲁寄湘是很有文采的秀才,而且颇通医道,舅母是皇甫庄后范溇道台沈墨庄之孙女,也很有文化。他们都非常重视四个女儿的培养,不能上学堂,就在家里教她们读书。四个女儿都知书达理,特别是琴表妹,还能看懂很深奥的医书,确是难得的知己。加上周作人性格和软,小时候更是颠顸,所以没有被当作外人的感觉,更没有"乞食者"的记载。

不过,"乞食者"的刺激对于樟寿来说也是一种好事,激励他一生奋发图强,自强自励,绝不做寄人篱下的"乞食者"!

在皇甫庄,樟寿还常和农家孩子一起玩。有时下河摸鱼,河边钓虾;有时一同去放牛,黄牛水牛欺生时,小朋友们不再原谅他会读"秩秩斯干",全都嘲笑起来。然后,又教他如何分清山牛和海牛,如何用"捏三把"的方法评估牛的优劣。初冬,田间的野草开始枯焦的时候,他们一起到村外去玩"弹地毛"游戏。先把坟墩周围的野草割来放在一块,用火点着,围着火堆蹦跳叫闹,欢呼雀跃。深冬,没有草了,就玩"破洋山"的游戏。在野外选择一个较大的坟墩,假设为"洋山"。参加的孩子分成人数相等的两部分,一部分在"山上",另一部分在"山下"。"山下"的人向"山上"进攻,若把"山上"的人都拉下来,"洋山"就算攻破了。如进攻的人被守在"山上"的人拉住,"破洋山"也就失败了。

机智勇敢的樟寿常常被小伙伴推为"破洋山"的领袖。对这些小伙伴,樟寿也很热情,把自己多余的旧衣服送给缺衣少穿的阿牛等孩子。想起这些厚道待人的戴乌毡帽的农民的孩子,樟寿心中暖烘烘的。

中午，樟寿精神昂扬，毫不客气地吃足了饭菜，回到自己的西后房休息。睡足了午觉起来，觉得应该看看书了。好几天荒废了读书，实在需要补补。

四下张望了一下，见这间北后房虽然不大，布置却很雅致。后窗朝西，后花园的翠竹直伸到窗口，窗下一张红木桌案，案前摆着一把红木椅，案上是文房四宝。案旁书架上放着不少书，架旁还有一堆藏书。于是就在书架上和墙根书堆里乱翻。忽然翻出了一部《荡寇志》，一部《毛诗品物图考》，樟寿粗翻了一下，绣像很好，雕刻甚精，不禁大喜过望。

大舅舅家里的这部《荡寇志》，是道光年间的木刻原版，书本较大，画像也生动，像赞用篆隶真草各体分书，显得相当精工。《毛诗品物图考》是石印的，小本两册，原书系日本冈元凤所作，引用《诗经》里的句子，将草木虫鱼分别绘图列说，文字和图画都很精美。

樟寿小时候就爱画画，在院子里矮墙上画过尖嘴鸡爪的雷公，一个叫八斤的孩子经常欺负人，他就在荆川纸小册子上画过"射死八斤"的漫画，渐渐地感到了绘画的兴味。他下决心影写《荡寇志》里的绣像，一口气跑到庄上的杂货店里，用姆娘留下的零用钱买了俗名"明公纸"的八开毛边纸一百张，又疯跑回去了。拿过书一比，见这种纸比家里的荆川纸稍黄厚而大，刚好影写大本的绣像。

他到屋角的脸盆边，把手洗得干干净净，立马铺纸研墨，决定开始影写《荡寇志》。

这时，门吱的一声开了。二弟櫆寿跑了进来，樟寿正要埋怨他坏了自己的正事。却见櫆寿笑着往门口一指道："你看谁来了？"

樟寿回头一看，见表妹琴姑领着三个小表妹进来了，立时转怒为喜，起身迎接。

琴表妹见他是要影写《荡寇志》上的绣像，也很赞同，过来替他

5. "乞食者"

研墨。

　　琴表妹今天穿身鲜绿的长袖绸裙，她撩撩额前的秀发，挽起绿袖，露出雪白的小臂，手腕上还戴着一个翠绿的玉镯，映衬得臂腕愈加白皙了。樟寿忍不住从眼梢望了一眼，又赶忙将精神集中在绣像上面。

　　琴表妹站在一边，往砚台里滴水，拿起一枚徽墨细细地慢研，墨水由稀淡渐渐转为浓黑，黏稠，油亮亮的。樟寿看见她的手指像葱芯一样白嫩，手心透着红润，好似花瓣。她的身上，从指尖到面颊，通体上下都有一股花一样的清香。樟寿真想多闻一会儿，多看两眼，但他还是更喜欢那绣像上的图画，将纸仔细铺展在第一幅张叔夜图像上，与绣像对正，待墨一研毕，就用"金不换"毛笔在砚台上捺了捺墨，精心精意地描画起来了。樟寿全神贯注地影写时，琴表妹咬着下嘴唇，用乌黑的眼眸深情地看着他。过了会儿，见他描得投入，浑然忘了身边的人，便悄没声儿拉着三个妹妹走了。

　　这样，樟寿精神完全集中在影写《荡寇志》图像上，几乎忘记其他。十几天后，就积了一百页，樟寿细心地订成一大册，经常翻看，怡然自乐。后来祖父入狱，父亲生病，实在缺钱时，把这本影写画册卖给了一个家里是商人的同学。

　　鲁家在皇甫庄旗杆台门所典的房屋到期了。年底，小舅父一家同外婆回到安桥头老家去。

　　小舅父一家走后，二舅父搬到了鸡头山，大舅父一家移往小皋埠岳丈秦家的当台门居住。寄食的樟寿、櫆寿也跟着去了。

　　秦家和小皋埠前水坝的胡姓共有这座台门。台门前面悬挂着"文魁""孝文文章"匾额，因为开过当铺，门前还有一个很大的"当"字，所以取名"当台门"。这里出过三个举人，门前竖过三对旗杆，因而也称为旗杆台门。风水先生认为：台门不能完全朝南，要歪一点，于是又称为"歪摆台门"。原来的主人沈氏是明代著名谏臣沈炼的后裔，沈姓是小皋埠的望族，但后来衰颓了，台门转由秦、胡两家共有。厅堂以西的厢房属于秦家。这所厢房有七间楼屋，朝北的楼屋有坐起间，樟寿的大舅父一家住楼下。楼上是秦秋渔的卧室和书房，秦氏早已去世，由他的儿子秦少渔住着。

后园还有假山、藕池、洗砚池等，是过去诗人聚会的娱园。现在已为荒园，类似百草园那样的菜园子。园里有一座微云楼，只是普通的楼房罢了。楼前一丈见方的水池边，还有一间单面开着门窗的房子，匾额题曰"潭水山房"，显得很阴郁。园门外，又有一间侧屋，名字很好听，叫作"留鹤庵"。其实也是很普通的房子，不见得留得住鹤。樟寿和櫵寿就寄住在这里。

秦少渔，即大舅父的内弟。小孩们叫他"友舅舅"，倒很是说得来。因此，樟寿也就不再影画绣像，时常跑去找他谈天。秦少渔也是抽鸦片烟的，但是他并不通日在床上，下午也还照常行动。他算传了家法，常给孩子们画花，喜画墨梅。他又喜欢看小说，买得很多，大都是石印铅印的，看过都扔在一间小套房里，任凭樟寿自由取阅；只是乱扔一堆，找得比较费时，譬如六本、八本一部，往往差了一本，要花好些时光才能找全。这些书对樟寿大为有益，从前在家里所能见到的只是《三国演义》《西游记》《封神演义》《镜花缘》之类，在这里竟然看到了《红楼梦》。

樟寿捧起这部线装本水印绣像《红楼梦》时，简直欣喜若狂了。

这部《红楼梦》上的绣像，对樟寿的吸引力不算大。他觉得金陵十二钗的绣像有些呆滞，似乎所有的美人都是一个模样，还不及《荡寇志》的绣像来得灵动、活泼，没有再去影描。但《红楼梦》文字的旖旎和缠绵却一下子就把他抓摄住了。他日夜不息地浸泡在《红楼梦》里，白天将书一

5. "乞食者"

卷，躺在床上看，或跑到娱园的假山后面躲着读，夜里在床前点一盏油灯从被窝里探出头念，或者冒着凉风坐在月光下的石头上默想，简直如醉如痴。别人的冷眼，饭食的好坏，甚至年幼的二弟，全撇到一边了。他完全进入了《红楼梦》的世界，和里面的众多人物生活在了一起，觉得他们跟生活中的真的人物一样，活在自己的心中和身边。

刚一读《红楼梦》的开头，女娲补天、大荒山无稽崖青埂峰下独遗一石的奇幻神话就把他的魂魄夺了。想起了长妈妈送的、已经读得烂熟的《山海经》：人面的兽；九头的蛇；一脚的牛；袋子似的帝江；没有头而"以乳为目，以脐为口"，还要"执干戚而舞"的刑天。那是多么奇特、丰富的想象啊！他常做精卫填海的梦，夸父追日的梦，刑天舞干戚的梦。而这时一读《红楼梦》的开头，《山海经》里《大荒西经》所说的女娲补天的瑰丽景象立即浮现于眼前。他做起了大荒山的大梦，感到自己像"过客"一样匆匆走在无边无际的大荒山上，顿时产生了一种无可名状的荒原感。

从天上的神仙幻境落到地上的人间俗界，不知怎的，樟寿对寄食在大观园的林黛玉，从一开始就抱以异样的同感。是呀，还没有进贾家，就感到自己虽靠着贾母疼爱，然在别人身上，都要"步步留心，时时在意，不肯轻易多说一句话，多行一步路，惟恐被人耻笑了他去"。终归不是自己的家啊！"寄食"的滋味不好受！樟寿不禁想起自己被称为"乞食者"的经历，对这黛玉怜惜不已。读到二十六回黛玉被晴雯拒之门外、错疑在宝玉身上，气怔地回思："虽说是舅母家如同自己家一样，到底是客边。如今父母双亡，无依无靠，现在他家依栖"，不禁为黛玉心疼如刀割。及到八十三回，有人在园子里嚷："你是个什么东西，来这园子里头混搅！"黛玉误以为是说自己，竟大叫一声道："这里住不得了。"一手指着窗外，两眼反插上去，肝肠崩裂，哭晕过去。读至此，樟寿竟也热泪长流。他望着身边的《红楼梦》,如见稀世珍宝,倍感文字的力量,更加敬惜字纸了。把手洗干净,仔细地按卷排好,细细地将皱折的页角抚平,理得平平整整的,放入箱盒内。午睡后,就捧着齐整的一箱《红楼梦》,和二弟櫆寿去西厢房楼上找"友舅舅"秦少渔谈天,郑重地把书还他。

自此,宝玉、黛玉、晴雯这些真的人物就一直活在樟寿心中,《红楼梦》文章的旖旎和缠绵倒在其次了。樟寿也爱上了小说,切实感到了小说的力量。

樟寿、櫆寿兄弟终于回到家里后,樟寿又回到三味书屋读书,老寿先生和小寿先生都非常欢迎他,同学们也很亲切,但是有一天他却迟到了。

回家当天,他就知道了祖父被判"斩监候"、秋后可能杀头的消息,一夜睡不着。第二天,当他睁开眼,发现日头已经高照时,不禁打了个寒战。呀!晚了,还要上学呢!赶忙起身,穿上衣服,胡乱扒了两口饭,抓起书包就往三味书屋跑。

书屋里传来了读书声。

樟寿站在门口,不敢进去。那次跑到庙会里扮小鬼,脸上的油彩没洗干净就跑回书房,躲在门口不敢进去,这次比那次还难堪!迟到了,刚回来上学就迟到了。先生会怎么惩罚呢?老寿先生是最恨迟到的学生了。

犹豫了一阵子,还是硬着头皮开门进来。

读书声停止了,同学们的眼睛全转向门口,朝樟寿射来。

老寿先生摘下眼镜,侧眼看了看樟寿,眼珠凸出来,嘴唇嗫嚅了几下,要说什么没说出来。樟寿看着先生那眼神,只能站直一动不动。

僵持了两三分钟,老寿先生突然站起身,把书往桌子上一摔说:"还不赶快到座位上读书!"似乎还模模糊糊地说了一句:"不给家里争口气!"

樟寿赶紧到自己的书桌前坐下，满脸通红，深深地低下了头，像是犯了天大的错误。

小寿先生也从"谈余小憩"里走出来看，见樟寿已经坐到自己的桌前，才放心地回耳房了。

这天午饭后，樟寿从家里带来一把小刀。下午放学时，他跟小寿先生说自己还有书要抄晚些回去。待人走屋空了，拿出小刀，在自家带来的书桌左上角，工工整整地刻了一个"早"字。

6. 祖父周福清入狱

杭州的深秋，依然青青苍苍。绵绵秋雨，淋得西子湖畔的松柳宛若秋露沐浴过一样，越发显得青绿。只是天空乌云密布，西湖的水也变得浓黑如墨。"波漂菰米沉云黑"，这"沉云黑"三字颇传出此时杭州和西子湖的神韵。

离西子湖不远的地方，就是杭州府。府署朝南，署门大堂威严庄重，富丽堂皇。司狱司在其右边，是西向的，一片阴森气象。入门则又一重铁栅门，推门进去，门内坐着几个禁卒。拐过一个弯，又是一张普通的门，里面一个小院子，上首朝南是狱神祠，再往东边的小门进去，又是一个小院落。门内是一条长天井，南边是墙，北边是一排白木圆柱的栅栏，栅栏内有狭长的廊，廊下并排一列开着些木门，这就是司狱司一间间专门关押官员的牢房。一排有四间，只有西头一间关着人。隔壁住了一个禁卒，负责贴身看管，其余都空着没有人住。走进西头的房间，见四壁都用白木圆柱做成，向南一面，上半长短圆柱相间，留出空隙以通风日，用代窗牖，房屋宽一丈半，高约二丈半，下铺地板，左边三分之二的地面用厚板铺成榻状，很大的一片，以供坐卧之用。对着门口放了一张板桌和椅子，桌上有笔墨纸砚。板台上靠北安置棕棚，上挂蚊帐，旁边放着衣箱。中间板桌对过的地方是几叠书和零用什物。

这里关着的这个人，正垂头坐在榻状的厚板上。他五十七八岁年纪，身材高大魁梧、雄健结实，穿着藏青色绸缎官服，顶戴已被摘去，脑后垂着一根又粗又长的花白辫子。俗话说人有四种脸型："同"字型、"田"字型、"贯"字型、"日"字型。"同"字型的脸，是富贵的象征，最好；"田"字型是圆脸或横阔的脸，其次；"贯"字型是上大下小的，再次之；"日"字型是狭长的，是命苦的，最差。而这个人是不折不扣的"同"字型脸，显得富贵、威严，但似乎很气恼，就像天气一样沉闷，满脸的"沉云黑"，不住把自己右手大拇指的长指甲放在嘴里，咬得嘎嘎作响，嘴里喃喃地骂道："昏太后""呆皇帝""速死豸""王八蛋"……

此人便是樟寿的祖父周福清，生于清道光十七年阴历十二月二十七日，按照公历算，该是1838年1月22日，原名致福，后改名福清，字震生，又字介孚，号梅仙。

周福清幼年家贫好学，无资延师，经常到三台门房族书塾中旁听。那时，各房族经济充裕者，各延师设塾以课子弟，讲学时间参差先后，本意就是为使各塾就学子弟可以相互听讲，以宏造就。周福清趁机进修，他天资高，领会快，收获最大。族中人誉之为"收晒晾"，意思是乘便得利。

周福清的姆娘，也就是九老太太，是戴家台门出来的。离周家老台门只有四五家门面，是一排朝南的房子，也是深宅大院。周福清小时候常到那里去玩，他看到戴家表兄弟很阔绰，身带银衣袋，大块的银子放在大袋里，小块的银子放在小袋里，花钱满不在乎，买东西要拣上好的，付钱时从银衣袋里抓一把银子出来，往柜台上一掷，不要人找零。听到人说"少爷真好，真爽气"，就得意地走了。还常常请客饮酒，谁愿去就去。一次，大家喝得差不多了，不知为什么事，一言不合争吵起来，戴家表兄弟随手

6. 祖父周福清入狱

拿起一只碗扔过来，正好砸在周福清的嘴上，打歪了一颗门牙。从此，除万不得已的应酬以外，周福清再也不喝酒了。戴家台门因为经济上坐吃山空，渐渐地败落下来了。

然而，仍然有万不得已的应酬。周福清二十二岁那年，到跨湖桥环翠楼孙氏岳父家饮酒，与胞叔周以坶比赛酒量，结果酩酊大醉，回家后不省人事，第二天才醒。父亲周以埏哭着说："我只有你一个儿子，你醉死了，我怎么办？"

周福清听了，后悔了好几个月。一年后，太平军攻进绍兴，周以埏到道墟女婿家避难，两年后回家时病重，临终又嘱咐周福清戒酒。自此，他一生不吸烟，不喝酒，尤其痛恶鸦片，专心致志攻读，参加科举考试。终于在1867年的丁卯科合并浙江乡试中考上第八十六名举人。接着又于次年赴京参加礼部会试，但不幸落第，不过仍考取了方略馆誊录。所谓誊录者，其实是高级缮写人员而已。三年过后，又参加了同治十年（1871）的辛未科会试，取得会试中式第一百九十九名、殿试第三甲第十五名、朝考第一等第四十一名的成绩，被钦点翰林院庶吉士，分发庶常馆深造。这在周家是很荣耀的大事，但在周福清中进士、点翰林的"京报"抵绍，厅堂里黑压压跪了一大群人贺喜时，九老太太却大哭起来，连说"拆家者，拆家者！"此事在绍兴城中广泛流传，老寿先生就常常提起，作为他不进仕途的依据。

按照清政府的制度，庶常馆每三年结业一次，名曰散馆，成绩优秀者，分别授以翰林院编修或检讨，其余分发各部充任主事或委用知县。周福清在庶常馆结业时大约没有取得好成绩，与同事的关系也不融洽。一次，他邀一位王姓同乡到京城有名的饭馆广和居饮酒。这位同乡循城根到前门，又经南大街到骡马市，马匹疲劳，道路泥泞，好不容易才到了广和居。而周福清不等他到，就与其他同乡先饮了。王姓同乡来后，周福清又不解释，只点点头就让人家入席。与同席者略饮一下就开始吃饭，没有抽烟就回家了。周福清饭毕，强请一位同乡坐车回去。这位同乡托词不坐，与王姓同乡一同步行回家。到门口时，对王姓同乡说，介孚境况窘迫，经济不宽裕，所以不让他雇车，但问自己时又不便直讲，只能以他词掩饰。这位王姓同乡，本就对周福清先饮不满，现在又听此言，就认为周福清诡诈，并在日记中记了一笔，予以讥刺。其实，周福清也确实并不富裕，虽然已经做了内阁中书，不仅不能往家里汇钱，还一直要家里为他举债。至今还存有两封他向别人借钱的信。官至内阁中书却又拮据举债，可想周福清与清朝官场风气并不能契合。此公性格确实奇特，又专爱骂人，上至"昏太后""呆皇帝"，下至本家侄辈，无不痛骂。骂法又颇奇特，很有些绍兴师爷的风骨，常常进行反讽。譬如说有人梦见什么坏人反穿马褂来告别，意思是说挨骂的人，死后变成猪羊，还被害人的债。这还是平常的旧想头，不过是说挨骂的人，后来孤独穷困，老了在那里悔恨。这样骂来骂去，把各方面的关系都搞坏了。1874年离开朝堂，被外放做官，先是放四川荣昌县当知县，他嫌远不去，后改为江西金溪县任知县。

周福清在江西居官清廉，持正不阿，既不贪赃，又不枉法。处理民刑案件务求真情实事，从不颟顸草率。抑且案无留牍，随到随审，随审随结，不任当事人长期拖累。对胥吏衙役，防范周密，驾驭綦严，不容有少许隙漏为其所乘。对上官辄以无欲则刚的态度做应付，不巧言令色，不谄谀迎合，因之为他顶头上司的抚州知府所深恶痛疾。有一次他上府晋谒，不知为了什么事谈得不投机，周福清并没像一般下属那样，对上官的昭示不问青红皂白一律唯唯诺诺地曲承仰体，竟然直率地顶撞起来，弄得抚州知府下不了台，抬出大帽子压他，说："这是皇上家的事情。"周福清也毫不迟疑地给了一个反诘："皇上是什么东西，什么叫作皇上？"抚州知府万想不到会得到这样的回答，只好摊出"王牌"，说道："大不敬！"随即

6. 祖父周福清入狱

端茶送客,趁此下台。后来周福清横被揭参,这就是主因之一。

周福清对上司常摆出一副神圣不可侵犯的姿态,没有和他接近过的人,不免望而生畏。其实,他却是色严而不厉,词愤而不激。从没听过他正式骂过人,也没看到他拍过台子。他性情是温和的,连他骂人的姿态一向也是温和的,只限于"王八蛋"一句,不像别人的词严色厉,只是从来不笑,也从来不说笑话罢了。知县大老爷是何等威风,一呼百应,气焰万丈。衙署里的事情,无不充满了官腔官派。知县大老爷吃饭时,是由一个神气活现的家丁快步跑到签押房,即知县办公室门口,把门帘高高撩起,大喊一声:"请大老爷吃饭啦!"喊完还得撑着门帘恭而敬之地肃立在那里侍候着。而周福清却还是和平常家居一样,绝不要什么官架子。他家有一个老姆娘,是他幼年时雇来的女佣,这时也和家眷一起在金溪县任上。周福清乳名"福",幼小时一般都喊他"福官",到了金溪县任上,似乎应该改换称呼了。但是老姆娘习惯了,每当吃饭的时候,总跑到签押房,高叫"福官吃饭啦!"稍微迟疑,还要再来一声"毫燥",就是绍兴话"赶快"的意思。周福清泰然受用,不以为意。但他与内人隔阂很深,给他制造了对母不孝的过节。

顶头上司抚州知府和周福清早有宿嫌,得到周家这种材料哪肯放松,忙托出先前的"大不敬"渗入此刻的"大不孝",再添油加醋加上了不少"调味品",就把周福清的前程揭参出去,达成革职处分,因文理尚优,以七品知县的原级休职。自此以后周福清对蒋老太太恶感更深。

回到家里,为重谋复起,就只得卖田捐官。先从陕西赈捐局买了一个比知县高二级的"同知"衔的官。由于光绪皇帝只批了个"著以教职选用",只得再次买官。这次买的是内阁中书,但也得等候补缺,补缺后还得试俸三年,方得实授。这样,周福清从光绪五年(1879)九月分发到内阁行走,一直候补了九年,才在光绪十四年(1888)阴历四月初十前后,获得一个以抄写为事的从七品小京官。两个侧室薛氏和章氏都已过世,他又纳潘氏为妾,所以不仅不能往家里汇钱,还得不断要家里变卖田产或代他借贷。但是,周福清对自己孙子辈的学习却非常关心。孩子入塾时,一般都是从读《三字经》《百家姓》开始,他却主张开蒙先读《鉴略》,除识字外,还能对中国历史有一个总的概念。还认为读经书没啥用场,不如先看看《西游记》,特别是猪八戒的故事。他还爱讲孙行者败逃,化成破庙,尾巴没法安排,变作一根旗杆,竖在庙后门,立即被敌人识破的故事,以为全是小孩想头,写得很好。读了这些,可以增加孩子们读书的兴趣,把文理弄通,再读别的经书就容易了。这就使樟寿看到了惯常读书人家子弟看不到的中国古典小说。樟寿九岁时,周福清又从京都寄回《诗韵释音》两部。在给儿子周伯宜的信中说,该书"可分与张、槻两孙逐字认解,审音考义,小学入门(吾乡知音韵者甚少,蒙师授读别字连篇),勉之"。他极想把伯宜、伯升两个儿子和长孙樟寿培养成翰林,在台门口悬一"祖孙父子兄弟叔侄翰林"的匾额,以遂他的平生之愿。

然而,世事坎坷难遂人愿。光绪十五年(1889)周福清从北京写信给儿子周伯宜,询问他参加本科乡试的情况,要求把"场作及题解"详细抄给他。令他遗憾的是,周伯宜落第了。四年后,周福清的姆娘九老太太去世,他只好带着潘姨太和次子伯升回乡奔丧,丁忧在籍。离家多年,一回来就觉得台门已经成了大杂院,周家已每况愈下,周四七等后人一个个成了烟鬼酒徒,只能败家,他着实气恼。而自己呢,补实缺才五年,如今因为母丧丁忧又去职了。这年已五十七岁,丁忧三年下来,已经六十岁,如何补得上缺?更是感到丧气!所以愈益性格急躁好骂人。九老太太"五七"那天,家里人连日操劳疲惫不堪,早晨起得晚些。他一早起来,穿好素服,走到桂花明堂,看见各间房子都还关着门,好像没这一回事,就走到樟寿祖母的房里,勃然大怒,用力敲床,祖母赶快起来。他转身出

6. 祖父周福清入狱

去，嘴里喃喃地咒骂着"速死豸"什么的，吓得全家老小纷纷起床。祖母一边跑去给孙子穿衣，一边说："为啥找小孩子出气呢！"男女老幼都对这位祖父心怀不满。

看管罪犯的禁卒，对普通人犯蛮横需索无所不为，但对官犯却驯若绵羊转为罪犯服务。周福清系官犯，虽在缧绁，管理上却较普通人犯来得舒适，可免加镣、铐、铁索之类的刑具。隔壁专门看管他的禁卒邹玉，又是个长厚的老头儿，对周福清更是毕恭毕敬，宛若奴仆。翌日清晨，侍候周福清吃过早饭，他就点头哈腰地小声说道："老爷，该过堂了。"

周福清微微点点头，说："知道了。"梳理了一下辫子和衣衫，跟随邹玉出去。别看周福清对上司很傲慢，不苟言笑，但对下属和禁卒之类却一向很客气，常与他们谈天说笑。

出了牢房大门，径直去了署门大堂。门前的一对石狮子，威武地望着周福清。他横扫石狮一眼，比石狮还要威风。知府衙门大堂内外，站着杭州府大大小小近一百五十名衙役和捕快，持杖站列两旁。本应浙江巡抚崧骏亲审，但他有病在身，不能亲临，只得委托杭州知府陈璀代替。陈璀端坐在堂上，头上高顶一块"明镜高悬"的大匾。左边坐着专管刑事的臬司赵舒翘，右边坐着负责民政的藩司刘树堂。衙役持杖肃立案前两侧，礼房端站其后。两旁衙役持杖往地上一戳，齐声高呼"威——武——"。知府扫了周福清一眼，便高举惊堂木猛地往下一砸，啪的一声格外清亮，震得大堂几乎哧哧地响，大声说道："带人犯！"如果胆小，只这阵势，就会当场吓瘫。

周福清却毫无惧色，不用人推，自己大踏步往前一迈，直挺挺昂首站立于堂前。口里似乎还喃喃骂道："王八蛋。"

这下子，知府陈璀倒软下来了，命左右："看座。"

差役搬过一把高座木椅放在周福清身后，周福清毫不客气地坐下了。

腰板挺直，两手扶着两膝，朝堂上怒目而视，仿佛他是主审，知府和臬司、藩司倒成了被审。

知府喝道："开审！"然后宣布："接旨，犯官周福清的内阁中书职即行革职。犯事经过当从实招来！"

原来，苏州事发之后，御史褚成博就上奏此事。光绪皇帝即行下旨令浙江巡抚崧骏严切根究。崧骏上奏折说明事情缘由，请示将周福清革职归案审讯。光绪业已下旨"丁忧内阁中书周福清著即行革职，查拿到案，严行审办，务得确情，按律定拟具奏"。臬司从后边礼部手中接过周福清当初让陶阿顺交给主考殷如璋的贿考信，问道："此信可是革员所写？"

藩司补充道："文人多会写多种字体，如想以对笔迹辩解，当以大刑侍候。"

周福清鼻子哼了一声，道："此事全系鄙人一时糊涂所致，信件也是鄙人亲笔所写。鄙人乃携仆进京探亲，途经上海，得知本科主考官殷如璋与鄙人是同榜进士，竟起意为子求通关节，并欲为亲友中马、顾、陈、孙、章五姓有子弟应试者嘱托，希图中式，俟主考允诺，再向各亲友告知，择其文理清通诸生列名。由于素知各亲友家道殷实，不患无人承诺，事后必有酬谢之资。于是即由上海雇船开驶，抵达苏州，独自拟写关节一纸，复写洋银一万两空票一纸，然后嘱仆人前往主考官船上投送。"

臬司又问道："送去的是可兑现的钱庄期票吗？"

周福清忙回答："吾家境贫寒，无有余钱。那一万元银票，只不过是一纸空票。系余自开，不能兑现。"

臬司拍案道："谎言。岂有以空票贿人的？"

周福清赶忙解释："因为那几家家道殷实，事后不愁无人承诺费用。"

知府陈璹也曾任翰林院翰林，在堂上望了望这位腰板挺直的"革员"，心知他是想一人承担事情的全部责任，心中不禁对这位同院翰林涌起一股

6. 祖父周福清入狱

莫名的同情，犹欲全之，连忙岔开话题，说道："君宁知法犯法，其中岂有诬枉耶？"

周福清摇摇头，表示并没有冤枉，侃侃而谈，说近年浙闱如某科某人，都是以贿赂主考得以中式，这种事情历历可数。

知府担心他数落的人太多，得罪一大片，后果难收。连忙伸出右手食指，责怪道："偌这个人莫不是有神经病？如此胡言！"

周福清更犟了，脖子一梗道："我哪里有什么神经病！不过是效法此辈做法罢了，非独异也。"

一时间，闹得知府顿然目瞪口呆，只得退堂了事。

秋天了，杭州刮起了江南从来没有过的萧瑟秋风，几乎一时间要把所有的树叶吹落。

杭州府狱里，仍然一片阴森气象。西头的房间，厚板铺成的卧榻上，周福清低头坐着，仍然不住把自己右手大拇指的长指甲放在嘴里，咬得嘎嘎作响，嘴里喃喃地骂道："昏太后""呆皇帝""速死豕""王八蛋"……

禁卒邹玉，这长厚的老头儿，悄悄走进房里，毕恭毕敬地小声说道："老爷，该秋审了。"

按照清朝法制，凡是判处死刑的囚犯，在"监候"期间，每届秋季，由该省主管刑狱最高的"臬司"举行一次亲审，如有冤抑，得以平反。行之既久，转成一种惯例，只由臬司亲莅大堂，作一"点名"，并不实行亲审。

周福清听说之后，慢慢起身，随禁卒来到大堂。

这时，人已到齐了。死刑囚犯一律站在右面，经臬司按次点名。每点一名，囚犯就由右趋入堂上，跪地应一声"有"，起立转向左方。若是官犯，则只应"有"趋过，不须跪地。

点到周福清了。他信步趋到堂上，臬司对他客气地立起身来，而他却不应"有",反倒回了一声"王八蛋"。

一时间,大堂上一片惊嘘。臬司深知周福清的性格,倒不生气,挥挥手,由他转向左方。

"秋审"完毕,周福清又回到自己的牢房中,照旧坐在卧榻上若无其事。

第二天一早,禁卒邹玉跑到周福清面前屈一足,手垂地行礼,打了一个千,说:"大老爷恭喜!"

周福清知事不妙,问禁卒:"'钉封'到了吗?"

禁卒答:"请大老爷升天。"

周福清听了,形色自若地换上公服,靴帽袍套照旧,只帽上无顶饰,改天青褂为元色褂不缀补服,静坐待提。

候了一会儿,没有动静,知道还早。因为在未提出以前,先须会营,通知城守营派兵警戒,发梆三次,叫全体衙役准备,击三次鼓,打三次典,叫全班书吏衙役以及典史、禁卒站堂伺候,然后县官披着大红斗篷,戴上大红风兜升坐大堂举行堂威、排衙以壮声势。经过了这些程序,才提出人犯,验明正身,赐予酒肉,先问有无冤枉,继问有无遗嘱,最后勉励他下世务必做个好人,这才动手插标捆绑。所有的一切,周福清全知道得一清二楚。于是他坐下来先写遗嘱,再给亲友写留别书,见还无动静,又把存在狱里的私人衣物、书籍都开列清单。特别是那一匣《唐宋诗醇》,单挑出来,放在衣服上面。

正在办理这些事情的时候,禁卒匆忙跑进来对他又打了一个千,口中仍喊:"大老爷恭喜!"周福清以为是来提了,不慌不忙站起身,准备出去,禁卒忙把他按住,说:"真的恭喜了。"原来刚才"钉封"的是另一个同音不同字的武职官犯,不是他。

6. 祖父周福清入狱

周福清这才知道禁卒弄错了，又从容镇定地脱去了公服，换上便装，坐下来，依旧看他的书——读过不知多少遍的《唐宋诗醇》……

说也怪，萧瑟的秋风骤然停了，周围一片平静。

周福清入狱不久，潘姨太、儿子周伯升和仆人阮标，就到杭州住在狱府旁边的房子里守候。秋决这天，潘姨太和周伯升在家里浑身哆嗦地等消息，阮标到狱府外观望，看押出行刑的官犯是不是自家主人。

好大一阵子，见两个衙役拖着一个吓得半死的武职官犯出来了。阮标倒吸了一口冷气，还静候着。直到三通鼓响，行刑完毕了，依然没见主人，阮标大喜，赶忙飞跑回家告知潘姨太和周伯升。

潘、周二人正哭作一团，见阮标来报喜，即刻不哭了，转哭为笑。

周伯升不顾一切，连忙准备笔墨纸砚，给家里写了封平安信，交阮标速速发走。

周家新台门里正一片恐慌，茶食不进，几乎断炊，又忽听有人大声喊："周伯宜，有信！"

周家人立即倾巢出动，全来接信。周伯宜颤抖着双手，从信局送信人手中接过了信。

松寿见信封上还是写着："覆盆桥新台门周伯宜先生启"，只是字迹稚嫩，不像祖父的笔迹。

周伯宜手抖着，从大襟里掏出十二文钱交给送信人。送信人转身走了，他依旧不敢拆信。这一年，时时记挂着"斩监候"的父亲，从夏到秋，怎一个"熬"字了得！苦"熬"，煎"熬"，难"熬"，死"熬"！在热死人的苦夏中，既盼望这苦热的夏天赶快熬过去，又害怕秋天的凉爽降临，亲生父亲遭杀头之难！自己和家人遭惊魂之恐！其中滋味可以想见。

玉田公公捋捋唇上开始花白的八字胡，催促周伯宜拆信，他方才瑟瑟缩缩地拆开看。信函一进眼帘，就不禁咧嘴大笑起来，叫道："爹爹平安了！"

在场的周家人也如释重负，齐声欢呼："平安啦！"

接着，周伯宜又大哭起来，呼道："今年平安，明年又会怎样？这般日子何时熬到头啊？"

周家人又全都垂下了头。

7. 父亲的病与死

樟寿的父亲周伯宜，在考场被扣留考卷，逮捕解省后，第二年开春才回到家里。他本就苍白的脸颊更加苍白了，下巴更其瘦尖，不到三十四岁，背就驼了。头上显出稀疏的白发，无精打采的，整个人像风雨后的瘦竹垂下了头。

周伯宜生于清咸丰十年十一月初十（1860年12月21日），谱名凤仪，字伯宜，后改名文郁，考上会稽县生员后又改名仪炳，再改名用吉。周福清曾说："'用吉'这名字多不好，把'周'拆散了！奇怪！怎么会起这样一个名字？"

后来果然如此，周福清自己出了事，儿子的秀才也被革掉了。

周伯宜心里如汤煮，终日卧在一张褐色的皮躺椅上发愣，深深地叹了一口气，想起昔日参加兰亭会的情景。那兰亭在绍兴西南的兰渚山下，相传越王勾践曾在这一带种过兰花。汉时为驿亭所在。东晋穆帝永和九年，即公元353年三月初三，大书法家王羲之和谢安等四十一人在这里修禊宴饮，流觞曲水，得者即席赋诗，不然罚酒三觥，结果二十六人作诗三十七首，王羲之为之结集作序，并当场写了序文，这便是中国书法艺术史上辉煌的篇章《兰亭序》。从此兰亭成了历代书法家"朝圣"之地。内有王羲之父子书写的"鹅池"石碑，及流觞亭、右军祠、小兰亭、御碑亭等。每

7. 父亲的病与死

逢三月上巳,兰亭会成员就到兰亭集会进行纪念,修禊之余,吟诗作赋。值年者只备茶饭及一切应用器具,与会的各自带来酒一壶菜两碟,彼此各不相谋,而都要别出心裁,肴馔如雷同,就得受罚。周伯宜和长子樟寿的开蒙塾师周玉田都是兰亭会的与会者,常在这里潇洒风流,一显才能。那时的日子是多么快乐啊!周伯宜热爱书法,亲手抄录了《禹贡》。他不仅字好,还写得一手好文章。那年春天,在送一位长辈灵柩入土的送葬船上,有人已写好一篇祭文,但曾在浙江乡试中获得经魁头衔的裕房支祖周以均不满意,便叫周伯宜重写。周伯宜在船中的茶几上立就一篇,念给周以均听。周以均竟号啕大哭,说周伯宜的文章文情并茂,打动了他的心。周伯宜文名因此大长,族中婚丧等事,往往由慎房一斋的周慰农总管,周伯宜动文笔。他曾经给"孝子"代作过两篇祭文草稿,颇受人赞赏。慰农和伯宜也因此要好,常在一起喝酒,潇洒自在。

周伯宜也非常爱国。1894年7月25日,中日甲午海战爆发,9月17日,在黄海海战中,北洋海军覆没。9月下旬的一天下午,"街楦"衡廷风风火火地从街上跑进大厅,一路上带着哭声大喊道:"中国打败啦!大清国完了!"

听见哭喊声,周伯宜、玉田公公、周五十、周六四等周家的男人全跑过来,聚在大厅里。不一会儿,连在外面游逛的周四七,也右手捏着尺许长的潮烟管,左手拿了一个猫砧碗,凑拢来了。

鲁瑞拉着櫆寿、松寿,长妈妈抱着小椿寿,也来了,站在一边听。子传公公也让子传奶奶扶着进了大厅,周伯宜连忙搀他坐在厅里的椅子上。

这时,樟寿正好放学回家,见父亲等人都在里面,就立在一边听。

衡廷见大家到齐了,像演说一样宣讲道:"9月17日,中日双方海军在鸭绿江口大东沟附近海面决战。北洋舰队军舰十艘,日本海军军舰十二艘。中午开战后,北洋舰队重创日本比叡、赤城、西京丸诸舰,但北洋舰队的致远舰亦受重创。管带邓世昌为保护旗舰,下令向敌先锋舰吉野猛冲,以求同归于尽,不幸中敌鱼雷,二百余人壮烈殉国。下午,北洋舰队十舰中,沉四、逃二、伤二,日本只伤四舰,广造舆论,渲染胜利,准备一攻再攻,大清国则一退再退,屡屡惨败!"

男人听此消息,禁不住个个捶胸顿足,连声长叹。子传公公咳嗽得更厉害了,子传奶奶不断地给他捶背。女人们也一个个低下了头。衡廷忽然大喊道:"国将不国,怎么办?"

周伯宜一时间热血沸腾,拍着胸脯说:"我有四个儿子,将来可以派一个到西洋,一个往东洋,去求学问,谋求救国之道!"

玉田公公应声道:"对!像邓管带那样,谋求救国之道!"

周六四也说:"邓管带有志气,像个中国人!"

樟寿听着惠叔衡廷的讲演,看着父亲和诸位亲人激昂的反应,情不自禁咬紧了牙关,攥紧了拳头……

无论是论品德,还是比才学,周伯宜的科举仕途应当是没有问题的。他很快考中秀才,虽然乡试不太顺利,但这一次却有高中的希望。他清楚地记得这次提的考篮是老庆编的,篮上编有"福禄"字样,精细、考究无人可比。他这次作的文章也特别得意,自觉定中无疑。岂料祸自天降,考官突然令差役扣了他的考卷,又解往省里查询。方知是父亲周福清犯了科场行贿案,问明他毫不知情,才革掉了秀才头衔,放了出来。他又逃到道墟亲戚家避难,待周福清投案自首、没有危险后才回到家中。一直在书斋中生活的他,哪里经得起这番惊吓、颠簸!早就失魂丧胆了。今后怎么办?科举仕途是彻底完了!嗨!这个老爹,为什么要行这个贿啊?不但没有得半点好处,还惹下了惊天大祸。其实,如果正常考下去,自己很可能高中的。这个愚不可及的老爹!一时间对周福清充满了怨恨。

7. 父亲的病与死

转念又想到老爹被判了"斩监候",说不定秋后要杀头,就不禁浑身颤抖。真比杀他自己还恐怖!说什么也要卖地筹钱营救!可是,地又卖得差不多了!怎么办?

他终日在愁苦中煎熬,本来就虚弱的身体一天不如一天了。

周伯宜见到报父亲平安的信,如释重负。然而,拿着信回到自己屋里,往他最喜欢的褐色皮躺椅上一坐,突然觉得两腿肿胀,沉得像灌了铅,动弹不得。

鲁瑞见丈夫忽然站不起来,忙过来搀扶,却总也扶不起来,赶紧喊:"来人啊!"

祖母和长妈妈闻听,急忙赶来,一起帮忙,还是搀不起来。

这时,鲁瑞忙喊:"来个男人!"

宝姑在外面听见,风风火火跑到后园叫来了庆叔。庆叔力大无比,一个人搂住周伯宜的肘窝,一使劲就将人整个提起来了。刚一站起,玉田公公和他夫人兰奶奶等也赶到了,一同把周伯宜扶到旁边大床上躺下。

周伯宜直挺挺地躺在床上,两腿还是动弹不得。玉田公公问他感觉怎样,他啜嚅道:"直觉得两腿像被湿布捆紧了。"

鲁瑞给他脱了鞋,盖上被,让他先休息。

樟寿、櫆寿放学后,和三弟松寿一起,领着四弟椿寿进屋向父亲请安。

周伯宜一见刚刚两岁四个月的小椿寿,方头大耳,白胖白胖的,招人喜爱,苍白的脸上绽出一丝笑容。

小椿寿扑上前扬起两只小手,不住地喊:"爹爹!爹爹!"要父亲像以前那样抱他,周伯宜仰了仰头,起不来。樟寿忙向前两步,抱起四弟,说:"爹爹有病了,让爹爹歇歇。"

鲁瑞忙上前扶住丈夫，给他捏腿。樟寿抱着四弟，示意二弟、三弟一起退出。正等在门外的长妈妈忙接过了四弟，连连摇头。

樟寿回想刚才父亲的形状，禁不住流下泪来，感到父亲这回的病不像过去，是很难好转了。祖父关在狱中，父亲这根唯一的顶梁柱再折断了，一家人可怎么办呢？

鲁瑞精心护理丈夫，每天老早起来榨藕汁，扶着丈夫一口口喝下去。吃饭前给丈夫烫酒，摆上削好的水果，弄些鲜鱼活虾给他下饭，还让他抽一口鸦片止痛，搀扶着他逐步下了地，能到四仙桌前吃饭。

为了让丈夫清静地休养，鲁瑞叫樟寿到祖母房间的楼上住，在樟寿原来住的后房换了张黄色漆柱的小床，让丈夫歇息。床头柜上摆着琴姑送的一小盆精致的文竹，绿竹依然青翠欲滴，竹间藏着那座瓷制小屋依然金瓦红墙，光闪闪的。周伯宜看着，嘴边露出一丝笑意。

丈夫一有动静，鲁瑞半夜就起来照料。无论饮食、起居、冷暖，都照管周全。

一阵秋风一阵寒，天气一天冷过一天。周伯宜的病总不见好。他看着床边的文竹和小瓷屋，又透过后房的后窗，观看西邻梁家竹园探过来的百十枝绿竹。窗前的翠绿竹叶，终日萧萧飒飒，鸟雀也特别多，叽叽喳喳，增加不少情趣。还有那株棕榈树，蓬头鬼似的向屋里望，也平添些许绿意。周伯宜的目光总留恋在这一片绿色上，他感慨地说，如果能够在竹林中，有一间小楼居住，就是最快乐的了。他对身处的大家族已经厌倦，一直想找一个幽静的处所，度过自己的余年，但是又病得难以动弹了。

和四个儿子说笑，成为他减轻病痛的唯一方式。樟寿、櫈寿从三味书屋放学回家，天黑以前吃过晚饭，就和三弟、四弟一起到父亲房里请安。周伯宜还坐在四仙桌边喝酒。遇到他兴致好时，四兄弟就多坐一会儿。父亲把下酒的水果分给他们吃，往往先给四弟椿寿，还给最大的。椿寿总是

7. 父亲的病与死

让给哥哥,自己要最小的。父亲问他为什么要最小的,他说因为自己最小,所以应该吃最小的。父亲不禁高兴起来,姆娘也笑了。原来姆娘给他讲过孔融让梨的故事,他记住,还学着做了。

周伯宜见四兄弟相互礼让,一块儿吃得津津有味,兴致更高了,就讲起故事来了。一般都讲的是《聊斋志异》里鬼怪的故事。一次讲里面所记的"野狗子",一种人身狗头的怪物,兵乱后钻进死人堆中,专吃人的脑髓,说到肢体不全的尸体一起站起惊呼"野狗子来了,怎么好!"实在阴惨可怕。四兄弟听得时而高兴,时而害怕,时而紧张,时而兴奋。鲁瑞一边手里做着活,一边也在听,脸上露出微笑。这也许是她最幸福的时刻了。丈夫兴致好,儿子懂事听话,她就高兴。

讲完故事,四兄弟见父亲酒也喝得差不多了,脸色不是发红,而是渐渐变成青白,话也少下去,就知道父亲又快不高兴了,便各自走散。

不幸的是,周伯宜的病一天比一天重了,请名医来治病,腿上的肿不但没有消失,而且一点一点向上漫,从脚背、小腿,而到腿肚。人也更加没有力气,不再跟儿子们说故事,而是默默地望着后窗外的竹林,一言不发,好像已经看透了人生,憎恶这世间,但从不责备任何人,只怨恨自己。就是病重的时候,他也很爱整洁,看见挂毛巾用的绳子,一边高一边低,他就提出要鲁瑞重新钉过,但鲁瑞因为事情多没有照办,他就自己动手,因为已经没有力气,还是一边呻吟一边把绳子挂整齐。看着丈夫死了一样的表情,鲁瑞总是以极大的耐性,极力体贴着他,一心想使丈夫好起来,但毫无效果,只能将所有的苦难都往自己身上压,不使本已陷入痛苦和不幸的丈夫再增加些微苦痛。

姆娘的痛苦,樟寿看在眼里,记在心中,每一看到姆娘愁苦的脸,听到她无奈的叹息,心里就像刀扎一般疼,但也毫无办法,只能和姆娘、祖母、长妈妈一样,都忧虑得吃不下饭。祖父免死的喜悦,转成了父亲病重的忧愁。

"国有大臣，家有长子。"父亲病重以后，樟寿俨然成为一个大人了。

他和姆娘一起商量，最初延请了绍兴一位姓冯的名医，穿了古铜色绸缎的夹袍，肥胖的脸总是醉醺醺的。那时，櫆寿也生了不知什么的病，请他一起诊治，他头一回对周伯宜说道："贵恙没有什么要紧，但是令郎的却有些麻烦。"

等他隔了两天第二次来的时候，却说的相反了。因此周伯宜觉得他不能信赖，就不再请他。他见病人有不请之意，又说有一种灵丹，点在舌头上边就可治病，因为"舌乃心之灵苗"，这是"医者，意也"的流派，意思是说舌头红色，像是一根苗从心里长出来，仿佛是"独立一支枪"，点上丹就灵。周伯宜却不相信，没有请教他的灵丹，将他送走完事了。

周伯宜的病症严重起来，樟寿只得请更有名的名医来诊父亲的病。这次请的是姚芝仙，一次诊金是一元四角，这在当时已经是笔巨款，很不容易张罗的了；何况又是隔日一次，不久家里就被掏空了。

名医大概的确有些特别，用药就与众不同。"药引"尤其难得，新方一换，就得忙一大场。先买药，再寻药引。"生姜"两片，竹叶十片去尖，名医是不用的了。起码是芦根，须到河边去掘；一到经霜三年的甘蔗，便至少也得搜寻两三天。有时还要寻找多年埋在地下化为清水的腌菜卤，屋瓦上经过三年霜雪的萝卜菜就更是难得了。常常累得樟寿焦头烂额，浑身大汗。

有些人说，神妙就在这地方。先前有一个病人，百药无效；待到遇见了什么叶天士先生，只在旧方上加了一味药引：梧桐叶。只一服，便霍然而愈了。

"医者，意也。"其时是秋天，而梧桐先知秋气。其先百药不投，今以

7. 父亲的病与死

秋气动之,以气感气,所以……樟寿虽然并不了然,但也十分佩服,知道凡有灵药,一定是很不容易得到的,求仙的人,甚至于还要拼了性命,跑进深山里去采呢。

然而,父亲的水肿逐日厉害,将要不能起床;樟寿对于经霜三年的甘蔗之流也逐渐失了信仰,采办药引似乎再没有先前一般踊跃了。正在这时候,名医姚芝仙有一天来诊,问过病状,便极其诚恳地说:"我所有的学问,都用尽了。这里还有一位何廉臣先生,本领比我高。我荐他来看一看,我可以写一封信。可是,病是不要紧的,不过经他的手,可以格外好得快……"

这一天似乎大家都有些不欢,仍然由樟寿恭敬地送他上轿。进来时,看见父亲的脸色很异样,和大家谈论,大意是说自己的病大概没有希望的了;这位名医因为看了这样长时间,毫无效验,脸又太熟了,未免有些难为情,所以等到危急时候,便荐一个生手自代,和自己完全脱了干系。但另外有什么法子呢?本城的名医,除他之外,实在也只有一个何廉臣了。明天就请何廉臣。何廉臣的诊金也是一元四角。但前回的名医的脸是圆而胖的,他却长而胖了:这一点颇不同。还有用药也不同。前回的名医是一个人还可以办的,这一回却是一个人有些办不妥帖了,因为他一张药方上,总兼有一种特别的丸散和一种奇特的药引。芦根和经霜三年的甘蔗,他就从来没有用过。最平常的是"蟋蟀一对",旁注小字道:"要原配,即本在一窠中者。"这就是说原来同居一穴的,才算是"一对",随便捉来雌雄两只不能算数,似乎昆虫也要贞节,续弦或再醮,连做药资格也丧失了。这差使并不为难,樟寿、櫆寿兄弟俩走进百草园的菜地里,翻开土块,同居的蟋蟀随地都是,十对也容易,可是随即就逃走了,而且各奔东西,不能同时抓到。幸亏他们是两个人,可以分头追赶,但假如运气不好,捉到了一只,那一只却逃掉了,那么这一只捉着的也只好放走了事。好容易捉到了一对,用线缚好了,活活地掷入药罐的沸汤中完事。然而还有"平地木十株"呢,这可谁也不知道是什么东西了,问药店,问乡下人,问卖草药的,问老年人,问读书人,问木匠,都只是摇摇头,临末才记起了玉田公公,爱种一点花木的老人,跑去一问,他果然知道,是生在山中树下的一种小树,能结红子如小珊瑚珠的,一般都称为"老弗大",樟寿从别人手里买来的《花镜》里有。

樟寿想起清明扫墓回来时,曾经拔了些来,种在桂花明堂里,于是赶紧去找,果然有,而且在山里的时候结籽至多一株树不过三颗,家里种的却可以多到五六颗。

"踏破铁鞋无觅处,得来全不费工夫。"药引寻到了,但还有一种特别的丸药:败鼓皮丸。这"败鼓皮丸"就是用打破的旧鼓皮做成的;水肿一名鼓胀,一用打破的鼓皮自然就可以克伏它。清朝一位名叫刚毅的将军,因为憎恨"洋鬼子",预备打他们,练了些兵称作"虎神营",取虎能食羊、神能伏鬼的意思,也就是这道理。可惜这一种神药,全城中只有一家出售的,离樟寿家就有五里,但这却不像平地木那样,必须暗中摸索了,何廉臣先生开方之后,就恳切详细地给周家说明。

"我有一种丹,"有一回何廉臣先生说,"点在舌上,我想一定可以见效。因为舌乃心之灵苗……价钱也并不贵,只要两块钱一盒……"

父亲沉思了一会儿,想起最初姓冯的名医也说过这种丹,就摇摇头。

"我这样用药还会不大见效,"有一回何廉臣先生又说,"我想,可以请人看一看,可有什么冤愆……医能医病,不能医命,对不对?自然,这也许是前世的事……"

凡国手,都能够起死回生的,走过医生的门前,常可以看见这样的匾额。

连医生自己也说道:"西医长于外科,中医长于内科。"但是绍兴城那

7. 父亲的病与死

时不但没有西医,并且谁也还没有想到天下有所谓西医,因此无论什么,都只能由传统中医的嫡派门徒包办。古时候是巫医不分的,所以直到那时,他们的门徒就还见鬼,而且觉得"舌乃心之灵苗"。这就是中国人的"命",连名医也无从医治的。

不肯用灵丹点在舌头上,又想不出"冤愆"来,自然,单吃了一百多天的"败鼓皮丸"有什么用呢?依然打不破水肿,父亲终于躺在床上喘气了。还请一回何廉臣先生,这回是特拔,大洋十元。他仍旧泰然地开了一张方,但已停止"败鼓皮丸"不用,药引也不很神妙了,所以只消半天,药就煎好,灌下去,却从口角上回了出来。

从此,樟寿便不再和何廉臣先生周旋,只在街上有时看见他坐在三名轿夫的快轿里飞一般抬过;后来听说他一直康健,一面行医,一面还做中医什么学报,正在和只长于外科的西医奋斗哩。

令樟寿终生难忘的是那条从当铺到药店的路。

该去给父亲买药了,明天还要付名医的诊金。午饭后,姆娘却踌躇着,小半天掏不出钱来。樟寿心知姆娘遇到了难处,不询问,甚至不敢看姆娘的脸,背过身去装着做别的事情。

终于,姆娘嗫嚅了一下,开口了,声音有些颤抖:"大阿官。"姆娘很少这样称呼自己。

好一会儿,樟寿才反应过来,答应了一声。

姆娘还是嗫嚅着,说不出话来。

樟寿这时成了男子汉,鼓励姆娘说:"姆娘,有什么事,尽管说。天大事,我来扛!"

姆娘含着泪眼看看儿子,有了主心骨,吐口说道:"家里空了,没有钱了。余下的二十亩稻田,要留着吃饭,再不能卖了,只能由你到当铺去当东西,换钱给爹爹买药,付明天的诊金。"

"啊！……"樟寿蒙了，好像闷雷在头上轰鸣，自语道："什么？"

姆娘无可奈何地重复："拿家里的东西，到当铺当些钱来……"

"当铺？！"樟寿小声惊呼了一声。心想：这样的地方，自己是从来未曾去过的，但是知道那是怎样的地方，是穷得实在没有办法的人才去的。他想起了路过时，从外面看见的当铺掌柜的冷脸。简直怕人！自己想起就厌恶。怎么能去那样的地方呢？

然而，看见姆娘愁苦的脸，脸上流淌下的两行热泪，樟寿立刻应道："好吧！我去！"

姆娘擦了擦眼泪，从立柜里取出了父亲的一个会——子母会。这是从寺庙"请"来的宝物，两个小玉佛，一小一大，好像子母。用一块绿缎包着，看来很是珍惜。

下午在三味书屋上学时，樟寿向老寿先生告了假，说明天要去给父亲买药，不能来了。顺便还提及这次名医开的药引是几年陈的陈仓米，不知到哪里才能找到。

第二天一早，樟寿就小心地把子母会裹在水印蓝花的包袱里，从百草园后门，悄悄出去。他怕遇上人，特别是熟人。

出去往北走不远，就是咸欢河，河不宽，两岸长着荒草。从塔子桥过河到了北岸，就见一排黑瓦白墙的房子。一大间的墙上写着一个大大的"当"字，这就是恒济当。

樟寿在当铺门外踌躇了一会儿，才鼓起勇气进去。

迎面就是高高的柜台，比自己高出一倍。柜台上坐着掌柜的，很威严，脸孔冷板板的，有些像长庆寺里泥塑的凶神恶煞，令人胆寒。周家过去也开过很多当铺，在这一行当很有威望，过去当铺掌柜见了周家人，不论大人孩子，总是笑脸相迎，九十度鞠躬，头弯得会碰着柜台，这时却如此严冷。樟寿倍感世态炎凉，俨然从温室落入冰窖。

7. 父亲的病与死

　　樟寿从包袱里拿出子母会，伸长胳臂，踮起脚，递上去。掌柜的在柜台下仔细地翻看着，还跟旁边的账房嘀嘀咕咕了一番，随后跟唱戏似的喊道："子母会一个，系陈年旧货，无大用场，念佛祖之面，当大洋十二块。"

　　樟寿心中一惊，想道：姆娘说这子母会是很值些钱的。怎么会是陈年旧货，无大用场？怎么才值十二块？

　　正犹豫间，掌柜的把子母会往柜前一推，不屑地说："不愿当，拿回去好哉！"

　　樟寿只好点点头，说了声："当。"话音比哭还难受。

　　掌柜的递过一张当票，让樟寿接了，到账房那里领钱。账房先生是个瘦子，戴副深度眼镜，从镜边斜了樟寿一眼，接过当票看了看，哼了一声，往柜台上摔过十二块大洋。

　　樟寿的心都颤抖了，感到受了极大的侮辱，恨不能把钱扔到账房先生脸上，再用极毒的毒语挖苦掌柜的几句，但是又想起了姆娘那愁苦的脸，久病的父亲痛苦的呻吟，什么话都没说，默默地拿过了钱和当票，小心翼翼地放在包袱里，走了。

　　他还沿原路从百草园后门回家，把十二块大洋和当票如数交给姆娘。姆娘先是愣了一阵，因那珍贵的子母会只当了这点儿钱而惊讶，张了张嘴，但什么都没说，默默地收好了。又取出两块钱，让樟寿拿着药方去给父亲买药。

　　樟寿又出正门，沿着东昌坊口的古街，向大街的震元堂和府横街东头的天保堂走去。

　　到了药店，樟寿进去。药店柜台和他一样高，掌柜和伙计也比当铺和气，交上药方，就如数称药，包好交钱，转身走人。

　　又走了十多里地，才到家，累得快要散架了。樟寿还是强耐着，把药和找赎的零钱交回姆娘手中。

忽听门外有人叫："豫才！"

开门一瞅，见是老寿先生亲自背了一只装铜钱的褡裢来了。樟寿忙把先生请进小堂前。老寿先生放下褡裢，从中取出一个小袋，里面盛着一升多陈米。

其实医方里要用的只是一两钱，而他竟背了一升多，樟寿忙请先生坐。先生却不坐，一定要走，樟寿只好送他出了新台门，看着先生回三味书屋，望着先生苍老、微驼的背影，热泪不禁夺眶而出，流到嘴角，有一股咸涩的味道……

周伯宜吃了很多苦药，名医也换了好几位，但丝毫不见效，水肿从腿部升到肚子，肚子胀得很可怕，竟至不能起床了。人消瘦得厉害，常常对鲁瑞说水肿使他浑身好像被湿布捆紧了，连透气也觉得吃力。

鲁瑞只是百般安慰，说："宜老相公，你要吃点什么吗？枕头垫高一点吗？舒服吗？"周伯宜的饮食减少，连摔碗的力气也没有了。鲁瑞在丈夫面前从不伤心落泪，在背后，却偷着落了不知多少眼泪。她白天黑夜地看护着丈夫，几乎不吃不睡。然而，回天乏术，周伯宜生命的火苗渐渐地熄灭下去。

三伏暑天过去了，秋老虎也失去了淫威，空气凉爽，人们透过气来，噩耗却要来了。

公元1896年10月12日，即光绪二十二年阴历九月初六，夜里，鲁瑞预感到了什么，叫四个儿子不要再睡了，守候在父亲身边。长妈妈也在一起陪伴着，祖母在床边椅子上坐着，鲁瑞劝她回去睡觉，她犹豫着，终于回去了。

四弟椿寿才四岁，熬不住夜，在长妈妈怀里睡熟了，宝姑把他抱走。

7. 父亲的病与死

余下三兄弟,都很清醒,一点儿都不困,因为他们知道要发生严重的事情了,都目不转睛地看着父亲。

父亲睡在前房的大床里,床朝北,他的头朝南,身体侧向外面。

樟寿和二弟、三弟依次站在父亲床边的踏脚板上,靠近他的头部,距离大约只有两尺,看得清清楚楚。

父亲神色是安详的,看了儿子们一眼。

周伯宜问妻子:"老四呢?"

长妈妈赶紧出去把四弟叫醒,抱到他的眼前。方头大脸的四弟扬起嫩白的小手,呀呀地叫"爹爹"。

父亲看了一眼可爱的小儿子,像是放心了,闭上眼睛。

儿子们以为父亲太疲倦了,需要养神,谁知他按在自己胸前的那只手,轻轻地抬起来,又轻轻地落下,这样重复了几次,嘴里喃喃地说:"呆子孙!呆子孙!"声音很是微弱。

樟寿兄弟被父亲的举动惊呆了,父亲穿的是白布短衫,袖子很长,几乎遮住手背,从父亲那动作看得出来,他似乎在责备谁。

说完"呆子孙!呆子孙!"父亲就不言语了,好像昏迷过去。

长妈妈在这紧要关头,忙极了,把四弟交给宝姑,自己将经卷焚化,火熄灰冷以后,用红纸包作两包,塞在周伯宜手里,叫他捏着。又和鲁瑞一起,忙着给周伯宜换衣服。儿子不管她们,只是注视着父亲。

善知过去未来的长妈妈突然催促樟寿:"大阿官,叫啊,快叫啊!"

父亲的喘气颇长久,连樟寿也听得很吃力,然而谁也不能帮助他。樟寿有时竟至于电光一闪似的想道:"还是快一点喘完了吧……"立刻觉得这思想就不该,就像犯了罪;但同时又觉得这思想实在是正当的,他很爱他的父亲。便是以后,也还是这样想。

他伤心地站在父亲身旁,眼看着为家奔忙的父亲,已经不能留在人间，要永别了，真如万箭穿心，伤痛难忍。经长妈妈一催促，或者出于焦急，或者是六神无主，不由得大叫起来："爹爹，爹爹！"声音十分凄惨。

"大声！他听不见。还不快叫？！"长妈妈说。

"爹爹！！！爹爹！！！"

父亲已经平静下去的脸，忽然紧张了，将眼微微一睁，仿佛有些苦痛。

"叫啊！快叫啊！"长妈妈催促说。

"爹爹！！！爹爹！！！"

"什么呢？……不要嚷。……我吃力……"父亲低低地说，又急速地喘着气，好一会儿，才复了原状，平静下去，气息越来越弱。

樾寿在一边似乎觉出父亲不想让大哥叫了，想劝阻，又开不了口。

"爹爹！！！"樟寿还在叫，一直到父亲咽了气。

樟寿多少年后还听到那时自己的这声音，每听到时，就觉得是对于父亲的最大的错处。

8. 看见世人的真面目

人世的烦恼是躲不过去的，樟寿正钻到李贺歌诗等古典文学中借以解忧的时候，却有人通知他晚上到大书房参加家族会议。

吃罢晚饭，樟寿去了。一进门就惊呆了，新台门的所有长者都已经到齐了。围着唯一在家的祖父辈玉田公公，严严实实、虎视眈眈地坐满了一屋子。屋中间八仙桌上点着三支大蜡烛，照得光亮亮的。正中间梁上，廿八公公写的"志伊学颜"匾看得清清楚楚。桌边放着一张纸，樟寿扫了一眼，见是什么协议书。

胖胖的玉田公公过去总是和颜悦色，笑容可掬，这会儿不知为什么横

8. 看见世人的真面目

眉立目,气鼓鼓的。他让樟寿坐在桌边的凳子上,然后捋一捋唇上的八字胡,慢慢悠悠地叫道:"豫才。"

樟寿不觉一惊,因为玉田公公一向只叫他的小名"阿张",甚至呼他为"小友",从来没有叫过字。这一叫,就表明要谈的事情非同小可,很是郑重。

玉田公公清了清嗓子,说道:"你祖父因事入狱,父亲又故去,我们都很同情。现在你家人丁稀少,只有祖母、姆娘、你和三个弟弟,一共六口人,住房却还照旧,楼上楼下六间。可是别的家却人丁渐多,房屋不够住。这你也知道的,我家住台门四进,与你家相对,中间是一个不大的明堂,用曲尺形的高墙隔开,南面只剩了一条狭长的天井,北面的小明堂也就不宽大。西边后房花塍死后,由你椒生叔祖住,后房是我所居,将廊下隔断,改造为小书房,南窗下放着书桌。你也见过摆满了各种书籍,早已盛不下了。你谦叔早已成家,眼看就要生子,房屋也不够住。仲阳虽说已过继给信房,但还时常回家,房子更不够了。这样,族人商量重新分房,把你家空闲的两间房子让出来,给房少的居住。你看如何?"

樟寿一听才知是为房子的事情,他也知道玉田公公住房很狭窄,但祖父尚在狱中,不知什么时候回来,他如回来,房子已让给别人,他住哪里呢?族人趁祖父入狱不在家,就如此强行逼自己就范,是断不能接受的。不觉摇摇头,表示不同意。

玉田公公见他摇头,刹那间气得满脸通红,青筋凸起。

周伯文两眼又凸起得像一对金鱼,霍地跳起来吼道:"这是你玉田公公祖父辈的意思,跟你商量是抬举你,你不同意也得同意!"樟寿咬紧牙关不说话,就是不点头。

跟子传奶奶有一腿的周衍生,眼睛眨一眨,诡计有一百,笑眯眯对樟寿说:"玉田公公是好意,你答应了,准有好报。过后你家若有难处,族人自会再想办法。"

樟寿本就厌恶这个周衍生，知道他又在讲骗人的鬼话，狠狠瞪了他一眼。

衍生往后退了一步，仿佛感到这两只眼射出了利剑，要将自己戳杀了，吓得不再说话。

玉田公公见樟寿软硬不吃，顿时恼怒，猛然立起，点着桌上的分房协议，指着樟寿声色俱厉地吼道："签字！不签也得签！"

樟寿惊了，抬眼望望玉田公公，不敢相信自己从小的开蒙塾师、历来尊称"蓝爷爷"的叔祖，会这样蛮横无理。他往后退了一步，强压住怒火，慢慢地细声说："祖父是一家之长，这事需要通过祖父，没有他的许可，侄孙是断不敢做主的。"

玉田公公听后，跳将起来叫道："哪里管得了那许多！别人没有房住，你家却空着，像话吗？签、签、签！签字画押！"

周伯文也上前催促，金鱼眼睛更加凸起，仿佛要突射出来。

樟寿仍不发火，只是低着头小声说："等我禀告狱中祖父，再做商议。"

玉田公公面对这个软硬不吃的侄孙，一时间进不是，退也不是，失了方寸。

谦叔忙扶住父亲，让他坐下。仲阳也过去劝父亲不必跟个孩子动气。

衡廷看着樟寿，倒觉得这孩子有主意，不简单。

眼看着双方僵持着没有结果，三支大蜡烛也快燃尽了，大书房里暗了下来，衡廷过来说："玉田叔，今天先到这里，等樟寿回禀介孚公再说吧！"

六四也说："先这样吧！以后再从长计议。"

玉田公公见事已如此，别无办法，只好点点头，不欢而散。

8. 看见世人的真面目

待所有的人都走了,樟寿才一步步挪出了大书房。来到黑暗中,他不觉鼻子一酸,要大哭一场。是啊,长到十七岁,什么时候经过这样的场面,受过这样的呵斥啊!而且是自己过去尊敬的"蓝爷爷",开蒙塾师,一直呵护自己,称自己为"小友",今天竟然这般厉害!嗨,这就是世人的真面目!

他刚要放声大哭,忽然想到了连遭不幸的可怜的姆娘,年迈的祖母,两个未成年的弟弟,立刻强忍住眼泪,把泪水咽进肚子里,默默地走回自己家。

见了姆娘也一声不吭,径直上了自己的阁楼。

上了楼,樟寿一头倒在床上,蒙起被子,在被窝里不出声地流泪。过了好一会儿,又起身拨亮桌上的油灯,铺开日记本,拣拣"金不换"毛笔,写起了日记。他似乎已经养成了习惯,把自己的喜怒哀乐完全倾注在文字中。

他把满腔愤怒都化作了文字,像当初画画,写上"射死八斤"那样,将燃烧着怒火的文字射向玉田公公,射向这面目突变的世人。文字是那样令人心酸,让人怒火中烧,以至于到杭州陪侍祖父的二弟櫆寿回家后偶然看见这日记时,也不禁泪流满面,方知大哥居然受过这样大的委屈。

樟寿由此想到如果有一身武艺,一把利剑,和强大的武力,岂会受世人如此欺负?当即去找廿八公公给自己刻了三块新章:"戎马书生""文章误我"和"戛剑生"。取名"戛剑生",意思是要挥剑斩妖,报仇雪恨,拯救祖国,也保卫自己!

一天下午,樟寿在院子里站着,子传奶奶招呼道:"阿张,到我屋里坐会儿。"

樟寿也觉得无人说话,就随子传奶奶去了她家。

这时,子传爷爷已经死了,本就和子传奶奶有一腿的大烟鬼礼房族伯周衍生干脆住在她家里,见樟寿来了,眨眨眼,笑眯眯,又是让座,又是倒茶,怪亲切的。

樟寿本来很讨厌周衍生,但父亲去世以后,饱尝世态炎凉,受尽世人白眼,所以一时间对这般的亲切顿生感激之情。坐下闲聊,不禁把心里藏着的话都倒了出来,说自己觉得许多东西要买,看的和吃的,尤其是书,只是没有钱。

子传奶奶同情地说:"姆娘的钱,你拿来用就是了,还不就是你的吗?"

周衍生也眨眨眼说:"就是啊!姆娘的不就是你的吗?现在家里是你掌柜哉!"

樟寿赶紧说:"姆娘没有钱的。"

子传奶奶悄悄说:"你可以拿首饰去变卖啊!"

周衍生是妇唱夫随,跟着说:"是啊!首饰不就可以变成钱哉!"

樟寿低下头说:"也没有首饰。早在父亲生病时,就卖光了。"

子传奶奶凑到樟寿身边,神秘兮兮地说:"不会都卖光的,也许你没有留心。到大厨的抽屉里,角角落落去寻去,总可以寻出一点珠子一类东西……"

周衍生也神秘兮兮地眨着眼,奸笑道:"是哉!去角角落落细细寻去,一定会有的。"

樟寿百思不得其解地摇了摇头……

樟寿觉得子传奶奶和周衍生这些话很异样,便不到她那里去了,有时也真想打开家里的大厨,细细地寻一寻,但一想到姆娘那愁苦的面容,就戛然止住。

然而,他外出时,忽然发现人们都在用别样的眼光看着自己。这眼光不像"矮癞胡"那种异样的目光,而是带着种种疑惑、可怜和同情、惋惜，又掺和着某种蔑视，像是在说："阿张，你这个孩子，好好的，怎么会做这种事呢？"对于这种眼光，樟寿不敢正视，连自己也仿佛觉得真是犯了罪，怕遇见人们的眼睛。祖母过来叫："阿张啊！"他以为是询问他拿没拿家里的东西，赶紧躲开。姆娘过来抚他的头，他也赶忙跑到别处，怕受到姆娘的爱抚。

"舌头底下压煞人。"他只好逃走，逃离人们别样的眼光，逃离亲人的抚爱。

然而，逃是逃不了的，一次经过兰花间，李家那穿得又脏又破的孩子，竟拿了一片芦叶指着他道："杀！"小孩子还不很能走路，而自己竟然被"天真"的孩子所仇视了，樟寿仰着头，心里自语道："想起来真觉得有些奇怪。这很小的小孩，怎么也会听到流言，对我如此仇恨呢？"一天上午，他听见长妈妈站在子传奶奶的门前吵嚷："你怎么能这么说哉？我家大阿官是从来不会做这等事的，他现是我家的顶梁柱，站得稳，立得正。绝不会做见不得人的勾当！"子传奶奶自觉理亏，不敢大声回应，只跟长妈妈赔着笑脸道："我没有说啊！这话不是我讲的。"指指前面的兰花间说，"是那边李家传出来的。"似乎周衍生也要出来澄清，子传奶奶挡住他，赶紧关上门。

长妈妈"呸"地往子传奶奶门前啐了一口痰。

樟寿一时间有如掉入冷水里，浑身打战。流言的来源，樟寿是明白的，恨不能写篇文章，找地方发表，总要骂出流言家的狐狸尾巴来，但此时的他除了憎恶子传奶奶和她的姘夫周衍生、又感谢长妈妈之外，还能做什么呢？

他小时候知道这个子传奶奶不是好人。还记得冬天，水缸里结了薄冰，孩子们大清早起一看见，便吃冰。兰花间的沈四太太看到了，大声说道："莫吃呀，要肚子疼的呢！"这声音给孩子们的姆娘听到了，跑出来把孩子骂了一顿,大半天不准玩。孩子们把沈四太太当作祸首,给她起了个绰号,叫作"肚子疼"。子传奶奶绝不如此,假如她看见孩子们吃冰,一定和蔼地笑着说:"好,再吃一块。我记着,看谁吃得多。"倘若正好被孩子的姆娘看到,一定又改口说:"看,我不让你们吃,你们偏要吃!"十多岁时,和几个孩子比赛打旋子,看谁旋得多。她就从旁边计着数,说道,"好,八十二个了!再旋一个,八十三!好!八十四!……"正在旋着的阿祥,忽然跌倒了,阿祥的姆母恰恰走进来。她便接着说道:"你看,不是跌了吗?不听我的话,我叫你不要旋,不要旋……"想到这一连串的事,又想起她姓陈,她的原配媳妇和她一式,也姓陈。她和丈夫、儿子、媳妇,以及一位姑奶奶"红鼻头",所有这一堆人的"生肖"都属"鼠",族房中人对她家都戏称之为"老鼠窠",怪不得这么坏呢!樟寿对这个子传奶奶恨透了,心里骂道:"再不叫她子传奶奶了!她的丈夫子传爷爷倒是好人,在族里排行二十五,人们叫他这老婆为二十五太太,但她与丈夫并不好,相好的是那姘夫周衍生,就唤她'衍太太'吧!"

是呵,他在这从小康到没落的途路中,经过这一番刻骨铭心的遭遇,才真正体验了世态的炎凉,越来越看清了世人的真面目。那个百草园里的小阿张,三味书屋中的豫才,离他越来越远了,他变成了另一个成熟而深刻的人,铸就一颗忧愤而痛苦的灵魂……

这个家乡是不能再待下去了,到哪里去呢?

衰落的读书人家子弟常走的是两条路——学做幕友和商人。樟寿是绝对不愿意的。

那么,在绍兴进中西学堂吧?要"救中国",光读那些中国的古书是无济于事的。

不行。为全城所笑骂的就是这个开得不久的学校,汉文之外,又教些洋文和算学。然而已经成为众矢之的了,熟读圣贤书的秀才们,还集了

8. 看见世人的真面目

《四书》的句子,做一篇八股来嘲讽它,这名文便即传遍了全城,人人当作有趣的话柄。而且樟寿对于这中西学堂,也不满意,因为那里面只教汉文、算学、英文和法文,没有更有用的救国之道,何况也不能离开这讨人厌的老城。

到哪里去呢?绍兴城人的脸早经看熟,如此而已,连心肝也似乎有些了然。总得寻别一类人们去,去寻为绍兴城人所诟病的人们,无论其为畜生或魔鬼。功课较为别致的,还有杭州的求是书院,然而学费贵。无须学费的学校在南京,自然只好往南京去。十八叔祖周庆蕃"庆爷爷"(号椒生)在南京水师学堂教汉文兼管轮堂监督,伯升叔就是通过他进的那个学堂。那么,走吧!走异路,逃异地,离开这个令人气闷的地方!但必须先征求祖父的意见。

两天后他在庆叔陪同下,到杭州看望祖父。父亲去世后,二弟櫆寿就到杭州陪侍祖父,兄弟俩一见面就抱头痛哭。午饭后休息了一会儿,樟寿急着要去祖父处。阮标背起包袱,带着他和櫆寿前往,庆叔留在家里拾掇已经破旧的家什。

到了司狱司门口,阮标推开铁栅门进去,门内几个禁卒冲他们笑笑,任他们进来。樟寿不像櫆寿初进时那样吓得几乎不敢抬头,而是向周围沉着地观看,从容得很。

一进狱门,见爷爷正从榻状的厚板上站起迎接他们,可能已经知道消息了,专意等候。爷爷的身材还是那样高大魁梧,藏青色绸缎官服,已经半旧,没有戴帽,光着头,脑后垂着的又粗又长的辫子,几乎全白。"同"字型脸,布满皱纹,爷爷老了!不禁落下泪来,忙跪下,和二弟一起给爷爷叩头。

爷爷上前一步,叫声:"阿张!"扶长孙起来,扶他和櫆寿到榻板上坐下，不禁老泪纵横，叹道："阿张，这段日子可苦了你了！"说毕，低下头，为自己的案子给儿孙带来灾祸，愧疚万分。停了会儿，又问道："你姆娘可好？"

樟寿答道："好。"不觉哽咽得说不出话来，热泪夺眶而出。櫆寿不住地饮泣。

阮标把包袱放在桌案上，站在一边听着，也禁不住流下泪来。

好一阵子，四人才平静下来。祖父清清嗓子，慢慢地说："是爷爷不好，连累了全家。可还是那'呆皇帝''昏太后'做的孽，将世道搞得不公，多少人为所欲为，飞黄腾达，爷爷的事并没有实做，就遭如此重罪……"

又停顿了，狱室里静极了，似乎听得见四人的呼吸声。爷爷又开始说："我想写一篇文章，题目叫《恒训》，归理周家败落的教训，给你们留下，代代都须记住：有恒心，有恒业，有恒产。有恒心得以见有恒善，此乃圣之基也。"

爷爷接着讲了一个故事："兄弟三人，长为官，次开大店铺，大概是绸缎店之类，三弟开一爿豆腐作坊。后长次二家官败店关，后人无所依赖，被招至豆腐店工作，始得成立。故业不在大，而在恒。"

爷爷望望两个孙子，见都瞪大眼睛听着，又接着说："我们家明万历时，已经小康，累世耕读。至乾隆年分老七房小七房，合有田万余亩，当铺十余所，俨然大族。到嘉道年间，族中多效奢侈，遂失其产。复遭十七爷房争继，讼至京师，各房中落者多，而我高祖派下小康如昔。自我昆季辈不事生计，侄辈继之卖田典屋，产业尽矣。"

清清嗓子，手抚着樟寿肩头嘱道："但愿你们兄弟力戒昏惰，力戒烟酒，力戒损友，用功读书，俭朴持家，振兴周室！"

樟寿和櫆寿兄弟连忙答道："我们一定遵爷爷叮嘱！"

8. 看见世人的真面目

爷爷笑了，说道："櫆寿这一年，学问大长，比你们伯升叔强得多！"

櫆寿听到爷爷夸奖，有些不好意思。

樟寿听见爷爷夸奖二弟，十分高兴。

爷爷又拿出自己几大册日记说："去昏之法，在事事认真。看书写字，用静细功夫。心不二用，神气自清。次日应做诸事，立一日记簿，预先写出。所闻所见，关学问者，关家务者，一一记簿，时时细看，切勿怠惰。"

樟寿、櫆寿过来看爷爷日记，见字迹秀雅、劲挺，无一笔草字，无一处涂抹，甚是钦佩。

樟寿说道："我也开始写日记，记了一厚本了。"

櫆寿闻听说道："我也要写日记，从今天开始！"

樟寿从桌案上的包袱里拿出书来，说道："这是给爷爷和二弟带来的书。"

爷爷和二弟见书就喜，忙过来看，见是《壶天录》四本、《读史探骊录》五本、《淞隐漫录》四本、《阅微草堂笔记》六本，不禁大喜过望。

爷爷说："先让櫆寿读吧，读后告我心得。"

櫆寿喜不胜收，将书收进包袱里。

樟寿又对爷爷说了欲和伯升叔一样上南京水师学堂一事，爷爷沉思片刻，微微点头。樟寿知道爷爷同意了。

天近黄昏，樟寿、櫆寿兄弟才离开爷爷回家，阮标拎着包袱，爷爷送至门口，看着兄弟俩的背影，朦朦胧胧地感到这两个孙子，凭着二人的文字，将来没准会成就一番大事业，不禁喜上心来……

晚上回到家里，见破旧的家什或加钉，或重绑，或修理，知是庆叔的功劳，十分感激。櫆寿看到桌案整治一新，擦得干干净净，更是欣慰，顾不上洗脸，就坐在桌前，细心钉一册日记簿，端端正正地写起日记：

光绪二十有四年岁次戊戌孟春二十八日东缺若耶周樟寿订于浙江武林仰山楼之东窗下

正月大

廿八日阴下午豫亭兄偕章庆至坐谈片刻偕归收到壶天录四本……

晚上，兄弟俩同寝一床，同盖一被，合衿而眠……

一大早起来，兄弟俩又冒雨同往申报馆派报售书处，购得《徐霞客游记》六本、《春融堂杂记》两本、画报两本等。

把书带回家，兄弟俩急不可耐地翻读，一时间竟被这些笔记、小品的清词丽句迷住了。樟寿拿出"戎马书生"的新章，在《徐霞客游记》第一册上，郑重地盖上印。

第四天，上午又有雨，樟寿和庆叔回绍兴，带回《历下志游》两本、《淮军平捻记》两本、《梅岭百鸟画谱》三本、锦套《虎口余生记》一本、画报一本、《紫气东来图》一张、著色戊戌中西月份牌一张，全装入包袱里，由庆叔提着。

櫆寿和阮标送樟寿和庆叔到门外，忽然大雨倾盆，天黑如墨。庆叔急撑伞护住樟寿，让櫆寿留步，櫆寿则不顾自己淋雨，忙护住盛书的包袱。阮标连忙跑到街上，叫来一辆马车，推庆叔、樟寿二人急上马车，匆匆往钱塘江埠头去了。

回家以后，樟寿立即拜托在南京水师学堂任轮堂监督的"庆爷爷"次子仲翔叔给他父亲写信，求办去读书之事，又给已在此上学的伯升叔写信，恳求协办。

过了几天，仲翔叔来家告知：到南京水师学堂读书的事，"庆爷爷"

8. 看见世人的真面目

已来信说办妥,可来。伯升叔也来信说毫无问题。樟寿当即写信给祖父,告知此事。看来是肯定要走了,不能不告诉姆娘了,吃过晚饭,樟寿悄悄来到姆娘房里请安,说了要去南京水师学堂一事,并说祖父业已同意。

姆娘先是一愣,半天说不出话来。因为读书应试是正路,所谓学洋务,社会上便以为是一种走投无路的人,只得将灵魂卖给鬼子,要加倍地奚落而且排斥的,而况她又看不见自己的儿子了。但姆娘没有法,儿子决定了,公公又点了头,只好服从。她走到衣柜前,从襟间掏出锁匙,打开柜子,拿出一个小包裹,翻开一层又一层,最后从最里面排出八块银圆,交给樟寿,说道:"这是川资,由你自便。"

说完,她背朝墙角,哭了。樟寿又看见姆娘的脊背一阵阵地抽搐,心如刀绞,泪流满面。

姆娘忽然转过身,流着泪对儿子一字一板地说:"'穷出山',你要争气!"

5月2日,细雨刚晴,下午到了杭州清波门,见到了二弟櫈寿。兄弟俩先去见了潘庶祖母和阮标,然后二弟拿出自己的日记簿给大哥看。大哥见二弟的日记,是从他上次来杭州那天开始的,已从正月廿八写到闰三月十一日,字迹工整,无一草笔,文字也清丽、简劲,十分喜爱,不住夸奖二弟大有长进,并说自己的日记也写了一大册了,二弟回家时,可以看看。

二弟得了大哥表扬,心花怒放,用自己的零花钱请客,和仲翔叔一同去河坊街吃松花团团。

为了不惊扰爷爷,决定不再去探视。临走,兄弟俩依依不舍。二弟一定要送大哥上船,大哥恐二弟回去时天色太晚,遭遇不测,一再劝阻。

阮标找来一辆马车,催樟寿和仲翔叔上车。两人一上去,马车就跑起来,櫈寿在后面追了几步,见追不上,只得停下,望着马车后影,"大哥、大哥"地叫，号啕大哭。樟寿从车后窗看见，也忍不住哭泣，欲下车去安慰二弟，仲翔叔连忙拦住。马车到巷口拐弯，看不见二弟了，樟寿只好作罢，但仍痛哭不止，心中酝酿起一首诗：

别诸弟
谋生无奈日奔驰，有弟偏教各别离。
最是令人凄绝处，孤檠长夜雨来时。

5月5日方乘上长江轮船，7日才到达南京。下船后，已近黄昏，望着四围景象，樟寿心中默想起一篇《戛剑生杂记》：

行人于斜日将堕之时，暝色逼人，四顾满目非故乡之人，细聆满耳皆异乡之语，一念及家乡万里，老亲弱弟必时时相语，谓今当至某处矣，此时真觉柔肠欲断，涕不可仰。故予有句云：日暮客愁集，烟深人语喧。皆所身历，非托诸空言也。

仲翔叔雇了辆马车，樟寿随他上了车，来到十八叔祖周椒生"庆爷爷"的住处。

"庆爷爷"五十五岁，脸圆微胖，唇上留着两撇小胡子，因为常年练"八段锦"，健身有方，身板很是硬朗，见儿子带侄孙来了，喜不自胜，特地备饭款待，还一同喝了坛绍兴老酒。酒饭之后，对樟寿言道："本族子弟进学堂'当兵'，不大好，不宜用本名，给你改个名吧？"

周椒生沉吟片刻，说出一个响亮的名字：

周——树——人

9. 新思潮，新世界

1898年5月，周树人考取了江南水师学堂试习生。经过三个月的试读，补为三班正式生。

这是他进去的第一个学校，一进仪凤门，便可以看见它那二十丈高的桅杆和不知多高的烟囱。功课也简单，一星期中，几乎四整天是英文："It is a cat." "Is it a rat？"一整天是读汉文："君子曰，颍考叔，纯孝也，爱其母，施及庄公。"一整天是做汉文：《知己知彼百战百胜论》《颍考叔论》《云从龙风从虎论》《咬得菜根则百事可做论》。

初进去当然只能做三班生，卧室里是一桌一凳一床，床板只有两块。头二班学生就不同了，二桌二凳或三凳一床，床板多至三块。不但上讲堂时挟着一堆厚而且大的洋书，气昂昂地走着，绝非只有一本"泼赖妈"和四本《左传》的三班生所敢正视；便是空着手，也一定将肘弯撑开，像一只螃蟹，低一班的在后面总不能走出他之前。

可爱的是桅杆。但并非如"东邻"的"支那通"所说，因为它"挺然翘然"，又是什么的象征。乃是因为它高，乌鸦喜鹊，都只能停在它的半途的木盘上。人如果爬到顶，便可以近看狮子山，远眺莫愁湖——但究竟是否真可以眺得那么远，现在可委实有点记不清楚了。而且不危险，下面张着网，即使跌下来，也不过如一条小鱼落在网子里；况且自从张网以后，听说也还没有人曾经跌下来。

原先还有一个池，给学生学游泳的，这里面却淹死了两个年幼的学生。当树人进去时，早填平了，不但填平，上面还造了一所小小的关帝庙。庙旁是一座焚化字纸的砖炉，炉口上方横写着四个大字"敬惜字纸"。办学的人大概是好心肠的，所以每年七月十五，总请一群和尚到雨天操场来放焰口，一个红鼻而胖的大和尚戴上毗卢帽，捏诀，念咒："回资啰，普弥耶吽！唵耶吽！唵！耶！吽！！！"

树人的前辈同学被关圣帝君镇压了一整年，就只在这时候得到一点好处——虽然他并不深知是怎样的好处。所以当这时，每每想：做学生总得自己小心些。

但总觉得水师学堂不大合适，可是无法形容出这不合适来。现在是发现了大致相近的字眼了，"乌烟瘴气"，庶几乎其可也。只得走开。那时走开还不打紧，学生所得的津贴，第一年不过二两银子，最初三个月的试习期内是零用五百文。于是毫无问题，树人去考矿路学堂去了，录取了。

这回汉文仍旧是"颖考叔，纯孝也"，但外加《小学集注》。论文题目也小有不同，譬如《工欲善其事必先利其器论》，是先前没有做过的。

此外还有所谓格致、地学、金石学……都非常新鲜。后两项，就是现在之所谓地质学和矿物学，并非讲舆地和钟鼎碑版的。只是画铁轨横断面图却有些麻烦，平行线尤其讨厌。但第二年的总办是一个新党，他坐在马车上的时候大抵看着《时务报》，考汉文也自己出题目，和教员出的很不同。有一次是《华盛顿论》，汉文教员反而惴惴地来问我们道："华盛顿是什么东西呀？……"

新党总办可不简单。他叫俞明震，生于1860年，死于1918年。俞明震少年能诗。光绪十六年（1890），考中庚寅恩科三甲进士，同年五月，改翰林院庶吉士。光绪十八年（1892）五月，授刑部主事。中日甲午战争爆发后，奉台湾巡抚唐景崧奏调，担任台湾布政使，与唐景崧、丘逢甲等组织台湾守军抗日。戊戌变法期间，俞明震积极支持康、梁，并参与湖南巡抚陈宝箴在当地推行的新政。变法失败后，转任南京江南陆师学堂兼附设矿务铁路学堂总办。光绪三十三年（1907），转任江西赣宁道。宣统二年（1910），任甘肃提学使。民国初年，任平政院肃政使。不久，辞归故里。

俞明震学生成才者甚众，后人也多名人英才。著名诗人、政治家陈三立是他的妹夫，现代大画家陈衡恪、大学者陈寅恪是他外甥。树人在《日记》中多次提到"恪士师"，就是俞明震，称颂他为让自己出国留学的"恩师"。

有这样的老师和校长，周树人怎能不得风气之先？

这时，戊戌变法失败不久，谭嗣同菜市口问斩，光绪被幽禁，康有为、梁启超逃出日本，章太炎的《訄书》、严复的《天演论》和主张革新的《时务报》出版，树人不甘心做奴隶，常常骑着马，从旗人住区疾驰而过，大声疾呼，和旗人的小孩儿对骂。有一次因为驰得太快，从马上摔下来，仍不服气。

当时看新书的风气已经流行起来，树人也知道了中国有一部书叫《天演论》。星期日跑到城南去买了来，白纸石印的一厚本，价五百文整。翻开一看，是印得很好的字，开首便道：

> 赫胥黎独处一室之中，在英伦之南，背山而面野，槛外诸境，历历如在机下。乃悬想二千年前，当罗马大将恺撒未到时，此间有何景物？计惟有天造草昧……

哦，原来世界上竟还有一个赫胥黎坐在书房里那么想，而且想得那么新鲜？一口气读下去，"物竞""天择"也出来了，苏格拉底、柏拉图也出来了，斯多葛也出来了。学堂里又设立了一个阅报处，《时务报》不待言，还有《译学汇编》，那书面上的张廉卿一流的四个字，就蓝得很可爱。

"你这孩子有点不对了，拿这篇文章去看去，抄下来去看去。"一位本家的老辈严肃地对树人说，递过一张参康有为变法的报纸，给他看。树人不搭理，照例吃侉饼、花生米、辣椒，看《天演论》。

他看到了一个新世界，接受了新思潮。

1902年1月27日，树人以一等第三名的优秀成绩从矿路学堂毕业，决心到日本留学。2月20日，回绍兴做出国准备。3月17日返抵南京。21日往水师学堂，看望已经在此上学并改名周作人的二弟，告知于本日集中，三日后动身。23日晚，十八叔祖周椒生设饯行便宴。当夜，树人和作人、伯升叔同到水师学堂同窗好友胡韵仙处话别，韵仙作诗曰：

英雄大志总难侔，夸向东瀛作远游。
极目中原深暮色，回天责任在君流。

3月24日，周树人深怀国仇家恨乘日轮"大贞丸"号赴日留学。

注：本部分个别内容的撰写参考了鲁迅的《我的第一个师父》《我的种痘》《狗·猫·鼠》《论雷峰塔的倒掉》《阿长与山海经》《从百草园到三味书屋》《父亲的病》等。

二 鲁迅的留日

10. 国民性问题和尚武精神

1902年3月24日,在日轮"大贞丸"号上,天空明净高远,蔚蓝的大海泛着粼粼波光向天边涌去。这时才二十一岁、第一次坐海船的周树人,伫立在船舷栏杆边,穿一身黑色制服,英姿勃发,极目远眺茫茫海天,心潮澎湃。海风吹拂着额前的黑发,他不知将去的异国日本是何等模样,但心里却默念着一句话:救中国!

上午,江南陆师学堂总办俞明震先生亲自带领他和同学一共五人上了轮船。船开了,他们站在船舷上回望着,看见送行的人在岸边朝他们频频招手,直到身影消失在海雾中。树人和同学们的眼睛都湿润了,心知总办对他们的殷殷期盼——成为有用之才,拯救危亡中的中国!所以才亲身统领。

树人发现身旁还有两个人,回转身一看,见是一高一矮两个人。高个儿的是陈衡恪,身材瘦削,虽然才二十七岁,已然是小有名气的画家、金石家和诗人。矮个儿的,是只有十三岁的陈寅恪,体质单薄,清癯俊秀的面孔还带着几分稚气,但坚定执着的眼神和紧抿的嘴唇却显出不凡的气质。俞明震总办是陈氏兄弟的大舅舅,他俩却是自费生,没有靠舅父的关系办理公费。

树人和陈衡恪紧紧握手,又拍拍矮小的陈寅恪的肩膀,显得很喜欢的样子。到了日本弘文学院以后，他们同住一舍，始终保持着深厚的情谊。

在日本弘文学院时，树人又结交了绍兴同乡、终生挚友许寿裳。那时候，美国传教士史密斯，即已在中国生活了二十多年的明恩溥写了《中国人的气质》一书，1894年由美国佛来明公司出版，两年之后，日本的博文馆就出了涩江保的日译本。他们读到了这个版本，两人如获至宝，一边读一边热烈地讨论中国人的国民性问题，常常通宵达旦，忘了吃饭、睡觉。

大家身在异国，刺激多端，有一天，他们谈到历史上中国人的生命太不值钱，尤其是做异族奴隶的时候，不禁相对凄然。从此以后，就更加接近，见面时每每谈中国民族性的缺点。又常常谈着三个相连的问题：一、怎样才是理想的人性？二、中国民族中最缺乏的是什么？三、它的病根何在？对于问题一，因为古今中外哲人所孜孜追求的，其说浩瀚，他们尽善而从，没有多谈。对于问题二的探索，当时他们觉得中国民族最缺乏的东西是诚和爱，换句话说，便是深中了诈伪和猜疑相贼的毛病。口号只管很好听，标语和宣言只管很好看，书本上只管说得冠冕堂皇，天花乱坠，但按其实际，却完全不是这回事。至于问题三的症结，当然要在历史上探究，因缘虽多，而两次奴于异族，被认为是最大最深的病根。做奴隶的人还有什么地方可以说诚和爱呢？唯一的救济方法是革命。他们两人聚谈每每忘了时刻。许寿裳从此就佩服周树人的理想之高超，着眼点之远大。

1904年止是日俄战争前夕，各大帝国从四面八方侵入中国，国势危如累卵，旅顺已非常吃紧，而上海等地的人士，仍醉生梦死，无动于衷。因此树人在给上海友人的信中说："申浦宴游，依然如昔，不独足下目击伤心，而弟等亦为之浩叹！"同学少年，忧国忧民，沉痛心情，溢于字里行间。

1903年2月17日，浙江同乡会在东京成立，并创办月刊《浙江潮》，初由孙江东、蒋百里等主编，树人特别喜欢蒋百里撰写的《发刊词》：

忍将冷眼，睹亡国于生前，
剩有雄魂，发大声于海上。

1903年的鲁迅

看着《浙江潮》那潮水翻腾的封面，树人不禁想起留日前看钱塘潮的壮阔场面——

钱塘江东边入海口处涌现了一条白色的水线，向西边滚来，越来越粗，越来越快，渐渐变成水墙，翻起巨浪，浪花泛着白沫，像要席卷一切。岸边的人们由观赏，变为惊呼，靠近的人，急速逃离，稍慢，就可能被大浪卷入江中……

树人感到复兴中华、救国强国的思潮也像钱塘潮一样，翻卷着，呼啸着，滚滚而来！

自第五期起，《浙江潮》由许寿裳主编，树人开始为之撰写文章。

《斯巴达之魂》，署名"自树"。这是从以希腊历史故事为题材的日文小说重译出来，加以改写的。写的是一位希腊女子因丈夫没有参加战斗、生还回家抽剑自尽的故事，激昂慷慨，震动人心，表现了树人当时爱国的尚武精神。前部分发表于《浙江潮》第五期，后半段载同刊第九期。这篇文章以斯巴达人誓死不屈的精神，来唤醒国人沉睡的灵魂，很令人振奋，颇有"被发大叫，抱书独行，无泪可挥，大风灭烛"的气概，前言中"世有不甘自下于巾帼之男子乎？必有掷笔而起者矣！"一段，被公认为妙句而传诵一时。树人自己也崇拜这种尚武精神，心中存有"戛剑生"的气概，觉得只有具备这种精神才可能"救中国"。

10. 国民性问题和尚武精神

《哀尘》，署名"庚辰"。这是从日文转译的法国雨果（当时译为嚣俄）的短篇小说，并作《〈哀尘〉译者附言》。原作是雨果《随见录》中题为"芳梯的来历"的一篇，内容是作者叙述他在1841年见到一个女子被迫害的遭遇。树人在译文后的"译者曰"中对小说主人公"转辗苦痛于社会之陷阱"的悲惨经历寄予深切同情，慨叹道："嗟社会之陷阱兮！莽莽尘球，亚欧同慨，滔滔逝水，来日方长！"对他后来写作被迫害者的小说影响甚大。本篇发表于《浙江潮》第五期。

树人是把普及科学作为他写作初期的重点之一的。当时译为古篱夫人的居里夫人，19世纪末叶发现了放射性元素"镭"，当时称为"鈤"，他就写了《说鈤》，欣喜称颂"鈤"的发现是"辉新世纪之曙光，破旧学者之迷梦"。最后总结说："自X线之研究，而得鈤线；由鈤线之研究，而生电子说。由是而关于物质之观念，倏一震动，生大变象。最人涅伏，吐故纳新，败果既落，新葩欲吐，虽曰古篱夫人之伟功，而终当脱冠以谢十九世末之X线发见者林达根氏。"树人为自然科学的新发现而欢呼！本篇载《浙江潮》第八期，署名"自树"。

那时，中国的土地、矿藏不断遭到外国侵略者的占领和掠夺，树人又写了《中国地质略论》，论述了祖国地质分布、地质发育和地下矿藏，疾呼道："吾广漠美丽最可爱之中国兮！而实世界之天府，文明之鼻祖也。中国者，中国人之中国。可容外族之研究，不容外族之探捡；可容外族之赞叹，不容外族之觊觎者也。"此篇发表在《浙江潮》第八期，署名"索子"。呼唤国人"奋袂而起"，挽救垂危的祖国！1906年又与友人顾琅扩充、合编为《中国矿产志》，由上海普及书局出版发行。

树人开始把科学与文学结合起来。10月，根据法国儒勒·凡尔纳的科学幻想小说《月界旅行》日译本编译的中文本，由中国教育普及社译印。

由于以三十元出售，改用了别人的名字。12月又译了儒勒·凡尔纳的《地底旅行》第一、二回，载《浙江潮》第十期，署名"索子"。

很多中国留学生，只为镀金回去做官，不安心读书，整天吃喝玩乐，不是在会馆里"咚咚咚"地学跳舞，就是关起门来炖牛肉吃。树人对他们的行为很反感，想道："炖牛肉吃，在中国就可以，何必路远迢迢，跑到外国来呢？"

他著译不断，勤奋刻苦，同学们称赞他真实沉着，严谨正派，思想敏锐，"斯诚越人也，有卧薪尝胆之遗风"。

为了"救中国"，救治像父亲似的被误的中国病人，树人决心学医。1903年底将从弘文学院毕业之际，树人在赠给许寿裳照片的背面书写了一首诗：

灵台无计逃神矢，风雨如磐暗故园。

寄意寒星荃不察，我以我血荐轩辕。

11. 仙台学医和藤野先生

1904年9月11日，树人的学籍列在日本仙台医学专门学校里了。

令树人永远难以忘怀的是藤野先生。

解剖学是两个教授分任的。最初是骨学。其时进来的是一个黑瘦的先生，八字须，戴着眼镜，挟着一叠大大小小的书。一将书放在讲台上，便用了缓慢而很有顿挫的声调，向学生介绍自己道：

"我就是叫作藤野严九郎的……"

后面有几个人笑起来了。他接着便讲述解剖学在日本发达的历史，那些大大小小的书，便是从最初到现今关于这一门学问的著作。起初有几本是线装的;还有翻刻中国译本的,他们的翻译和研究新的医学,并不比中国早。

那坐在后面发笑的是上学年不及格的留级学生,在校已经一年,掌故颇为熟悉的了。他们便给新生讲演每个教授的历史。这藤野先生,据说是穿衣服太模糊了,有时竟会忘记戴领结;冬天是一件旧外套,寒颤颤的,有一回上火车去,致使管车的疑心他是扒手,叫车里的客人大家小心些。

他们的话大概是真的,树人就亲见他有一次上讲堂没有戴领结。

过了一星期,大约是星期六,他使助手来叫树人了。到得研究室,见他坐在人骨和许多单独的头骨中间——他其时正在研究着头骨,后来有一篇论文在本校的杂志上发表出来。

"我的讲义,你能抄下来吗?"他问。

"可以抄一点。"

"拿来我看!"

树人交出所抄的讲义,他收下了,过两三天便还给树人,并且说,此后每一星期要送给他看一回。树人拿过来打开看时,很吃了一惊,同时也感到一种不安和感激。原来自己的讲义已经从头到末,都用红笔添改过了,不但增加了许多脱漏的地方,连文法的错误,也都一一订正。这样一直持续到教完了他所担任的功课:骨学、血管学、神经学。

有一回藤野先生将树人叫到他的研究室里去,翻出树人那讲义上的一个图来,是下臂的血管,指着,向树人和蔼地说道:"你看,你将这条血管移了一点位置了。——自然,这样一移,的确比较的好看些,然而解剖图不是美术,实物是那么样的,我们没法改换它。现在我给你改好了,以后你要全照着黑板上那样的画。"

解剖实习了大概一星期，他又叫树人去了，很高兴地，仍用了极有抑扬的声调说道："我因为听说中国人是很敬重鬼的，所以很担心，怕你不肯解剖尸体。现在总算放心了，没有这回事。"

但他也偶有使树人很为难的时候。他听说中国的女人是裹脚的，但不知道详细，所以要问树人怎么裹法，足骨变成怎样的畸形，还叹息道："总要看一看才知道。究竟是怎么一回事呢？"

有一天，本级的学生会干事到树人寓里来了，要借他的讲义看。树人检出来交给他们，他们却只翻检了一通，并没有带走。但他们一走，邮差就送到一封很厚的信，拆开看时，第一句是："你改悔罢！"

这是《新约》上的句子吧，但经托尔斯泰新近引用过的。其时正值日俄战争，托老先生便写了一封给俄国和日本的皇帝的信，开首便是这一句。日本报纸上很斥责他的不逊，爱国青年也愤然，然而暗地里却早受了他的影响了。其次的话，大略是说上年解剖学试验的题目，是藤野先生讲义上做了记号，树人预先知道的，所以能有这样的成绩。末尾是匿名。树人这才回忆到前几天的一件事。因为要开同级会，干事便在黑板上写广告，末一句是"请全数到会勿漏为要"，而且在"漏"字旁边加了一个圈。树人当时虽然觉得圈得可笑，但是毫不介意，这回才悟出那字也在讥刺他了，犹言他得了教员漏泄出来的题目。

树人便将这事告知了藤野先生；有几个和树人熟识的同学也很不平，一同去诘责干事托词检查的无礼，并且要求他们将检查的结果，发表出来。终于这流言消灭了，干事却又竭力运动，要收回那一封匿名信去。结末是树人便将这托尔斯泰式的信退还了他们。

中国是弱国，所以中国人当然是低能儿，分数在六十分以上，便不是自己的能力了；也无怪他们疑惑。但树人接着便有参观杀戮中国人的命运了。第二年添教霉菌学，细菌的形状是全用电影来显示的，一段落已完而还没有到下课的时候,其时正当日俄战争的时候,关于战事的画片自然也就比较的多了。

有一回,树人竟在画片上忽然会见久违的许多中国人了,一个绑在中间,许多站在左右,一样是强壮的体格,而显出麻木的神情。据解说,则绑着的是替俄国做了军事上的侦探,正要被日军砍下头颅来示众,而围着的便是来赏鉴这示众的盛举的人们。

"万岁!"周围的日本同学们都拍掌欢呼起来。

这种欢呼,是每看一片都有的,但在树人,这一声却特别听得刺耳。

树人想起冬天到松岛看海的情景。他喜欢大海,喜欢浪潮,从离别祖国前,去看钱塘潮,到赴日时,在"大贞丸"号轮船上第一次看到广阔无垠的大海,每一想起大潮、大海,心胸就像海洋一般宽阔无边,波涛汹涌。松岛的海,却与别处不同——从披满白雪的松林间看见蓝色的海水,平静无波,沉默无声,像一个思想者在宁静地思考着什么。水静思深,海越是沉静,思考越是深沉……

树人如大海一样地思索着,他开始觉得医学并非一件紧要事,凡是愚弱的国民,即使体格如何健全,如何茁壮,也只能做毫无意义的示众的材料和看客,病死多少是不必以为不幸的。所以第一要著,是改变他们的精神,而善于改变精神的是,树人那时以为当然要推文艺,于是想提倡文艺运动了。

到第二学年的终结,树人便去寻藤野先生,告诉他自己将不学医学,并且离开仙台。先生的脸色仿佛有些悲哀,似乎想说话,但竟没有说。

"我想去学生物学,先生教给我的学问,也还有用的。"其实树人并没有决意要学生物学,因为看得先生有些凄然,便说了一个安慰他的谎话。

"为医学而教的解剖学之类，怕于生物学也没有什么大帮助。"先生叹息说。

将走的前几天，先生叫树人到他家里去，交给树人一张照相，后面写着两个字："惜别"，还说希望树人也将照片送他。但树人当时适值没有照相了；他便叮嘱树人将来照了寄给他，并且时时通信告诉他此后的状况。

藤野先生

12. 弃医从文，拯救国民

1906年3月，周树人离开仙台再往东京，住在东京本乡区汤岛二丁目"伏见馆"公寓，1907年春又迁居"中越馆"，1908年4月8日再迁居本乡区西片町十番地乙字七号。这是日本著名作家夏目漱石的旧居。因为是应许寿裳之约，同周作人等五人居此，故称"伍舍"。这里庭院宽广，空地很多，树人素爱种植花草，喜爱植物，和许寿裳一起把庭园整理得非常整洁幽美。

当时，梁启超的《论小说与群治之关系》风行一时，小说对于改革社会作用之巨大，使树人深信不疑。他把精力倾注于小说，夏目漱石作俳谐小说《我是猫》有名，俟其印本一出即陆续买读，又热心读其每天在《朝日新闻》上所载的《虞美人草》，并从日文报刊上剪下日译的俄国小说，细心装订成一册：灰色硬纸皮封面，绿色书脊，三十六开，封面无题字，扉页有手书目录，日文，竖写，如二叶亭译、果戈理著的《狂人日记》《外套》等都在里面。放在手边，不时翻读，烂熟于心。后来他小说嘲讽中轻妙的笔致实颇受夏目漱石的影响。

13. 被骗回国与朱安成婚

1906年夏天，姆娘来了电报，说她病危，要树人速回故乡。

树人回国了，到家一瞧，姆娘并没有生病，房已修理好，家具全新，一切结婚的布置都已停当，只等他回来做新郎了。

姆娘向他说明是因为定亲的女方家里觉得女儿年龄太大了，亲事不能再拖下去，希望早日结婚，姆娘才打的母病速归的电报。树人听了，倒也不见怪，同意结婚。在清末的中国，包办婚姻是天经地义，悔婚是很严重的事。鲁瑞把大儿子骗回国，实为无奈之举。其实，这一天是迟早的事，逃避终究不是办法，树人不忍拂逆自己的母亲，那么就只能牺牲掉个人的意志，默默地接受这命运。

结婚那晚，树人穿靴，穿袍，戴红缨帽子，一切都照办。跪拜非常听话，像木偶一样任人摆布。由和房朝叔周冠五与诚房子传奶奶的儿子周明山二人扶上楼。一座陈旧的楼梯上，一级一级都铺着袋皮。楼上是两间低矮的房子，用木板隔开，新房就设在靠东首的一间，房内放置着一张红漆的木床和新媳妇的嫁妆。当时，树人一句话也没有讲，人们扶他也不推辞。

朱安的花轿来了，刚进门，掀开轿帘，从轿里掉出来一只新娘的鞋子。因为她脚小，娘家替她穿了一双较大的绣花鞋，脚小鞋大，人又矮小，坐在轿里，"上不着天，下不着地"，鞋子就掉下来了。及至下轿，人们看到新人极为矮小，颇有发育不全的样子，像是患有侏儒症。人已过二十八岁，但显得比实际年龄还要老。当时有些老人说这是"不吉利"的，鲁瑞倒也不相信这些话，但愿这门亲事顺利。

结婚时，老大虽没有与姆娘怎样大闹，表示反抗，但鲁瑞也看得出来，儿子内心实不满意这门亲事，最初跟他提起这事时，得知朱安是缠脚的，目不识丁，从日本写信回来说，要娶朱安姑娘也行，但有两个条件：一是叫家里通知她放足；二要进学堂。朱安思想很古怪，不愿意放足，回答脚已放不大了，妇女读书不大好，进学堂更不愿意。倒是朱家以女儿年纪大了，托媒人来催，希望尽快办理婚事。因为他们听到外面有些不三不四的谣言，说豫才已娶了日本老婆，生了孩子。如果这门亲事成不了，女儿就肯定嫁不出去，老死在家了。鲁瑞实在被缠不过，只得托人打电报给老大，骗他说自己病了，叫他速归。儿子归来，发现姆娘并没有生病，其实是骗他回来与朱安成亲，很生气，但看到姆娘刚死去丈夫，又失去最疼爱的小儿子椿寿，现在又陷在朱家纠缠中左右为难，不愿意伤了老人家的心，决定牺牲自己，才暂受家庭的摆布。

担心着新夫妇的动静，一到夜深，鲁瑞亲自到新房隔壁去听。发现他俩很少谈话，儿子总爱看书，迟迟才睡。

第二天早晨人们看见树人不高兴，印花被的靛青把他的脸也染青了，看来是伏在被子上哭过。两三天以后，树人住到母亲的房间里了，晚上先看书，然后睡在母亲床边的一张床上。

照老例新婚夫妇是要去老台门拜祠堂的，但树人没有去。他即便没有拜老台门，依照老例，新婚第二天也还是有许多烦琐的仪式：首先是"送子"，天甫破晓，新娘盥洗完毕，吹手站在门外唱吉词，老嫚一面把一对木制的红衣绿裤的小人儿端进来，摆放在新娘床上，说："官官来了。"一面向新娘道喜，讨赏封。

一起吃饭，自然也只是一个仪式而已。之后要"上庙"，新夫妇坐着轿，老嫚、吹手跟在轿后，先到当坊"土谷祠"参拜，照例还要再到宗祠

13. 被骗回国与朱安成婚

去参拜祖先。

当天上午要"拜三朝",在大厅里供两桌十碗头的羹饭,家中男女老少拜完后,新郎新娘并肩而拜。然后"行相见礼",依次按辈分拜族中长辈,与平辈彼此行礼,最后接受小辈的拜礼。

新婚夫妇一般在第三天要"回门",亦叫"转郎",新夫妇往女家回门,在老嫚、吹手的簇拥下,坐轿来到女家,至大厅拜女家祖先,参拜岳父岳母等。

之后,还要请新郎进入内房,坐在岳母身旁听她致照例的"八句头","八句头"说完后新夫妇才辞别上轿。

树人是作为朱家姑爷来回门,没有辫子,大家很好奇,人们赶去看热闹。

虽然树人像木偶似的走完了这一系列麻烦的仪式,可是新婚宴尔却没有搭理新娘。

我们不知道新婚之夜究竟发生了什么,树人为什么会这么失望。对此,周建人的解释是:"结婚以后,我大哥发现新娘子既不识字,也没有放足,他以前写来的信,统统都是白写,新娘名叫朱安,是玉田叔祖母的内侄女,媒人又是谦婶,她们婆媳俩和我母亲都是极要好的,总认为媒妁之言靠不住,自己人总是靠得住的,既然答应这样一个极起码的要求,也一定会去做的,而且也不难做到的,谁知会全盘落空呢?"俗话说:"生意做勿着,一遭;老婆讨不着,一世。"大哥是要难受一世了。

周作人则说"新人极为矮小,颇有发育不全的样子"。从照片来看,朱安的身材确实偏于矮小,人又古板、衰老,不仅是树人,别的男人也不会喜欢她。

我们可以想象到:那时树人眼前的所谓新娘竟然是这般老丑、木呆,哪里能引起男人的半点儿"性趣"？心里该是多么难受。但这婚事是母亲安排的，他只能默默承受，丑到什么地步也只能由她去了。但是，难道自己只能与这种人相伴一生？这样的人生有何意思？绍兴夏天热得无法盖被，只能放在床头当垫枕，树人伏在印花被上哭了，被面的靛青把他的脸染青了。结婚后他很少向外人诉说自己的婚姻生活，仅回日本后对好友许寿裳说过这么一句沉痛的话："这是母亲给我的一件礼物，我只能好好地供养它，爱情是我所不知道的。"

婚后第四天，树人就携二弟周作人去了日本，离开了母亲强加给他的女人。

注：本部分个别内容的撰写参考了鲁迅的《藤野先生》。

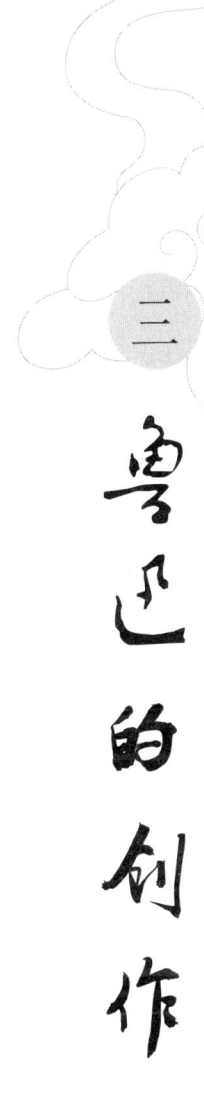

三 鲁迅的创作

14. 发愤写作，提出"立人"思想

回日本之后，树人并没有因为不幸的婚姻而消沉，而是把愤懑倾泻在发愤学习和写作上。将学籍列入东京独逸语学会所设的德语学校，在仙台医专所学的基础上继续学习德文。

在东京的留学生很有学法政理化以至警察工业的，但没有人治文学和美术；可是在冷淡的空气中，也幸而寻到几个同志了，此外又邀集了必需的几个人，商量之后，第一步当然是出杂志，名目是取"新的生命"的意思，因为他们那时大抵带些复古的倾向，所以只谓之《新生》。

《新生》的出版之期接近了，但最先就隐去了若干担当文字的人，接着又逃走了资本，结果只剩下不名一钱的三个人。创始时候既已背时，失败时候当然无可告语，而其后却连这三个人也都为各自的运命所驱策，不能在一处纵谈将来的好梦了，这就是他们的并未产生的《新生》的结局。

树人感到未尝经验的无聊，是自此以后的事。他当初是不知其所以然的；后来想，凡有一人的主张，得了赞和，是促其前进的，得了反对，是促其奋斗的，独有叫喊于生人中，而生人并无反应，既非赞同，也无反对，如置身毫无边际的荒原，无可措手的了，这是怎样的悲哀呵，他于是以他所感到者为寂寞。

这寂寞又一天一天地长大起来，如大毒蛇，缠住了他的灵魂了。树人

后来在《〈呐喊〉自序》中说:"然而我虽然自有无端的悲哀,却也并不愤懑,因为这经验使我反省,看见自己了:就是我决不是一个振臂一呼应者云集的英雄。"

鲁迅这里所说的"看见自己",对一个人的成长是至关重要的。人只有在不断地反省中,"看见自己",也就是认识自己,知道自己究竟是什么样的,有什么长处,又有什么短处,擅长什么,又拙于什么,从而确立努力的方向、方法,并坚韧、坚实地去做,才可能最终有所作为。否则,往往可能想得很美好,却不符合实际,而只能碰壁,失败。

何以解忧?唯有读书。读书、思考、写作,才是自己最擅长也最爱好的。他彻夜地苦读、苦思、苦写,到了第二天早晨,房东来拿洋灯,整理炭盆,只见盆里插满了烟蒂,像一个大马蜂窝……

他又来到酷爱的大海边,望着蔚蓝色的海涛,思潮起伏,忧愤深广,深邃地思索着人的历史、人的根性、人的价值……

正好江苏仪征留学生刘师培代河南籍留学生班主编的刊物《河南》月刊出版了,树人便把办《新生》时准备写的几篇文言论文陆续寄给他们——

《人之历史》,载 1907 年《河南》月刊创刊号,署名"令飞"。此文以解释德国生物学家海克尔的《人类发生学》为主,系统地介绍了达尔文的生物进化学说及其发展的历史,对达尔文等在生物科学研究发展史上的成就以及敢于坚持真理的精神,予以高度评价。并以"自卑而高,日进无既"的历史进化观,阐明了科学研究的重要性,对"抱残守阙"顽固派进行了抨击。

《摩罗诗力说》,载 1908 年《河南》月刊第二、三号,署名"令飞"。专门介绍了西欧 19 世纪以英国拜伦为代表的积极浪漫主义诗人,猛烈鞭挞了中国的封建专制文化,批判"中国之治,理想在不撄",倘若有人反抗就"为帝大禁",其目的"在保位,使子孙王千万世,无有底止"。如有叛逆的天才出现,"必竭全力死之",致使人民"宁蜷伏堕落而恶进取"。拜伦等"摩罗诗人""立意在反抗,指归在动作,而为世所不甚愉悦"之作,"其力如巨涛,直薄旧社会之柱石"。最后大声疾呼:"今索诸中国,为精神界之战士者安在?""其亦沉思而已夫,其亦惟沉思而已夫!"

而《摩罗诗力说》中最重要又被长期忽略的话是:

> 首在审己,亦必知人,比较既周,爰生自觉。

这四句话实质是周树人一生的思想出发点。用白话文说,就是首先认识自己,也必须认识世界;在自己与世界的周全比较中,才能升华到自觉的境界。在他以后三十年的写作生涯中始终一贯地以文学为武器对国民进行着精神启蒙。

《科学史教篇》,载1908年6月《河南》月刊第五号,署名"令飞"。此文介绍了欧洲自然科学从希腊罗马到19世纪的发展历史,阐述了发展科学对推动社会前进的重要性,表达了追本溯源、发展科学、振兴祖国、推动社会不断前进的宗旨。

《文化偏至论》,此文最为重要,正式提出了"立人"思想。载1908年《河南》月刊第七号,署名"迅行"。针对盲目崇外、吹嘘西方"物质文明"的"质化"偏颇和鼓吹"竞言武事""制造商估立宪国会之说"的"轾才小慧之徒",提出"掊物质而张灵明,任个人而排众数",主张"骛外者渐转而趣内,渊思冥想之风作,自省抒情之意苏,去现实物质与自然之樊,以就其本有心灵之域;知精神现象实人类生活之极颠,非发挥其辉光,于人生为无当;而张大个人之人格,又人生之第一义也","内部之生活强,则人生之意义亦愈邃","取今复古,别立新宗,人生意义,致之深邃,则国人之自觉至,个性张,沙聚之邦,由是转为人国。人国既建,乃始雄厉无前,屹然独见于天下,更何有于肤浅凡庸之事物哉?""根柢在人","首在立人,人立而后凡事举"。

《裴彖飞诗论》,译自匈牙利籁息用英文写的《匈牙利文章史》一章的日译本,署名"令飞",上半部分载1908年8月5日《河南》月刊第七号,下半部分因《河南》月刊停刊未能刊出,原稿已佚。之所以译此诗论,是因为读了令人神往。

《破恶声论》,载1908年12月《河南》月刊第八号,署名"迅行"。文中指出,必须"荡涤"打着科学文明幌子的"伪士"所制造的"恶声",唤起人们心灵的光辉,来打破中国"缄口无言"的"寂寞"。本文没有写完,在举出的六种"恶声"中,只批判了"破迷信""崇侵略"两种。但树人所主张的"人各有己,而群之大觉近矣"的个性解放思想,要求发扬"心声"和"内曜"的独立思考的见解,已经阐述得很鲜明了。

树人也想到向中国介绍外国文学的重要,1906年9月携二弟回日本后就着手编译《域外小说集》,以"别求新声于异邦"。多采自显克微支北欧和东欧弱小民族的文学作品,俄国安特莱夫、迦尔洵的作品也有,因为当时俄国人民也身受压迫。1909年2月,第一册在东京出版,三十二开毛边本,共印一千本。封面用蓝色的罗纱纸精印,上端印着一幅德国式的长方形图案画,一个穿着希腊古装的妇女在弹着弦琴,背景是光芒四射的朝阳,一只鸟儿正向高空飞翔。封面题字是树人的老友陈师曾题写的五个篆字,自右至左横排。书的下端印着"第一册"。整个封面设计显得典雅大方。扉页的右上角印着两行字:《域外小说集》第一册,会稽周氏兄弟纂译。版权页上既没有写清末的年号,也没有注明公历,只写了"己酉二月十一日印成",定价小银圆三角整。发行人周树人;印刷者东京市神田区锦町三丁目一番地神田印刷所的长谷川辰二郎;总寄售处是上海英租界后马路乾记弄广昌隆绸庄,这是周氏兄弟朋友蒋抑卮所开的店铺。

第一册正文共一百零七面，书前印有周树人写的《序言》。《序言》后面是关于编印这本小说集的略例，共五条，对选题，装订形式，人名地名译法，标点及注释都做了说明。其中对采用毛边本装订特别说明道："装订均从新式，三面任其本然，不施切割；故虽翻阅数次，绝无污染。前后篇首尾，各不相衔。他日能说视邦国古今之别，类聚成书。且纸之四周，皆极广博，故订定时亦不病隘陋。"

第二册于1909年6月11日在东京出版，与第一册出版相距不过四个月，封面、扉页及版权页与第一册相同，正文共一百一十二面，共印了五百册。

寄售的地方，是上海和东京。半年过去了，先在就近的东京寄集处结了账。计第一册卖去了二十一本，第二册是二十本，以后就没有人买了，那第一册何以多卖一本呢？原来是许寿裳担心寄售处不遵定价，额外加价，就去买了一本实验，果然划一不二，就放了心，第二册就不试购了。由此看来，那二十位读者，是有书必看，没有一人中止的。至于上海，也不过卖出了二十本上下。原本打算待到卖回本钱，再印第三、第四册，以至第×册，如此继续下去，积少成多，也可以不断介绍外国作家的著作了。但这时只好到第二册就停版了。已成的书，都堆在上海寄售处堆货的屋子里，过了四五年，这寄售处不幸失了火，书和纸板都化成了灰烬。这样，周氏兄弟梦幻似的无用的努力，在中国也就完全消灭了。

15. 踢鬼的故事

1909年8月间，树人曾想到德国去，但没有成功，因为姆娘和已经与羽太信子结婚的周作人希望他能有经济上的支持。树人离日回国，回到故乡绍兴。

15. 踢鬼的故事

回家以后,与朱安也不同房。9月,即到杭州任教,仍然与朱安分居。1910年7月,经历了与杭州两级师范学堂监督、清末顽固派夏震武的斗争,即"木瓜之役"后,回到绍兴,任绍兴府中学堂监学,也从未与朱安同住。两人既不吵嘴,也不打架,平时不多说话,没有感情,两人各归各,不像夫妻。

1909年鲁迅在杭州

但是树人与师生的关系很融洽,他的衣裳是布做的,从来没有穿过绸缎,吃饭也很随便,对家里的帮工非常客气,从未呵斥过。学校里还流传着他踢鬼的故事。

树人平时住在学校,星期六晚上才回家。

有一天下午,因为在学校处理一些事情,树人回家时已经天黑了。为了赶时间,他就抄小路走,走小路比走大路近得多。但是,走小路要经过一片坟地,那里灌木、杂草丛生,还有稀稀落落的几棵大树,树上栖息着几窝乌鸦,显得阴森森的。平时很少有人走,晚上就更没有人走了。

天不算太黑,月光透过云层照着远近的荒草乱石。地上的野猫,树上的乌鸦不时地发出一两声难听的叫声。树人急急地走着,快到那一片坟地了。突然,他发现不远处一座坟前立起一个白影,而且慢慢地高起来。树人以为看花了眼,又仔细地朝那里看去,白影忽然又缩下去了,而且时而大,时而小。树人是学医的,不相信有什么鬼魂,但眼前的怪影也不免使他有些紧张,心里扑扑地跳。他壮大胆子,继续朝前走。

离那个影子已经很近,再走几步就可以从旁边过去了。忽然白影移动起来,转到一座坟后缩了下去。树人越发生疑了:看来这个"鬼"怕我,躲起来了。你越躲,我越要看看。于是他大步赶过去。

"什么人!你在干什么!"说着,树人飞起一脚,朝那个缩作一团的东西踢过去，只听"哎哟"一声，白影叫了起来，站起来逃走了，身上掉下来一块白布。原来这是个盗墓的。

师生们传讲着这个故事，无不佩服树人的胆量和勇气。

16. 绍兴的革命生活

1911年10月10日辛亥革命爆发，府中学堂原监督辞职，校务无人负责，学生推代表十人，坚请陈子英和周树人主持工作。

11月5日，绍兴的进步社团越社在开元寺召开百余人的群众大会，公推树人为主席。这时，传来谣言：残败的清兵将渡江骚扰，城内人心惶惶，树人便亲自组织学生武装上街，手拿一把钢刀说："遇到万一，这把刀准能砍杀几下的。"这时，有一个学生问道："万一有人阻拦，怎么办？"树人回答："你手上的指挥刀是做什么用的？"

学生个个背着练操时用的毛瑟枪，拿着大刀，还敲鼓吹号，雄赳赳气昂昂地出发了。在树人的率领下，一路经水澄桥、大善寺、县前街，绕城一周。大家分发传单，张贴标语，呼喊口号，使浮动的人心安定下来了。

终于迎来了早就认识、曾经当过土匪的王金发的部队，1911年11月9日，黄昏，十三只大船载着他的队伍，浩浩荡荡地进了五云门。王金发的兵士都穿蓝色的军服，戴着蓝色的布帽，打裹腿，拿淡黄色的枪，都是崭新的。这一天晚上，整个绍兴城喜气洋洋，大街两边站满了密密麻麻的人，中间只留一条狭狭的路，让军队过去。这时大家都很兴奋，有的手里擎着贴有"欢迎"两字的纸灯笼，有的拿着小旗帜，还有人呼"革命胜利"和"中国万岁"的口号。进城头几天，王金发的军队的确号令严明，军纪很好。第三天，王金发就改组了绍兴军政分府，自任都督，实现绍兴合县光复，撤除章介眉等人的职务，继又采取免一年钱粮、粜平价米等政策，颁发安定民心的通告十则，并召开群众大会，说明自己来维持秩序，将来还要去北伐，表示遇事愿和大家商量。

他接见了旧日的朋友树人。之后，王金发任命树人为浙江山会初级师范学堂监督，请范爱农为监学，但仅拨给学校经费二百元。尽管经费少，树人坚毅地对学生说："钱只有这么一些，但山、会两县难道办个师范都办不好吗？一定要办下去。"树人办学的决心很大，非常认真。晚自修和熄灯时，总是亲自查看，见学生看到自己时都屏气息声，便说："我又不是老虎，怕什么，只要大家遵守校规就是了。"他也常常为请假的教员代课，在代国文课时，曾出诱导学生独立思考的题目，如《杨子为我，墨子兼爱，何者孰是？》等，批改时多给以鼓励性的批语。他又多方引导青年学习，鼓励所接触的青年，学好一种外国语，专心一门科学，还指导学生读《名学浅说》等逻辑入门书。树人和师生的关系，一扫过去封建式的校风，深受师生的尊敬和爱戴。

但是绍兴军政分府和王金发却出现了变化，自绅士至庶民，又用了祖传的捧法群起而捧之了。这个拜会，那个恭维，今天送衣料，明天送翅席，捧得王金发连自己也忘乎所以，结果是逐渐变成老官僚一样，动手刮地皮。衙门里的人物也都上行下效，穿布衣来的，不上十天就换上皮袍子了，其实天气并不冷。后来很多大豪绅、大老板靠抬捧王金发，依旧做了官。新台门对面傅盛记米店的傅老板，送过二十担白米给都督府，因而受到过王金发的夸奖。当时很多戴小箬帽、卖金橘的王金发老乡，也丢掉扁担、箬帽，到都督府里当兵去了。王金发的手下这时也乱七八糟，嫖妓宿娼、敲诈勒索样样都来，因此遭到了大家的反对。

当时，树人任名誉总编辑的越社青年办的《越铎日报》要监督军政分府。树人撰写的《〈越铎〉出世辞》，声明办报宗旨在于"纾自由之言议，尽个人之天权，促共和之进行，尽政治之得失，发社会之蒙覆，振勇毅之精神"。于是《越铎日报》便开始骂军政府和那里面的人员，此后则骂都督，都督的亲戚、同乡、姨太太……这样骂了十多天，王金发便叫人送给报社五百元。树人不同意收，遭到报馆一些人的反对。又传说王金发要杀死树人，但树人照常独自外出行走，认为王金发"虽然绿林大学出身，而杀人却不很轻易"。他依然写信去要学校经费，又取了二百元。但王金发仿佛有些怒意，同时传令道：再来要，没有了！

这使树人决定离开故乡。此时适值南京临时政府教育部成立，蔡元培为教育总长，在部里工作的许寿裳向蔡元培推荐树人，蔡元培说："我久慕其名，正拟驰函延请，现在就托先生代函敦劝，早日来京。"许寿裳即连写两封信给树人，催他去南京教育部工作。于是树人决计往南京就职。1912年2月13日，交卸山会初级师范学堂监督一职。交出账目，余钱一角又两个铜板。由绍兴军政分府民事署学务科朱幼溪接收。2月19日，发表辞职声明《周豫才告白》，载《越铎日报》。

1912年鲁迅在绍兴

王金发本意要为秋瑾先烈复仇，但后来却放了章介眉一马，章寿终正寝，他自己却在"二次革命"中被袁世凯派系的浙江督军朱瑞诱杀，年仅三十三岁。

17．在教育部任职

1912年2月中旬，树人离开绍兴，到南京临时政府教育部任部员。到南京教育部后不久，又随部北迁，1912年5月5日，船靠天津。下午3时

17. 在教育部任职

半，乘火车驰往北京，"途中弥望黄土，间有草木，无可观览"，这就是北方原野铭刻在他脑海中的最初印象。大约晚上7点，才到北京的前门火车站，暂时入住骡马市附近的"长发客店"。当晚就去了绍兴会馆，拜会了许寿裳的兄长许铭伯，顺带熟悉一下未来的住处。

第二天，树人被安排住在会馆西北侧名为"藤花馆"的第二进院坐西朝东的一排屋子里，随即坐骡车赴教育部报到。5月11日，开始在教育部上班，被任命为社会教育司第一科科长，主管图书馆、博物馆、美术馆等事项。8月，又被任命为教育部佥事，同时还参加通俗教育研究会，担任小说股股主任。其实，这时的教育部完全是一个官僚机构，每天除签到之外基本无公可办，树人"枯坐终日，极无聊赖"。他便整天看书，不把时间浪费在闲谈上，同事们佩服他看书有恒心。反正这终归是一件挣钱养家的差事，每一拿到薪水，不管拖欠多少，树人要做的第一件事，就是到邮局给绍兴的母亲汇钱。

当时，北房中住着几位福建客人，始终喧闹得很，时常彻夜嘈杂，"至夜半犹大嗥如野犬"。树人忍不住大声怒斥，方稍有收敛，但隔不多时又吼起来，真是无可奈何。所幸入冬后他们搬走了，不仅使院里清静下来，而且把朝向较好的房间空出，树人和会馆的长班商量了一下，请工人稍加裱糊，自己迁了进去。这里阳光充足，又很背风，比原来的住处暖和不少。晚上燃起白泥炭炉，沏一杯热茶，伴着温红的炭火，在摇曳的油灯下闲读从琉璃厂买来的古书旧籍，抄写碑帖，仍然过着"古寺僧人"式的生活。

有幸的是，他1911年用文言作的小说《怀旧》，在1913年4月《小说月报》第四卷第一号上发表了，署名"周逴"。当时的主编恽铁樵对小说大为赞赏，做了十处随文评点和一篇《焦木附志》，认为"用笔之活可作金针度人"，"转弯处俱见笔力"，人物"写得活现真绘声绘影"，"状物入细"，"才解握管，便讲词章，卒致满纸饾饤，无有是处"的青年"极宜以此等文字药之"。

这些文字是中国正式出版物对周树人作品的最早反响和评论，恽铁樵的确别具慧眼，固然他不可能想到这位"周逴"后来成为中国现代文坛的主将，然而他对这篇小说的评论却是异常中肯的。《怀旧》虽然是一篇文言小说，但是从情节结构到心理描写都是现代性的，在周树人的创作生涯和20世纪中国文学史上都占有重要的位置。

18. 抄古碑，校古籍，思考历史与将来

即使如此，树人还是排解不了大苦闷，他和挚友许寿裳开始猛攻佛经。

他读的多是小乘佛经。"以为坚苦的小乘教倒是佛教，待到饮酒食肉的阔人富翁，只要吃一餐素，便可以称为居士，算作信徒，虽然美其名曰大乘，流播也更广远，然而这教却因为容易信奉，因而变为浮滑，或者竟等于零了。"（《庆祝沪宁克复的那一边》）这样的人们一多，佛教的精神反而会从浮滑，变稀薄，以至于消亡。人生本就是坚苦的。在坚苦中反倒得其无穷乐趣，就甘于这种坚苦吧！

所以，他对挚友许寿裳说："释迦牟尼真是大哲，我平常对人生难以解决的问题，而他居然大部分早已明白启示了，真是大哲！"

当时，袁世凯统治森严，满布侦探、特务，只见受了嫌疑而被捕的青年进去，却不见他们活着走出来。北京文官大小一律受到注意，生恐他们反对或表示不满，因此人人设法逃避耳目，大约只要有一种嗜好，重的嫖赌蓄妾，轻的玩古董书画，也就多少可以放心，如蔡松坡之于小凤仙，就是有名的例子。

18. 抄古碑，校古籍，思考历史与将来

树人洁身自好，别说去什么"八大胡同"，就是打麻将也不会，又买不起金石品，便限于纸片，收集些石刻拓本来看。就这样，也不能敷衍漫长的岁月，做不到每天买一张，于是动手来抄，在抄古碑、校古籍中熬煎着自己，也保护着自己。

这一时期的日记有着这样的记载——

1913 年 10 月 1 日记："写书时头眩手战，似神经又病矣，无日不处忧患中，可哀也。夜风。"

1916 年 7 月 18 日记："作札半夜，可闷！"

1917 年 1 月 22 日记："旧历除夕也，夜独坐录碑，殊无换岁之感。"

除夕之夜依旧"独坐录碑"，平日就不可思议了。足见当时树人是处于何等的孤独、寂寞中。

他就是在这种孤寂中，深思着中国的历史，也冷察着眼前的现实，思考着未见的将来，战胜着精神的大苦闷和性的大苦闷。

抄古碑之外，他热衷的是读古书，特别是读嵇康。久久使他惊悚的仍是少时所读的南朝宋代刘义庆所撰的《世说新语·雅量》中的那节记事——

> 嵇中散临刑东市，神气不变。索琴弹之，奏《广陵散》。曲终，曰："袁孝尼尝请学此散，吾靳固不与，《广陵散》于今绝矣！"太学生三千人上书，请以为师，不许。文王亦寻悔焉。

这个嵇中散是何等人物？他为什么弹奏《广陵散》的绝响而弃世？他还有哪些诗文？树人有些像初读《红楼梦》那样，一直被嵇康吸引着。

1913 年 10 月 1 日，他终于从图书馆拿到了盼望已久的丛书堂本《嵇康集》，在空白宣纸上，工工整整地抄写着嵇康的文字，一笔不苟，全神

贯注，完全将精神倾注在这魏晋文章上。抄书，已经成为他的嗜好，笔直地坐在桌前，心无旁骛地抄写古籍，眼看着象形的汉字奇妙地出现在宣纸上，排成散淡而齐整的行列，真有无穷的趣味。人生几何，何以解忧？曹孟德是"唯有杜康"，周树人则是唯有读书、抄书、拓古碑。他1909年至1911年在杭州、绍兴任教时，抄了《古小说钩沉》等；1910年至1914年间，抄了《岭表录异》《云谷杂记》等；1912年4月至1914年3月在教育部任职时，抄了《谢承后汉书》《谢沈后汉书》和《虞预晋书》等；1914年抄了《会稽郡故书杂集》《会稽先贤著述辑存》等；1920年在北京大学讲授中国小说史时期，抄了《唐宋传奇集》等；而《嵇康集》的抄录、辑校次数最多，先后九次，1913年是第一次手抄。嵇康成为周树人一生的精神伴侣……

19. 第一声呐喊——《狂人日记》

1918年4月，偶或来谈的是留日的老朋友钱玄同，将手提的大皮夹放在破桌上，脱下长衫，对面坐下了，因为怕狗，似乎心房还在怦怦地跳动。

"你抄了这些有什么用？"有一夜，他翻着树人那古碑的抄本，发了研究的质问了。

"没有什么用。"

"那么，你抄它是什么意思呢？"

"没有什么意思。"

"我想，你可以做点文章……"

树人懂得他的意思了，他们正办《新青年》，然而那时仿佛不特没有人来赞同，并且也还没有人来反对，树人想，他们许是感到寂寞了，但

19. 第一声呐喊——《狂人日记》

是说：

"假如一间铁屋子，是绝无窗户而万难破毁的，里面有许多熟睡的人们，不久都要闷死了，然而是从昏睡入死灭，并不感到就死的悲哀。现在你大嚷起来，惊起了较为清醒的几个人，使这不幸的少数者来受无可挽救的临终的苦楚，你倒以为对得起他们么？"

"然而几个人既然起来，你不能说决没有毁坏这铁屋的希望。"

是的，树人虽然自有他的确信，然而说到希望，却是不能抹杀的，因为希望是在于将来，决不能以自己之必无的证明，来折服了他之所谓可有，于是树人终于答应他也做文章了。

1906 年在日本决心弃医从文时，他把精力倾注于小说，并从日文报刊上剪下日译的俄国小说，细心装订成一册，果戈理的《狂人日记》《外套》等都在里面。树人又拿出了那本剪报，重读不知看过多少回的果戈理的《狂人日记》，他感到自己比果戈理忧愤深广，特别是对"家族制度和礼教的弊害"更是感受深切，曾经接待过的犯迫害狂的姨表弟阮久荪使他对于狂人有所了解，便写了一篇同题的《狂人日记》，署名"鲁迅"，发表在 1918 年 5 月《新青年》第四卷第五号上。借狂人之口说道："翻开历史一查，这历史没有年代，歪歪斜斜的每叶上都写着'仁义道德'几个字。我横竖睡不着，仔细看了半夜，才从字缝里看出字来，满本都写着两个字是'吃人'！"其中最引人注意的是"吃人"二字。这实质是鲁迅猛攻佛经形成的潜意识发挥了作用，促他来了一声"狮子吼"：对在"铁屋子"里将要闷死却浑然不觉的人们，猛击一掌，敦促他们觉悟，猛醒，不再当奴隶。从反面再提十年前的"立人"思想，呼吁人们不要做精神上"吃人"的人，而做"真的人"。自此，"鲁迅"这个名字就出现在中国文坛上了。之所以起这个笔名，一是母亲姓鲁；二是周鲁是同姓之国；三是"迅"同"卂"，乃是鹰隼的意思。树人以隼为笔名的还有旅隼、敖隼、翁隼等，绍兴方言中"鲁迅"与"旅隼"是谐音的。枭是鹰的另类，又叫猫头鹰，也是"隼"的意思。他还自名为"枭"，自称"猫头鹰"，把自己的言论称为"枭声"。所以"鲁迅"中的"迅"，正是取鹰隼怪枭之惊世愚鲁而疾飞迅捷之义。

八个月之后，在1919年2月1日出版的《新潮》第一卷第二号上，出现了一篇署名记者的《书报介绍》，向广大读者推荐《新青年》杂志，文中首次对《狂人日记》做出了评论：

> 就文章而论，唐俟君的《狂人日记》用写实笔法，达寄托的（Symboism）旨趣，诚然是中国近来第一篇好小说。

这就是百年来中国精神文化界对鲁迅作品的第一次评论，应该看作是鲁迅研究的发轫点。鲁迅的出世本身就是一种精神文化现象，鲁迅研究也必然是作为一种精神文化现象适应时代潮流而兴起，从一开始就不同于一般性的纯学术研究。

唐俟，是鲁迅发表《随感录》时用的笔名。由刻印"俟堂"倒置而来。写这篇《书报介绍》的记者是傅斯年，和鲁迅有通信来往，因为《随感录》发表在《狂人日记》之前，所以称鲁迅为唐俟君。

1919年4月，傅斯年又以"孟真"为笔名在《新潮》第一卷第四号上发表了《一段疯话》，更详尽地抒发了读《狂人日记》之后的感想：鲁迅所作《狂人日记》的狂人，对于人世的见解，真个透彻极了；但是世人总不能不说他是狂人。……文化的进步，都由于有若干狂人，不问能不能，不管大家愿不愿，一个人去辟不经人迹的路。最初大家笑他，厌他，恨他，一会儿便要惊怪他，佩服他，终结还是爱他，像神明一般的待他。所以我敢决然断定，疯子是乌托邦的发明家，未来社会的制造者。

这段话可以说是对《狂人日记》思想内涵的最早理解，应该说是深刻的。

这一号的《新潮》上,在"对于《新潮》一部分的意见"一栏中,还刊登了鲁迅和傅斯年关于《狂人日记》的通信。鲁迅在信中说:"《狂人日记》很幼稚,而且太逼促,照艺术上说,是不应该的。"

从此以后,鲁迅便一发而不可收,不断写些小说模样的文章,又做各种杂论。1919年4月,以夏瑜隐喻清末被杀的女革命党人、同乡秋瑾,写了《药》,发表在《新青年》第六卷第五号上;10月,又根据生活中看到的单四嫂子那类新寡而又丧子的妇女形象,写成了《明天》,发表在《新潮》月刊第二卷第一号上。自《狂人日记》之后一系列小说以"表现的深切和格式的特别"以及"安特莱夫式的阴冷",颇激动了一部分青年读者的心。

20. 鲁迅的本原思想——"幸福的度日,合理的做人"

同时,鲁迅又在《新青年》第六卷第六号发表了署名"唐俟"的杂论《我们现在怎样做父亲》,一再强调:"中国觉醒的人,为想随顺长者解放幼者,便须一面清结旧账,一面开辟新路。就是开首所说的'自己背着因袭的重担,肩住了黑暗的闸门,放他们到宽阔光明的地方去;此后幸福的度日,合理的做人。'""震骇一时的牺牲,不如深沉的韧性的战斗"(《娜拉走后怎样》)。反对游行、请愿、断指等过激行为,主张踏踏实实地做"一木一石"(《写在〈坟〉后面》)。

这是一件极伟大的要紧的事,也是一件极困苦艰难的事。他始终念念不忘青年时代提出的"立人"思想,渴望见到"真的人",使此后的年轻人能够"幸福的度日,合理的做人"。这正是鲁迅的本原思想。

在他自己,本以为现在已经并非一个切迫而不能已于言的人了,但或者也还未能忘怀于当日自己的寂寞的悲哀吧,所以有时候仍不免呐喊几声,聊以慰藉那在寂寞里奔驰的猛士,使他不惮于前驱。至于自己的喊声是勇猛或是悲哀,是可憎或是可笑,那倒是不暇顾及的;但既然是呐喊,则当然须听将令的了,因为当时《新青年》的主编陈独秀对他创作的小说非常赞扬,鼓励他多写。而此时的陈独秀对革命的前景充满了乐观情绪,所以鲁迅往往不恤用了曲笔,在《药》的瑜儿的坟上凭空添上一个花环,在《明天》里也不叙单四嫂子竟没有做到看见儿子的梦,因为那时的主将是不主张消极的。至于自己,却也并不愿将自以为苦的寂寞,再来传染给也如他那年轻时候似的正做着好梦的青年。

鲁迅在文坛的名望越来越高,同事刘半农赠给鲁迅一副联语:

托尼学说,魏晋文章。

当时的朋友都认为这副联语很恰当,鲁迅自己也不加反对。

所谓"托尼学说","托"是指托尔斯泰,"尼"是指尼采。这两个人都是19世纪思想界的巨星,著作都极丰富,对于社会的影响都深而且大。鲁迅的思想博大精微,自然与他们相比也很恰当。鲁迅在学生时代,很受托、尼二家学说的影响。

鲁迅研究汉魏六朝思想文艺最有心得,而且他凭借的材料都是以前一般学人不甚注意的,例如小说、碑文、器铭,等等。尤其对于碑文,他所手抄的可以说是南北朝现存碑文的全部,比任何一家搜集的都丰富。而且工作态度最为精审,《寰宇访碑录》和《续录》所收的原拓本他都一一校勘过,除改正许多差讹以外,还增出不少的材料。因此在他的写作上,特别受魏晋文章的影响。

托尼二家的学说,一般的说法,是正相反的。尼采的超人论,推到极端,再加以有意无意地误解,在德国,便成了第一次世界大战前的裴伦哈特的"好战论"和后来纳粹主义的"侵略论"。鲁迅却特别欢喜他的文章,例如《查拉图斯特拉如是说》,说是文字的刚劲,读起来有金石声,而汲取他的学说的精髓,则在鼓励人类的生活、思想、文化,日渐向上,不长久停顿在琐屑的、卑鄙的、只注意于物质的生活之中。

至于托尔斯泰的大爱主义,那是导源于基督教的精神,与后来思想上的平民主义、民族自决主义、国际平等主义,都有精神上的联系。例如第二次世界大战时,欧洲被侵略的各小国,虽然军事势力已在国内被侵略国家所摧毁,但是作家们还全力支持反侵略的微薄势力,这与托尔斯泰的大爱主义有密切的关系。

托尼二家的学说内容上有很大的不同,鲁迅却同受其影响,因为鲁迅不像一个哲学家那样,也不像一个领导者那样,为别人了解与服从起见,一定要将学说组成一个系统,有意地避免种种的矛盾,不使有一点罅隙,他只是一个作家、学者,乃至思想家或批评家。

21. 阿Q的诞生

1921年11月,孙伏园正在晨报馆编副刊。不知是谁的主意,忽然要添一栏称为"开心话",每周一次。于是,他就来要鲁迅写一点东西。

阿Q的影像,在鲁迅心目中似乎确已有了好几年,绍兴家乡的一个帮工阿贵就是最主要的一个。但鲁迅一向毫无写他出来的意思。经这一提,忽然想起来了,晚上便写了一点,就是第一章:序。因为要切"开心话"这栏目,就胡乱加上些不必有的滑稽,其实在全篇里也是不相称的。署名是"巴人",取"下里巴人",并不高雅的意思。12月4日开始在《晨报副刊》上连载,谁料这署名又闯了祸了,鲁迅在《现代评论》上看见涵庐(即高一涵)的《闲话》才知道的。那大略是——

……我记得当《阿Q正传》一段一段陆续发表的时候,有许多人都栗栗危惧,恐怕以后要骂到他的头上。并且有一位朋友,当我面说,昨日《阿Q正传》上某一段仿佛就是骂他自己。因此便猜疑《阿Q正传》是某人作的,何以呢?因为只有某人知道他这一段私事。……从此疑神疑鬼,凡是《阿Q正传》中所骂的,都以为就是他的阴私;凡是与登载《阿Q正传》的报纸有关系的投稿人,都不免做了他所认为《阿Q正传》的作者的嫌疑犯了!等到他打听出来《阿Q正传》的作者名姓的时候,他才知道他和作者素不相识,因此,才恍然自悟,又逢人声明说不是骂他。

鲁迅说自己对于这位"某人"先生很抱歉,竟因他而做了许多天嫌疑犯。可惜不知是谁,"巴人"两字很容易疑心到四川人身上去,或者是四川人吧。

直到这一篇收在《呐喊》里,也还有人问鲁迅:你实在是在骂谁和谁呢?鲁迅只能悲愤,自恨不能使人看得自己不至于如此下劣。

其实,鲁迅的取材,"多采自病态社会的不幸的人们中,意思是在揭出病苦,引起疗救的注意。……所写的事迹,大抵有一点见过或听到过的缘由,但决不全用这事实,只是采取一端,加以改造,或生发开去,到足以几乎完全发表我的意思为止。人物的模特儿也一样,没有专用过一个人,往往嘴在浙江,脸在北京,衣服在山西,是一个拼凑起来的脚色。有人说,我的那一篇是骂谁,某一篇又是骂谁,那是完全胡说的"(《我怎么做起小说来》)。《阿Q正传》的主要模特是阿贵,但族叔周桐生向老妈子跪下求爱等好多人的事端都写进去了,还加进了自己的许多想象和虚构。他只是想画出沉默的国民的魂灵,给中国人塑造一面镜子,从中照出自己的弱点,以便改正。

21. 阿Q的诞生

潜移默化中，夏目漱石、森鸥外嘲讽中轻妙的笔致和熟读并捐资刻印的《百喻经》，给鲁迅以艺术的助力，用一个个自创的寓言式的小故事将阿Q"精神上的胜利法"刻画得惟妙惟肖。

第一章登出之后，便"苦"字临头了，每七天必须做一篇。鲁迅那时还住在八道湾，虽然并不忙，然而正在做流民，冬天的夜晚睡在称作"老虎尾巴"的长炕上，这屋子只有一个后窗，连好好写字的地方都没有，哪里能够静坐一会儿，想一下。孙伏园虽然还没有现在这样胖，但已经笑嘻嘻，善于催稿了。每星期来一回，一有机会，就是："先生，《阿Q正传》……明天要付排了。"于是只得做，心里想着："俗语说：'讨饭怕狗咬，秀才怕岁考。'我既非秀才，又要周考真是为难……"然而终于又一章。但是，似乎渐渐认真起来了；伏园也觉得不很"开心"，所以从第二章起，便移在"新文艺"栏里。这样地一周一周挨下去，于是乎就不免发生阿Q可要做革命党的问题了。据鲁迅的意思，中国倘不革命，阿Q便不做，既然革命，就会做的。自己的阿Q的运命，也只能如此，人格也恐怕并不是两个。民国元年已经过去，无可追踪了，但此后倘再有改革，鲁迅相信还会有阿Q似的革命党出现。他也很愿意如人们所说，他只写出了现在以前的或一时期的，但他还恐怕自己所看见的并非现代的前身，而是其后，或者竟是二三十年之后。其实这也不算辱没了革命党，阿Q究竟已经用竹筷盘上他的辫子了。

《阿Q正传》大约做了两个月，做得很苦，写到阿Q被抓进监狱时，鲁迅没有监狱生活，为了写得真实些，甚至想到街上打巡警，好被抓进监狱体验一下。鲁迅实在很想收束了，但似乎孙伏园不赞成，或者是疑心倘一收束，他会来抗议，所以将"大团圆"藏在心里，而阿Q却已经渐渐向死路上走。到最末的一章，孙伏园倘在，也许会压下，而要求放阿Q多活几星期的吧。但是"会逢其适"，他回家乡了，代庖的是何作霖君，于阿

Q 素无爱憎，鲁迅便将"大团圆"送去，他便登出来。待到孙伏园回京，阿 Q 已经枪毙了一个多月了。纵令孙伏园怎样善于催稿，如何笑嘻嘻，也无法再说"先生，《阿 Q 正传》……"从此鲁迅总算收束了一件事。

22.《呐喊》出版

小说积久了就有了十余篇，为敷衍朋友们的嘱托，鲁迅将他的短篇小说结集起来，由新潮社于 1923 年 8 月付印了，又因为上面所说"铁屋子里的呐喊"的缘由，称之为《呐喊》。鲁迅自己为《呐喊》设计了大红的封面。

其实，鲁迅对《呐喊》中的小说，最喜欢的是《孔乙己》。"咸亨酒店"是一个店的真号，就在东昌坊，鲁迅故里的斜对门，营业没多久就倒闭了，最火旺的是西口的谢德兴酒店。《孔乙己》中的主角孔乙己，实有其人，此人姓孟，常在咸亨酒店喝酒，人们都叫他"孟夫子"，其行径与《孔乙己》中所描写的有相像的地方，也是个到老考不上秀才的生员，在周家新台门大书房里偷过书，被玉田公公当场抓住，并辩解过读书人拿书不算"偷"，算"窃"。

《孔乙己》的主要用意，是在描写一般社会对苦人的凉薄，作者内心充满了对于苦人的同情。《呐喊》中有一篇《药》，其中的夏瑜影射秋瑾，也是一面描写社会，一面描写个人；读完以后，觉得社会所犯的是弥天大罪，个人所得的却是无限同情。而这篇《药》和《狂人日记》等篇，用绍兴话说有些"气急虺"，意思是"从容不迫"的反面。《孔乙己》写得最从容，所以鲁迅最喜欢。

1906 年 7 月，鲁迅被骗回国与朱安完婚，四天后即返回日本，1907 年至 1908 年，鲁迅在《河南》月刊发表《文化偏至论》《摩罗诗力说》等"立人"思想的文学思想宣言，1909 年 8 月回国后经过十年的沉默、蕴蓄，1918年5月在《新青年》发表《狂人日记》，1921年12月4日在《晨报副刊》发表《阿Q正传》，1922年2月12日连载完毕，1923年8月《呐喊》出版，这个从提出"立人"思想到《呐喊》出版的十余年间，应该说是鲁迅从大蕴蓄到大爆发的时期。《狂人日记》中提出的"吃人"，并不应该理解为肉体上的吃人，而应该看作"立人"思想的反面表达，即中国几千年历史不是在"立人"，树立独立、自觉的自由人，而是一直在人奴役人，培养着奴隶。《阿Q正传》也形象地从反面表达着"本能的人"昏聩颟顸的精神状态——既不自知也不知人，被押赴刑场冤杀竟不知自己是怎么死的。从反面启示人们要做一个"自觉的人"，就必须首先做到——"首在审己，亦必知人，比较既周，爰生自觉"，使作品达到了最高的哲学性。

其实，《阿Q正传》的发表标志着鲁迅已成为中国现代文学最伟大、最深刻的作家。这应验了一条佛学的定则：越是压抑越是深邃。在不幸婚姻的压抑下，他早在1908年树立的以文艺改变人的精神的"立人"目标到1923年《呐喊》出版后基本实现了。

23. 兄弟失和

鲁迅把两个弟弟视为与自己不可分割的整体，愿意永不分家，始终住在一起。但是1921年9月，三弟建人就因为在北京没有工作，也没有收入，受不了二嫂羽太信子的白眼，求大哥在商务印书馆找了个校对的工作，每月六十元，一个人到上海去了。而大家庭的矛盾仍然不断加剧，鲁迅对负责理家的羽太信子不满，总规劝作人，教他用钱应该节省一点儿：我们不得不想想将来，对于经济，不能总是进一个花一个的。埋怨信子大手大脚，排场太大，用钱没有计划。每天的日用消费品都要去日本商店里买；大人小孩生病了，也要请日本大夫，很少用中国货。做了一桌子的菜，信子说不好吃，就把这好东西倒掉重做；被子、褥子稍微旧一点儿就要换新的，出门的时候，必须坐出租车。常常弄得家里入不敷出，要向别人去借贷，这是不好的。作人虽然点头称是，但觉得信子也不是个坏人，有时候给她干活儿的工人病了，她除了把人送到医院里，还要给工人一些钱，很善良的。不去管，也管不了自己的夫人，日久天长，兄弟二人的矛盾越来越大。弟媳耳闻了鲁迅对她的不满，很是恼火，1923年7月3日，兄弟俩同到东安市场，又至东交民巷书店，买云冈石窟佛像写真十四枚，正定本佛像写真三枚。兄弟俩的和睦相处倒激怒了信子，13日夜就在周作人耳边说尽鲁迅坏话，第二天周作人就与鲁迅闹翻，兄弟俩不能像往常一样一起吃饭了。信子还觉不够，17日夜又指鲁迅"非礼"自己。而且这几天，羽太信子又要犯周作人最害怕的歇斯底里病了，赶忙请日本医生池上来诊。周作人和信子争吵过，信子一犯病装死他就屈服了。他说："要天天创造新生活，则只好权其轻重，牺牲与长兄友好，换取家庭安静。"经过一夜思考，周作人的心情由震惊、愤怒转而平静，他要给这位多年来一直自恃兄长和家长的人，显示自己人格尊严的明确信息。经济问题尚可忍耐，"非礼"自己的内人，可不能容忍了，18日，周作人几经斟酌，给鲁迅写了一封信，交到鲁迅手里——

  鲁迅先生：我昨天才知道，——但过去的事不必再说了。我不是基督徒，却幸而尚能担受得起，也不想责谁，——大家都是可怜的人间。我以前的蔷薇的梦原来都是虚幻，现在所见的或者才是真的人生。我想订正我的思想，重新入新的生活。以后请不要再到后边院子里来，没有别的话。愿你安心，自重。七月十八日，作人。

  鲁迅见信后，差人唤周作人来谈，周作人不来。家人越闹越僵，传出去就有外人开始说闲话了。后来,居然有人说鲁迅"非礼"自己的弟媳。鲁迅一气之下,8月2日,带着妻子朱安搬到了砖塔胡同六十一号居住。有人问起他为什么要搬出来时,鲁迅苦笑着说:"我是让家里的日本女人赶出来的!"

这倒出乎周作人夫妇的意料,周作人觉得自己在信中只是请他不要到后院来,并不是轰他搬走。鲁迅这一搬走,却使周作人夫妇的火气烧得旺了。

24. 鲁迅名义上的妻子——朱安

1923年8月2日,鲁迅搬到砖塔胡同六十一号。砖塔胡同的房子是鲁迅刻意培养的绍兴学生、青年作家许钦文的妹妹许羡苏,托同学俞芬找的。当时俞芬、俞芳、俞藻三姐妹住在此,她们母亲死了,父亲在哈尔滨另娶了继母,每月给她们姐妹三人寄生活费。俞芬同院的住户搬走了,正好空下前排的三间房。

中间一屋,约莫十四平方米,是鲁迅的会客室兼餐室与卧室,夜间还是他的工作室。室内有木板床、八仙桌、洗脸架、书箱等,屋子小,用具多,不免有些拥挤,但由于摆设得体,井井有条,整然有序,显出主人的爱好整洁与艰苦朴素。那张八仙桌,虽已半旧,但用得仔细,还很牢固,并不陈旧。它既是饭桌,又是鲁迅夜间写作用的书桌,他常常在这张书桌上工作到深夜一两点钟,甚至通宵达旦。一杯浓茶,一盏油灯,吸着香烟,静静地写作着。

西边的屋子,是朱安的卧室,鲁迅一直使用的三屉桌放在窗下,桌上文房四宝俱全,大笔筒里插着两根大孔雀翎,据说是从日本带来的。鲁迅白天在这里写作,因为这里光线好,安静。

中屋和西屋各处堆满了线装书,鲁迅正在撰写《中国小说史略》,需要众多的参考书。

东边的屋子,是鲁迅母亲的卧室。大家称呼鲁迅的母亲为太师母,她一般仍然住在八道湾,每隔两三天到砖塔胡同来一次,天色晚了,就住在这里,不回去了。

决定迁居砖塔胡同的时候,鲁迅征求过朱安的意见:"你是否仍住在八道湾,或者你回绍兴娘家去,我每月给你寄钱去。"朱安回答说:"八道湾我不能住,因为你搬出去,娘娘迟早也要跟你去的,我独个人跟着叔婶侄辈过,算什么呢?绍兴我也不想去。你搬到砖塔胡同,横竖总要人替你烧饭、缝补、洗衣、扫地的,这些事我可以做,我想和你一起搬出去。"这样,鲁迅就先把汉唐石刻等拓片装成十二箱存到教育部储藏室里,携朱安一同搬进砖塔胡同六十一号三间北屋里去了。

朱安个子不高,身材瘦小,脸型狭长,脸色微黄,前额、颧骨均突出,看上去似带几分病容。眼睛大小适中,但不大有神,而且有些下陷,脸色很清癯,眼睛里永是流露着极感伤的神态,上穿咖啡色带白花的短夹袄,下穿青裤、白鞋、白袜,并扎腿,头上挽着小髻,也用白的头绳束着。脚缠得很小,步履缓慢不稳。她比鲁迅大三岁,此时只有四十多岁,可是穿着打扮比较老式,除

朱安

夏天穿白夏布大襟短衣,下系黑色绸裙外,其他季节的衣服都是色泽较深较暗的,朴素整洁,却显得发育不全。从外形看,她是旧式妇女的典型模样。平日少言寡语,少有笑容。虽没有什么架子,但因摸不透她的脾气,生人不敢和她接近。纵然形象欠佳,她操持家务却是称职的,节俭持家,空下来就做做针线。她还能炒一手道地的绍兴家乡菜。朱安对鲁迅是很尊

24. 鲁迅名义上的妻子——朱安

敬的，佩服他的才能，很明显地表现出"自愧不如"的严重的自卑感。两人的差距太大了，看上去她似乎没有信心缩小"差距"，她只想尽全力照顾好鲁迅和婆母的生活。

离开自己一手买进、改造的八道湾宽敞的住宅，搬进狭窄又破旧的砖塔胡同，鲁迅的心情当然是凄苦的。但他从不把自己的苦恼向外人倾吐，只是深深地埋在心底。"细嚼黄连不皱眉"，真是苦上加苦！更使他不停地工作，整天忙这忙那，以便忘记种种痛

北京八道湾寓所

苦。过分的辛劳和苦痛终于把他折磨病了，据医生诊断是肋膜炎，起不了床，吃不下饭，只能吃粥。朱安每次烧粥前，先把米弄碎，烧成容易消化的粥糊，并托俞芬到稻香村等有名的食品商店去买糟鸡、熟火腿、肉松等鲁迅平时喜欢吃的菜，给鲁迅下粥，使之开胃，她自己却不吃这些好菜。朱安对鲁迅在生活上照顾得无微不至。

朱安终于打动了鲁迅，他病也好些，精力恢复了。朱安特具一肴，用白薯蓣切片，鸡蛋和面粉涂之加油炸熟，鲁迅觉得很好吃，对朱安很感激，但总是过不起夫妻生活。

早在1919年，鲁迅曾经收到一个不相识的少年寄来的一首新诗，题为《爱情》，诗中叹道："我是一个可怜的中国人，爱情！我不知道你是什么……我生十九，父母给我讨老婆，可是这婚姻，是全凭别人主张，别人撮合……仿佛两个牲口，听着主人的命令，'咄，你们好好的住在一块儿罢！'……"鲁迅看了以后，在1919年1月15日《新青年》第六卷第一号上发表了署名"唐俟"的《随感录四十》中写道："这是血的蒸气，醒过来的人的真声音。"又说："但在女性一方面，本来也没有罪，现在是做

了旧习惯的牺牲。我们既然自觉着人类的道德,良心上不肯犯他们少的老的的罪,又不能责备异性,也只好陪着做一世牺牲,完结了四千年的旧账。"他只能为了母亲,跟朱安做着名义上的夫妻,"陪着做一世牺牲"。

即便这样,鲁迅对朱安和她娘家朱宅一直以礼相待。他曾帮助朱安弟弟朱可铭的儿子找工作,有时还寄钱资助朱宅。朱宅也常送些家乡土产给鲁迅。

可见鲁迅承认朱安的家庭地位,在经济方面给予信任,保障她的物质生活,尽了应尽的义务。可就是没有感情,更不可能产生性爱。

25. 鲁迅与俞芬三姐妹

每逢佳节倍思亲。过去的春节,都是一大家人其乐融融地过,1924 年的旧历年底,鲁迅在砖塔胡同却很是孤单、凄清。只和母亲、朱安以及许钦文、许羡苏、俞芬三姐妹过了个简单的除夕,以后就少有人来了。八道湾周作人那里却异常热闹,他把鲁迅住过的中院西屋辟为"苦雨斋",把门徒们请来,说诗谈文,饮酒品茶,灯火通明地欢腾到半夜。信息传来,鲁迅不免凄凉。

这样,孩子们成了鲁迅的好朋友。他对孩子们不摆架子,很民主。俞芳的生肖是猪,三妹俞藻的生肖是牛,鲁迅就叫她俩"野猪""野牛"。因为鲁迅生肖是蛇,俞芳姐俩儿也没大没小地叫他"野蛇"。这在现在并不稀奇,而在半个多世纪前的旧中国,孩子这样对长辈,是会被认为很不礼貌的行为。而鲁迅不但不生气,反而笑着问他们:"蛇有不是野的吗?"一句话逗得大家都笑了。

鲁迅平时很忙,但每当孩子们请他帮忙,向他提出这样那样的要求时,他非但不拒绝,而且总是尽快认真地办好。那时鲁迅和其母亲常把烟盒里的图片和锡纸反面的衬纸，分给俞芳姐妹玩。俞芳把这些衬纸钉成一个小本子，写了一篇童话，文字当然是很不通顺的，什么老虎、兔子等动物都搬上去，请鲁迅批改，他很高兴地接过去，而且第二天就改好了，俞芳用铅笔写，他用毛笔改。错别字改正了，文字通顺了。俞芳不会标点符号，鲁迅给她加了标点。大概为了尽可能保留原意吧，所以改动不大，但通篇都看过。交给俞芳时，鲁迅还说了几句鼓励的话，她听了很开心。

那时俞芳姐俩喜欢用彩色油光纸做"小人"玩，可是不会画人头，就请鲁迅画。对于这些小事，鲁迅也是一口答应，而且按照她们提出的具体要求画，如头型大小、男、女、老、少等等。他有时即刻画，"立等可取"；有时晚上画，第二天给姐妹俩。鲁迅画得又认真，又好。由于他既不拒绝，画得又好，于是俞芳姐俩就经常去麻烦他了。

那时，俞芳在笃志小学读书。有一次，她们班地理常识课老师，要部分学生请家长把各省的省会、主要出产、气候等等，用毛笔填写在卡片上。俞芳和俞藻分配到长江流域各省的卡片，她们就请鲁迅写。他不但供应她们卡片纸，而且用正楷书写。她们拿到卡片时，非常高兴，第二天，到学校马上交给老师。老师认为她们的这套卡片写得特别好，在班级上表扬了她们。回家时，她们向鲁迅说了，他微笑着说："我写的卡片受到你们老师称赞了吗？真是不胜荣幸之至。"这套卡片后来在学校展览会展出过，留在学校了。鲁迅知道这事后，又幽默地说："不胜荣幸之至。"

有一次，大姐俞芬不在家，俞芳和三妹放学回来，在自己屋里做作业，她削铅笔时不小心，把铅末弄到眼睛里去了，叫三妹帮忙"吹"，吹也吹不出。她连忙用手乱揉，可是越揉越痛，眼睛都红了，就像哭过似的。怎么办呢？赶快去找大师母朱安，可是大师母也吹不出。眼睛非常痛，可怎么好呢，她急得很。凑巧，鲁迅下班回来了，他见俞芳在他们屋里两手蒙着眼睛，和蔼地问她怎么了？她哭丧着脸，把刚才发生的事告诉了他。鲁迅安慰她说，先不要着急，我来给你看看。他看过之后，叫大师母把温开水倒在洗净又用开水泡过的茶壶里，然后鲁迅用茶壶里的温开水给俞芳冲洗眼睛，冲了一阵，他问俞芳，觉得怎么样？俞芳说，好些了，可是还有点痛。鲁迅再一次看看她的眼睛说，铅末大约是冲出去了，现在的痛可能是你自己当时用力揉搓眼睛，铅末划破了你的眼睑的缘故，过一会儿，就会好些的。

过了一会儿，吃过晚饭，眼睛不痛了；俞芳到鲁迅屋里，谢谢他。鲁迅微笑着说，谢谢不用谢，只是以后做事要小心，削铅笔特别是削铅笔芯时，眼睛要离得远些。要记住万一以后有灰沙、铅末等物掉在眼睛里，切不可用手去乱揉搓，要轻轻地用手帕揉眼皮，把这东西推到眼缝，再揩出来。最好的办法，还是冲洗。最后鲁迅向她简单地谈了保护眼睛的重要性，要她们注意保护眼睛。

鲁迅认为好玩、好奇心是孩子们的特点，对此不但不能横加阻拦，还要多方启发，满足他们的求知欲望。

有一天，太师母讲起绍兴的习俗说：农历七月初七，把绣花针投进水里（这种水是盛在碗里的），不会下沉，而且在太阳光照射下，碗底会出现各种各样的影子，据说，这影子就象征着投针人的前途、命运。又说，要把水舀到碗里，最好在七天前准备好，放在院子里，经过日晒、月照、风吹、雨淋。这引起俞芳和三妹的极大兴趣，早早准备好一碗水，放在院子里。到七月那天中午，太师母、大师母和她们三姐妹，都往碗里投了绣花针。果然，针没有下沉，而且在阳光下，在碗底显出了各种影子。她们请鲁迅也来投一枚针，他投了。她们就乱猜影子像这像那，俞芳说影子像笔，三妹说影子像有柄的裁纸刀。鲁迅就分析给她们听：因为水放在外面的日子多了，水面上浮了一层灰尘，结了一层"皮"，绣花针本身轻，所

25. 鲁迅与俞芬三姐妹

以能浮在水面上。至于影子,是由于各人站的角度不同,投出不同的形状的影子;影子像什么,那只是人们自己的解释而已;至于象征命运、前途等等,是没有根据的。

接着,鲁迅问她们,知道火是怎样着起来的吗?俞芳马上回答,火柴点的。鲁迅说,不错。又问,还有别的方法点火吗?三妹说,到火炉里去引火。听了她幼稚的回答,大家都笑了,鲁迅也笑着肯定了她的回答。然后告诉她们,太阳也可以点火的。她们有点怀疑地问,真的吗?点点看。鲁迅就用放大镜把太阳光聚成焦点,把已熄灭的煤头纸燃过的一端放在焦点上,不多时,煤头纸冒烟了,点燃了。俞芳姐妹当时觉得好像看魔术一样,太新奇了;于是,鲁迅又讲了一些光学的物理常识。他就这样不仅和孩子们一起玩乐,还随时对孩子们进行一些科学知识教育。

鲁迅一家,在砖塔胡同住的北房三间,总面积不过三十多平方米。房间很小,白菜、劈柴都堆放在书架边、床底下。特别是鲁迅的那间,是卧室、会客室兼全家餐室,晚上还是他的工作室,确实拥挤不堪。院里虽然只住俞芳姐妹两家,但俞芳和三妹年幼无知,好玩耍,整天吵吵嚷嚷,搞得整个院子乱哄哄的,很不安静。记得有一次,她们在太师母房里大声说笑,鲁迅过来笑着对她们说:你们讲话,声音不可太响,因为我在写文章,如果听见你们的说话声,我就会把这些话写进去的。这样,她们才收敛些,可是怎么记得牢呢?过些时候讲得高兴时,声音又响起来了。当时孩子们的吵闹嬉笑,不知耗费了鲁迅多少宝贵的时间和精力,后来她们想起还深感内疚和不安呢。

俞芳多少年后还记得,她们三姐妹在砖塔胡同和鲁迅一起住的时候,在太师母房里,最感兴趣的一项事是敲鲁迅的"竹杠"。事情总是俞芬带头,俞芳和三妹帮腔。虽然她们事前并没有约定过,但每次俞芬一提出,俞芳和三妹是一定响应——孩子们嘛,哪有不喜欢吃东西的呢?那时北京冬天的晚上，在刺骨的西北风中，常夹着卖萝卜的叫卖声。这是穷苦人谋生的一种办法。他们冒着寒风，走街串巷，做点薄利生意。一个大萝卜只卖一两个铜板，空的辣的还要调换。你向他调，他又向谁去调呢？简直是赔本生意。萝卜是去煤气的。北京冬天很冷，家家屋里都烧炉子取暖，门窗又关得严严实实，屋里有煤气是难免的。卖萝卜的小贩一声吆喝"萝卜赛梨哟——辣了换"。大姐就带头敲鲁迅的"竹杠"，要鲁迅请客。遇到这种情况，十有八九，他是同意的。为什么他不拒绝呢？原因之一是他的好心肠，他看着孩子们"垂涎三尺"的顽皮的样子，就同意了。另一个原因是他身后还有心肠更好的太师母在，如果遇到鲁迅没答应，多坚持些时候，太师母就会出来打"圆场"。老人家笑笑说，这次让我来请客吧！指着俞芳说，老二去叫潘妈买几个萝卜来，给大家解解煤气。太师母这几句话一说，全屋里顿时活跃起来，忙乱一阵，大家都吃到了美味的萝卜。话说回来，鲁迅每次请客，连女工在内，全都请到。她们吃着"赛梨"的萝卜，滋味那个美啊，甭提了。

当时，北京的晚上，还有一种挑担卖桂花元宵的，这种东西比较贵，她们不但没吃过，连想也没想过。有一次，大姐俞芬异想天开，竟向鲁迅敲"竹杠"，要他请她们吃桂花元宵。俞芳和三妹当然同意，你一言，我一语，大先生，桂花元宵多甜哪，可香呢，热腾腾的，多好吃啊，吃一碗文章多写出些，吃一碗睡觉都睡得香些……鲁迅看她们垂涎欲滴的样子，又同意了。太师母、鲁迅、大师母、俞芬、俞芳、俞藻、潘妈、鲁迅家的女工王妈、俞芳家的女工齐妈，每人一碗，共九碗。她们吃到又香又甜的桂花元宵，觉得格外有味道。第二天晚上，卖桂花元宵的又来了，在门口吆喝了好几声"桂花——元宵"。大姐大笑着说，唉！昨晚买了九碗，今天卖元宵的不肯走了。……鲁迅回答说，唉！昨晚买了九碗，我今天早上出门，他早已走掉了。鲁迅这话逗得大家都笑了。太师母说，这些小贩的生意，一定不大好的，晚上吃元宵的人总不会太多的吧。鲁迅说，他们的生意是不会太好，这些夜点心主要供应吃鸦片烟的，如斜对面住的溥仪本家"王府"，好吃懒做惯了，他们晚上睡不着觉，肚子饿了，想吃夜点心。另外，一些赌博的人，夜里赌饿了，也要吃夜点心，一般人家是不会天天买夜点心的。鲁迅就这样巧妙地对付了俞芬想再次敲竹杠的"苗头"。

此外，鲁迅也常给她们讲些医学知识。有一次，他讲人体的血管，他伸出左手示范，把衣袖卷到上臂，用右手捏紧左臂，眼看着他下臂和左手的筋粗起来了。俞芬、俞芳和三妹也学着他的样子做，鲁迅看了说，还是老二手臂的筋明显粗起来。俞芳听了很高兴。为什么呢？因为她的筋也像鲁迅的一样，会粗起来的。于是，有一段时期她没事时常捏着左臂，看静脉血管逐渐变粗。直到后来，每遇到验血要抽血，或注射静脉针时，她手臂上的血管，医生总是很容易找到。

鲁迅当时是很忙的。他在教育部办公，又在北大、北师大、女师大、世界语学校兼课，要接待来访客人，还要抽空去照料西三条房屋的修建事务，等等。在这样繁忙的情况下，他每天都要看书、写文章或翻译，这些事有时是抱病进行的。他经常在夜深人静时写作，一杯浓茶，不断冲泡，淡了再加茶叶，这是为了提神；劣质香烟一支接着一支，这是兴奋剂；饿了吃些点心。计算起来，鲁迅睡眠的时间，是极少的。

26. "士穷而后文工"

1923年8月搬至砖塔胡同陋室后，鲁迅大病一场，陷于"绝境"。然而越是艰难越是要写作，1924年2月7日，大年初三，鲁迅着笔写作酝酿已久的《祝福》。

少年时所见的女佣们的悲惨遭遇，坟邻的儿子被马熊吃掉的故事，等等，都在眼前浮现了，连成一片，逐渐升华，形成虚拟又实际的形象世界……

"士穷而后文工"。跌入病苦交加的境地，尤其是躺在床上起不来，只能静思的时候，鲁迅对文字的感觉倒更灵敏了。他深省自《狂人日记》以来的作品，尤其《自言自语》《随感录》等篇的语言过于直白，应该有一种杜甫那般沉郁顿挫、内含情韵、曲折婉致的文字。要写的文字，常常在心中默念，有时诵读出来，以检验语调节奏。夜里似乎听见他在与人说话，其实是鲁迅在诵念自己的文章。

> 旧历的年底毕竟最像年底，村镇上不必说，就在天空中也显出将到新年的气象来。灰白色的沉重的晚云中间时时发出闪光，接着一声钝响，是送灶的爆竹；近处燃放的可就更强烈了，震耳的大音还没有息，空气里已经散满了幽微的火药香。

笔调是行文的格调，文学作品的语言艺术最重要的是笔调，也可以称之为语气系统，决定了整篇作品的基调和品位。这个"毕竟"二字最是有味，加重了笔调的婉转，又使人预感到了小说的悲剧气氛与"我"的无奈。嗯，经过回还往复的含咏，鲁迅首肯了这个开头。

> 村镇上不必说，就在天空中也显出将到新年的气象来。

又是一种婉曲的笔调，那种"咸酸之外"的味道，标志着鲁迅的语言文字之功力又进入了更高的境界。

> 灰白色的沉重的晚云中间时时发出闪光，接着一声钝响，是送灶的爆竹；近处燃放的可就更强烈了，震耳的大音还没有息，空气里已经散满了幽微的火药香。

26. "士穷而后文工"

"晚云"而"沉重","闪光"又"钝响";然后由"远"而"近",从天空到近处,由色彩、声响到气味的浓幽,形色音味俱全,将读者带入了历史的现场。人们进入了祥林嫂那曲折、悲惨的故事世界。

以《祝福》为标志,鲁迅的文笔较前更加婉转有致了,而且深入到了人究竟有没有魂灵的根本哲学问题。

《祝福》发表于1924年3月25日上海《东方杂志》半月刊第二十一卷第六号。从此,祥林嫂的悲剧形象活在人们的心中,她那句"我真傻"的话几乎成了人们口头的"成语",隐喻一个人神经受到严重刺激后的絮叨。

2月16日,正月十二,正赶上星期六,他又着笔写了《在酒楼上》。小说中的主人公吕纬甫很有些自己的影子。虽然春节已过去十二天,但北京的冬天还没有消尽,枯枝棱瘦,风景凄清,懒散和怀旧的心绪联结起来,回忆起故乡的酒楼。鲁迅在西边屋子写字台上,又开始了到砖塔胡同后的第二篇小说。自1919年购买了八道湾的房屋,携全家到北京以来,还不曾到南方去过,不禁使他怀念起江南的冬景:

> 几株老梅竟斗雪开着满树的繁花,仿佛毫不以深冬为意;倒塌的亭子边还有一株山茶树,从暗绿的密叶里显出十几朵红花来,赫赫的在雪中明得如火,愤怒而且傲慢,如蔑视游人的甘心于远行。我这时又忽地想到这里积雪的滋润,著物不去,晶莹有光,不比朔雪的粉一般干,大风一吹,便飞得满空如烟雾。……

鲁迅的作品很少有风景描写,这一段老梅斗雪的景致很是突兀。

他想象自己要了一斤绍酒,十个油豆腐,在"空空如也"的楼上独酌独饮。来酒客了,分明是他的旧同窗,也是做教员时代的旧同事,当年敏捷精悍、现在却变得格外迂缓的吕纬甫。俩人曾经同到城隍庙里去拔掉神像的胡子,连日议论些改革中国的方法以至于打起来,但现在却是颓唐,又浓又黑的眉毛底下的眼睛也失了神采,但当他缓缓四顾的时候,却对废园忽地闪出他在学生时代常常看见的射人的光来。

他们又要了酒菜,吕纬甫聊起了自己的经历。他本是奉母亲之命,给三岁就死去的小弟弟迁坟,但真去迁时才发现早已踪影全无,只得仍然铺好被褥,用棉花裹了些他先前身体所在的地方的泥土,包起来,装在新棺材里,运到父亲埋着的坟地上,在他坟旁埋掉了。这样总算完结了一件事,足够去骗骗母亲,使她安心些。这里分明闪现着鲁迅四弟椿寿的行迹和坟影。又奉母亲之命,给邻居长富的女儿阿顺,送红的剪绒花,哪知她已死了。

记得当时新台门西邻确实有过一个叫阿有的正经劳动者,他有一个女儿,父女勤劳节俭,生活还过得去。只是阿有的弟弟阿桂不争气,常来借钱。一次阿桂来时,只女儿一人在家,把他顶了去。阿桂报复地说:"你不要骄气,你的男人比我还不如呢!"自此女儿忧郁成疾,得了伤寒,又不小心吃了石花,不久死了。出丧时,人们看见了她的未婚夫,原来是个小店伙,人很老实。

由阿有女儿的死,鲁迅不禁想起了琴表妹,描写阿顺的眼睛时写道:独有眼睛非常大,睫毛也很长,眼白又青得如夜的晴天,而且是北方的无风的晴天……

吕纬甫一手擎着烟卷,一只手扶着酒杯,似笑非笑地说:

我在少年时,看见蜂子或蝇子停在一个地方,给什么来一吓,即刻飞去了,但是飞了一个小圈子,便又回来停在原地点,便以为这实在很可笑,也可怜。可不料现在我自己也飞回来了,不过绕了一点小圈子。又不料你也回来了。你不能飞得更远些么?

26. "士穷而后文工"

一个曾经英气勃勃的上进少年,后来变得这般死气沉沉,随随便便,敷敷衍衍,难道人世就是这样的吗?不行!自己只能是明明感到绝望,却要反抗绝望。

小说写完了,刊载在1924年5月10日《小说月报》第十五卷第五号上。鲁迅好像舒了一口气,了却了一件心事。

环境越苦闷,创作的兴头越激荡,两天之后,即2月18日,鲁迅又写了《幸福的家庭——拟许钦文》。

许羡苏的哥哥许钦文是鲁迅在砖塔胡同时期唯一亲近的学生和文学青年。他的忠厚、老实、刻苦勤学的品德,使鲁迅把他视为自己最为信赖的年轻人。记得1920年冬,在《晨报副刊》上看到两篇署名"钦文"的文章时,鲁迅就问主编孙伏园:"钦文是谁?"孙伏园答:"就是许小姐的哥哥。"搬到砖塔胡同以后,孙伏园带着一个衣着破旧的瘦小青年来了,说这就是许钦文。自此他们不断来往,鲁迅在报纸上一看到钦文的文章就很注意,常常通过孙伏园或者直接对许钦文说哪里写得不对,应该怎样修改;哪里写得还可以,不过欠深刻。无论是思想、立意,还是语法、措辞,都一一指出。许钦文不像有些文学青年,只听好话,不听批评,而是非常谦虚,仔细倾听,一一改正。鲁迅对他印象很好。1923年5、6月间《晨报副刊》进行过"爱情定则"的讨论;《妇女杂志》有关于理想配偶的征文,第九卷第十一号又出版了"配偶选择号"。鲁迅在《晨报副刊》上看见许钦文的应征小说《理想的伴侣》的时候,就忽而想到《幸福的家庭》的大意,且以为倘用了他的笔法来写,倒是很合适的;然而也不过单是这样想,没有动笔。到了《祝福》写毕十天之后的2月18日,又忽而想起来,正适值没有别的事,于是就写下来了。

鲁迅写道:许钦文感到"须得捞几文稿费维持生活了;投稿的地方,先定为幸福月报社,因为润笔似乎比较的丰。但作品就须有范围,否则,恐怕要不收的。范围就范围,……现在的青年的脑里的大问题是?……大概很不少,或者有许多是恋爱,婚姻,家庭之类罢。……是的,他们确有许多人烦闷着,正在讨论这些事。那么,就来做家庭。然而怎么做做呢?……否则,恐怕要不收的,何必说些背时的话,然而……。他跳下卧床之后,四五步就走到书桌面前,坐下去,抽出一张绿格纸,毫不迟疑,但又自暴自弃似的写下一行题目道:《幸福的家庭》。

这幸福的家庭应该安排在什么地方呢?他想:"北京?不行,死气沉沉,连空气也是死的。假如在这家庭的周围筑一道高墙,难道空气也就隔断了么?简直不行!江苏浙江天天防要开仗;福建更无须说。四川,广东?都正在打。山东河南之类?——阿阿,要绑票的,倘使绑去一个,那就成为不幸的家庭了。上海天津的租界上房租贵;……假如在外国,笑话。云南贵州不知道怎样,但交通也太不便……。"他想来想去,想不出好地方,便要假定为A了,但又想,"现有不少的人是反对用西洋字母来代人地名的,说是要减少读者的兴味。我这回的投稿,似乎也不如不用,安全些。那么,在那里好呢?——湖南也打仗;大连仍然房租贵;察哈尔,吉林,黑龙江罢,——听说有马贼,也不行!……"他想来想去,想不出好地方,于是终于决心,假定这"幸福的家庭"所在的地方叫作A。随意一笔,就将全国各地的形势勾勒出来了。说明当时的中国,无论哪里都是难以幸福的。

"主人和主妇,自由结婚的。他们订有四十多条条约,非常详细,所以非常平等,十分自由。而且受过高等教育,优美高尚……。东洋留学生已经不通行,——那么,假定为西洋留学生罢。主人始终穿洋服,硬领始终雪白;主妇是前头的头发始终烫得蓬蓬松松像一个麻雀窠,牙齿是始终雪白的露着,但衣服却是中国装……"

刚刚设想得异常美好,买二十五斤劈柴的吵嚷声就传来,他吃惊地回过头去看，靠左肩，便立着他自己家里的主妇，"两只阴凄凄的眼睛恰恰钉住他的脸"。

原来她正为二十五斤劈柴是给两吊六还是两吊五，与卖劈柴的争执不下。

接着构思，为桌中央的菜"龙虎斗"是蛇和猫还是蛙和鳝鱼？反复斟酌。

回过头时，就在他背后的书架的旁边，已经出现了一座白菜堆，下层三株，中层两株，顶上一株，向他叠成一个很大的A字。"啪"的一声，主妇的手掌打在三岁女儿的头上。"阿阿，好好，莫哭莫哭"，他把妻子发抖的叫骂放在脑后，抱孩子进房，摩着她的头，说，"我的好孩子"。于是放下她，拖开椅子，坐下去，使她站在两膝的中间，擎起手来道，"莫哭了呵，好孩子。爹爹做'猫洗脸'给你看"。他同时伸长颈子，伸出舌头，远远地对着手掌舐了两舐，就用这手掌向了自己的脸上画圆圈。

于是《幸福的家庭》写不下去了，一座六株的白菜堆，屹然地向他叠成一个很大的A字。

最根本的是经济和生存。离开这个基础，家庭幸福不了，创作也进行不下去——这就是鲁迅在这篇小说中贯彻的他一贯的思想。

第二天，许钦文来了，鲁迅把刚写好的《幸福的家庭》原稿，交给他看。

说是早就拟了腹稿，忙于杂务，迟迟未写。"现在总算已经写出来了。"鲁迅微笑着说，很高兴。许钦文认真阅读以后，先在西边房间观察了一下，再到中间吃饭间去看了些时候，才明白鲁迅写实的功力，原来《幸福的家庭》所写的环境跟鲁迅住处很相像。他看后很感激，表示完全赞成，于是鲁迅晚上又加增删，加上了"拟许钦文"的副题，结尾又加了附记。发表于1924年3月1日上海《妇女杂志》月刊第十卷第三号。

过了个把月，已仲春时节，北京的天气却还不见得怎样暖和。许钦文仍然穿着破棉袍，罩着破旧的竹布长衫，匆匆忙忙走到沙滩"红楼"去听每周一次的鲁迅先生的课。跨上大楼扶梯，远远听到从一院最大而挤满人的教室里传来的谈话声，比往常高些。鲁迅先生的课，不但文科的学生要听，理科的学生也要听；不但在校的学生要听，已经毕业的也要回校来听。因为鲁迅先生常常结合时事讲，是不会听厌的。许钦文一进教室，刚在靠西面的一边坐下，突然听到有人说："许钦文大概已经长了胡子。"又有人说："许钦文的年纪总是不小了。"原来鲁迅的《幸福的家庭》在《妇女杂志》上发表后，从上海运到北京，在东安市场等处出售，许多听讲的人都已看过。许钦文在这满教室的人中只熟悉少数几个，坐在附近的都不相识，一时不知道怎样才好，窘得很，俯着头不敢作声。幸而不久鲁迅先生走进教室，谈话声戛然而止，他才松了一口气。后来看到《妇女杂志》，才知鲁迅先生加上了"拟许钦文"的副题和短短的附记，产生了很大影响。许钦文觉得这是对他的鼓励和鞭策。

鲁迅闲空时，每每爱在胡同里散步，一边悠闲地吸着烟，一边散淡地观察着周围景物、人事。

他出门张望，见胡同东口有一座八角七重檐的青灰色砖塔，据说这座塔是元代名臣耶律楚材的老师，金元之际的高僧万松老人的葬骨塔。胡同因此得名。元、明、清三代，作为戏曲活动的中心，曾是北京城最热闹的地方之一。

1900年，八国联军入侵北京，这里的戏班、乐户纷纷逃回家乡，从此砖塔胡同渐渐变成了居民区，归于宁静。街门口站着或坐着闲眺的居民，擦肩而过的路人急匆匆地走着，时而有了什么事情，一帮闲人就聚拢一圈围观。

一次，鲁迅看到一圈人正围观两个女乞丐，一老一少。驻步察看，才知这是奶奶和孙女在讨饭。一旦好心人给了一点儿吃的，孙女立即献到奶奶面前，让奶奶吃，情愿自己饿着。好心人称她为"孝女"，不禁再送些吃的来。

有好心人，也有痞子、流氓。两个光棍儿竟肆无忌惮地说："阿发，你不要看得这货色脏。你只要去买两块肥皂来，咯支咯支遍身洗一洗，好得很哩！"一位圆圆胖胖的道学先生，手里拿着一块葵绿色纸包的肥皂，呆看了老半天，一会儿朝少女乞丐溜几眼，一会儿又侧耳倾听光棍儿的淫话，两眼色眯眯的。

鲁迅蔑视地瞥了道学先生一眼。他向来最憎恶终日大骂新文化、道貌岸然却灵魂肮脏的"假道学"，此刻忽生灵感，3月22日又写成了入住砖塔胡同后的第四篇小说《肥皂》，在1924年3月27日、28日《晨报副刊》上连载。

鲁迅在胡同里还注意到一对年轻的情侣搬到一户人家去了，开始恩恩爱爱，不久就渐渐疏远，后来女的走了，不知到哪里去了，男的也穷困潦倒，过不下去的样子。身后跟随着一只瘦弱的满身灰土的小狗……

鲁迅看着这情景，忽然灵感一闪，想起一篇小说，结构、层次，都想好了，写了一半，给许钦文看过，单等有机会写完整了。

在砖塔胡同的九个月是艰苦、凄凉的，也是收获丰盛的。鲁迅写了四篇小说，1923年12月11日，《中国小说史略》上卷由北京大学新潮社出版，1924年上半年完成下卷，并交给了出版社，1924年6月出版。

27. 宫门口西三条二十一号

鲁迅迁居砖塔胡同后，周作人虽有男女仆人，但仍然叫鲁老太太自炊而食，老太太不能安住，加之对大儿子的思念，经常白天来砖塔胡同，晚上回八道湾，或者在砖塔胡同住上一两天。鲁迅深深体谅老人的处境和心愿，为了使母亲能跟自己同住，想方设法另找房子。

1923年10月20日，鲁迅几经周折，终于议定购买阜成门内宫门口西三条二十一号旧房宅一所，议价八百，付定金十元，跟友人许寿裳、齐寿山各借四百元，先付五百元，至翌年一月二日，交余款三百元，始接受买屋。

西三条原为一所旧独院，有陈年老屋六间，依照鲁迅亲自设计的方案进行了整修，焕然一新。鲁迅于1924年5月25日搬入，离开了砖塔胡同。

北京古城西北角的阜成门内有一条小胡同，往北行，再往西拐，就到了宫门口西三条。没有路灯，只有皎洁的月光，在月光下朝深处走，见一座院落的小门，门牌二十一号，新漆过的黑色门板，黄铜的门环，上方有一条镶铜边的信报口。

进门迎面是白色的影墙，左拐有四扇绿色的平门，跨过这二道门，就进入一个小小的四合院，南房三间，北房三间，东西各一间小厢房。进门时的影墙就是东厢房的南壁。院内种着两株白丁香、两株紫丁香，看来是春天才种下的，不够壮大，翠绿的枝叶与银色的月光相辉映，却显得郁郁葱葱。

南房是会客室兼藏书室，西边一间备有供客人临时住宿的床铺。东厢房归女工住，西厢房是厨房。主人住北房，进到房里，中堂右侧放着方桌和洗脸架，是主人吃饭和洗脸的地方。再往里是接出的一间仅有八平方米的灰棚，活像"老虎尾巴"。进到里面，只见北墙上是两扇大玻璃窗，窗下是两条长凳、一副单人铺板搭成的简易床铺，床上铺着不过一指厚的褥子，西头放着条旧棉被，东头有一个白皮箱，箱上摆着各种书刊。

紧靠床铺的东壁下，是一张三屉桌，桌上一盏煤油灯：白色透明的灯罩，蓝色玻璃底座，中号高脚，灯上加一自制的纸罩，闪着昏黄的灯光。灯下书桌右上方，放着一块方砖砚，一边刻有"大同十一年作"字样，另两边刻有花纹。砖砚上下都嵌有紫檀木盖和托。然后是茶杯、烟缸、笔架、笔筒、闹钟和一幅河北正定烧制的观音瓷像。上方挂着两幅照片：一幅是鲁迅在日本仙台医学专门学校的老师藤野先生的，戴眼镜，脸部消瘦，留着八字胡；另一幅是俄国作家安特莱夫的，显得阴冷与深沉。桌前是一把磨得发光的藤椅。

北京西三条寓所之"老虎尾巴"

西壁上挂着一副请教育部同事乔大壮书写的《离骚》诗句"望崦嵫而勿迫,恐鹈鴂之先鸣"对联,一幅水粉风景画和孙伏园弟弟孙福熙画的《山野掇石》封面画。壁下摆着两把椅子和两个茶几。一个茶几上放着石刺猬头。这刺猬头造型极为奇特,是坐在一个莲花上的,估计是一个佛像改制的,因为刺猬是不会坐莲花的,是用来压平石刻拓片的,另外还有几件修书工具。

南墙书架中格永远放着日用药品,有兜安氏霍乱吐泻药水,兜安氏止痛药水、十滴水等,都在永远不变的位置放着,下一格则放的是点心罐和一个福建漆的八角朝珠盒,是装蛋糕之类的,以及一个装花生用的洋铁筒。有客人的时候,主人常常从那里取出点心来请客,或者写文章到深夜肚子饿的时候取出点心当夜宵。屋里的东西非常整齐,什么东西都有一定的位置。主人工作台的中间抽屉内有一块假的银圆,永远放在一个小纸盒内,遇到假钱,一定把它撕成两片丢进火炉。纸字篓不扔果皮或花生之类,如果别人丢进去了,也会被重新取出来。

煤油灯光下,鲁迅斜躺在铺板上,头靠住白皮箱,一边吸烟,一边沉思。他一身旧衣,裤子膝盖上有两个膏药般的补丁。小屋里充满了浓郁、微香的烟味儿。

28. 鲁迅的母亲——鲁瑞

鲁迅斜倚在床铺上构思文章的时候，北房东间里，他的母亲——鲁瑞也斜躺在三面都有床栏的精致的大木床上，在煤油灯下看旧小说，背后有一个三尺见方的靠背枕头。床是从绍兴老家带来的，枕套是砖塔胡同的小邻居俞芳和三妹合绣的，用彩色线在白布上绣了四个孩子，象征着鲁瑞有四个孩子。虽然针线不太好看，俞芳姐妹谦称太丑，作为太师母的鲁瑞却不嫌弃，欣然接受了，并且马上使用。她心知

鲁瑞

俞芳姐妹是在抚慰她失去丈夫又接着失去四子椿寿的伤痛，每看见挂在吃饭间饭桌前墙上的椿寿画像，她心里就像针刺一样痛。俞芳来时看到，总要跟她靠得紧紧的，轻轻抚摩她的腰背。多懂事的孩子啊！可惜很小就没有了姆娘。

鲁瑞是位很不平凡的人。老大樟寿最反对女人缠足，一看见女孩子一瘸一拐地在明堂里走来走去，就十分难过，总要对女孩们的父亲说："还要缠足吗？外面都提倡天足了！快把她们的足放了吧！"这些父亲听了这话，真好比碰到了瘟疫或毒蛇，总是回答："女人不缠足，还像什么女人呢？"或者说："女人总是缠足的，大脚女人有谁要？"鲁瑞却不这样想，1903年正在日本留学的老大曾写信回来主张放足，她立即用热水和醋浸脚，用棉花把脚趾隔开。被邻居骂为"尼姑婆"，她也不去理会。周伯文听说后到处宣扬，说放大了脚，是要去嫁给外国鬼子。鲁

瑞知道了也不找伯文评理，只是冷冷地说道："可不是吗，这倒真是很难说的呀！"她没有正式读过书，可是靠自修达到能够看书的程度。她幼小的时候，她的兄弟读书，老师上课时，她站在旁边听课将近一年。以后，家里不准她听课了。她就自己找些书看，遇到不认识的字，就问别人。由于她好学，又有毅力，不但能看章回小说，还能看报。她记忆力很强，平时看过的书很多，举凡《三国志》《三国演义》《红楼梦》《水浒传》《官场现形记》《西游记》《镜花缘》等书，不知看过多少遍，常常讲给孩子们听，讲得有声有色。每当手边没有合适的书可看时，她就把这些书中的一部分拿出来再看一遍，用她自己的话说，叫作"炒冷饭头"。到北京后，鲁瑞每天看好几份报，很关心时事。她老人家看了报，还要提出问题和大家讨论。

1924年4月16日，张恨水开始在《世界晚报·夜光》副刊上连载章回小说《春明外史》，她就千方百计找来看，一期不落。

她对书籍很爱护，看完了，一部部整整齐齐地放在她的书箱里。记得她当时有四个装书的小木箱，每到夏天，太师母就找人给她晒书、整理书。

鲁迅也根据母亲的爱好买来许多小说，并说："老太太看书，多偏于才子佳人一类的故事。她又过于动感情，其结局太悲惨的，她看了还会难过几天，有些缺少才子佳人的书，她又不高兴看。"《呐喊》出版后，章衣萍夫人吴曙天女士将《呐喊》给老太太看，而且在老太太面前，指明《故乡》一篇特别好，老太太马上戴上眼镜，去读《故乡》，《故乡》一读完，原书交还吴女士。还说："没啥好看，我们乡间，也有这样事情，这怎么也可以算小说呢？"说得在座的人都笑了。因为老太太不知《故乡》就是她儿子写的。虽然老太太在读书的意见上，对于儿子似乎没有影响，但实际上，影响是大极了，鲁迅自己就讲过这样的话："因为老太太要看书，我不得不到处搜集小说，又因为老太太记性好，改头换面的东西，她一看，就讲出来，说什么书是相同的，使我晓得，许多书来源同改装。"

鲁迅的《中国小说史略》《小说旧闻钞》《唐宋传奇》，都是在这一影响下，而研究、整理，最后公诸社会的。因为老太太对她儿子的爱护及影响，在鲁迅自己，对于母亲，亦是百依百从，虽然在思想上，母子是相离太远了，但鲁迅对于家事，多半还是依了老太太的主张。

鲁瑞一边看书，一边想心事。最让她纳闷、烦心的是老大与老二兄弟失和。她对俞芳姐妹说过："你们大先生和二先生的不和，完全是老二的过错，你们大先生没有亏待他们。现在他们住的八道湾的房子，是你们大先生亲自买进，亲自设计改建，是他亲自把我们一家老小接到北京来的，现在他倒反而没份住，老实说，我想起来都替他心酸……"

29.《野草》之一《秋夜》的诞生

1924年6月30日，鲁迅与钱玄同、孙伏园在广和居聚宴后，7月7日就在孙伏园等十余人陪伴下去往西安。原本打算为写作长篇历史小说《杨贵妃》做准备，但火车、水上一路颠簸，极尽辛苦，好不容易到了西安，看到的却是灰土飞扬的街道，连天空都不像唐朝的天空，费尽心机幻想描绘出的计划被完全打破了，一个字也写不出。8月12日夜半，结束为期三十六天的陕西之行抵京，回到刚建好不久的西三条"老虎尾巴"里，倒更加觉得这个自己精心设计、建造的小天地最为安好。而陕西的朋友们终归是热情好客、忠实朴厚的，就给"易俗社"和西北大学的朋友寄去了《呐喊》《中国小说史略》《桃色的云》等自己的著作以兹纪念，绝了创作《杨贵妃》之念。

29.《野草》之一《秋夜》的诞生

"五四"文学革命的热情消退了,《新青年》的团体散掉了,有的高升,有的退隐,有的前进,他又经验了一回同一战阵中的伙伴的变化,自己落得一个"作家"的头衔,依然在"沙漠"中走来走去,不过已经逃不出在散漫的刊物上写些文字,叫作随便谈谈。但总要与所谓的"正人君子们"对阵,真有点儿"两间余一卒,荷戟独彷徨"的味道。晚上,几位爱好文学的青年来到"老虎尾巴"七嘴八舌地谈过好一阵,走了。女佣王妈打扫了屋子,撮走一堆烟头,他就习惯地斜倚在床铺上,构思起文章。

该写些什么呢?耽误的时间太多了。他请乔大壮书写"望崦嵫而勿迫,恐鹈鴂之先鸣",就是为了督促自己抓紧时日努力写作的。

散漫的思绪中,耳畔不时传响着新文学运动以来越来越强烈的呼声:"诗的要素,决不在有韵无韵","诗趣满中"才能"所以为美",而"非仅赖其声调言辞"……波特莱尔、屠格涅夫、裴多菲和自己喜欢而且亲自翻译的尼采《察拉图斯忒拉的序言》、盲诗人爱罗先珂的童话诗《桃色的云》那充满诗美的佳辞丽句,特别是青年时代痴迷的日本作家夏目漱石那绮丽吊诡的《梦十夜》,不断从心中浮起。借着月光,从后窗看到后院两棵直挺的枣树,玻璃上丁丁地响,有许多飞虫乱撞……

鲁迅霍然站起,心想何不在散文诗这个新的领域一试手笔呢?几年前写过一组《自言自语》,以现在的境界看,技术上实在太简陋直白了,何不婉曲、含蓄,诗美更浓些呢?自己的苦闷,大半生做的苦梦,只能升华为诗才能得到些许慰藉。总题叫什么呢?十余年来总在梦中出现的荒原又在眼前浮动——在大荒原上不停歇地走着,走着,脚下是一望无际的野草……倏然间,一个词闪过脑际——野草。"呵!就叫《野草》吧!太好啦!"心里不住念叨。

他激动不已,点了一支烟,从床东头的白皮箱上的书刊中,拿出了始终放在身边案头的《察拉图斯忒拉的序言》,这是他亲自翻译的尼采的著作。曾经译过两次,第一次是用文言译的,第二次是用白话译的,刊登在1920年9月1日《新潮》第二、第五号上。杂志都已经被他翻阅得很旧了,但理得却很平整。不时翻开读读,有些段落几能背诵:

> 察拉图斯忒拉三十岁的时候,他离了他的乡里和他乡里的湖,并且走到山间。他在那里受用他的精神和他的孤寂,十年没有倦。但他的心终于变了……

鲁迅又点了一支烟,深深吸了一口,缓步走过中堂,出房门来到院里,右拐,西墙夹道上有一小门,进门再右拐,就到了后园。东墙外的两株枣树笔直地矗立在眼前,园中间有一口小井,周围长着青杨、刺梅、碧桃、花椒和各种各样的野花野草。他似乎觉得那笔直的两株枣树,很像察拉图斯忒拉式的"超人"。他自己就要像察拉图斯忒拉下山一样,开始一种尼采式的新写作……

他仰望夜的天空,奇怪而高,觉得生平没有见过这样的天空。他仿佛要离开人间而去,使人们仰面不再看见。然而现在却非常之蓝,闪闪地眨着几十个星星的眼,冷眼。他的口角上现出微笑,觉得那些星星似乎自以为大有深意,而将繁霜洒在园里的野花草上。

鲁迅望着夜空和花草,浮想联翩……

忽而听到夜半的笑声,吃吃地,似乎不愿意惊动睡着的人,然而四围的空气都应和着笑。夜半,没有别的人,即刻听出这声音就在自己嘴里,自己也即刻被这笑声所驱逐,回进自己的房。灯火的带子也即刻被旋高了。屋里亮了起来。

鲁迅掐掉烟,往桌前的藤椅上一坐,挺直腰板,铺开稿纸,拿过"金不换"毛笔,打开墨盒,捺了捺笔尖,在稿纸上写下《野草》之一:

秋夜

在我的后园，可以看见墙外有两株树，一株是枣树，还有一株也是枣树。

……

写得有些疲倦，正想偷懒时，仰面在灯光中瞥见藤野先生黑瘦的面庞，似乎正要说出抑扬顿挫的话来，便使他增加勇气了，于是点上一支烟，继续写下去：

后窗的玻璃上丁丁地响，还有许多小飞虫乱撞。不多久，几个进来了，许是从窗纸的破孔进来的。他们一进来，又在玻璃的灯罩上撞得丁丁地响。一个从上面撞进去了，他于是遇到火，而且我以为这火是真的。两三个却休息在灯的纸罩上喘气。那罩是昨晚新换的罩，雪白的纸，折出波浪纹的叠痕，一角还画出一枝猩红色的栀子。

猩红的栀子开花时，枣树又要做小粉红花的梦，青葱地弯成弧形了……。我又听到夜半的笑声；我赶紧砍断我的心绪，看那老在白纸罩上的小青虫，头大尾小，向日葵子似的，只有半粒小麦那么大，遍身的颜色苍翠得可爱，可怜。

我打一个呵欠，点起一支纸烟，喷出烟来，对着灯默默地敬奠这些苍翠精致的英雄们。

30.《语丝》的创办

旧去新来。孙伏园时时请求鲁迅代《晨报副刊》写文章，所以鲁迅在

1924年10月里，写了一首讽刺当时盛行的"阿呀阿唷，我要死了！"的失恋诗。题为《我的失恋》，以"某生者"署名，寄给伏园了，伏园是认识先生的笔迹的，虽以"某生者"名字出现，他还是晓得是谁写的，便立刻发排于副刊。可是，一位留学生，名叫刘勉己，当时刚刚荣任《晨报》总编辑之职，在不满意于副刊的借口下，待伏园发过稿子走后，跑到排字房检查副刊的稿子了。恰巧就看见鲁迅以"某生者"笔名写的那篇《我的失恋》诗，于是他以"不成东西"为理由，不得伏园同意，就将那篇稿子抽掉了。于是孙伏园气愤地跑到鲁迅那里说："我辞职了。可恶！"这篇《我的失恋》，1924年12月8日发表于《语丝》周刊第四期。

不久，《京报》主编邵飘萍先生，听说孙伏园离开《晨报》了，很想请孙伏园到《京报》创办一个副刊。鲁迅力成其事，荆有麟就同孙伏园一起赶到京报馆，与邵飘萍谈过办法、薪俸、稿费等条件，1924年12月8日，《京报副刊》即在孙伏园主持下与读者见面了。由出版之日起，《京报》的读者，就开始增加。一天比一天多，最多的一天增加了两千份以上的订户，印刷所加工了，送报的加人了。邵飘萍一次对荆有麟讲：印刷工人和发行部人，竟发出怨言，说："这样下去，怎么得了呢？"从中倒可以看出，《京报副刊》影响之大了。而产生影响的主要原因是广大青年要看鲁迅的文章，因而纷纷订阅《京报》。鲁迅也没有使青年人失望，自《京报副刊》发刊后，鲁迅对于时事及学术、社会、文艺各方面，都有文章发出。而最引起广泛注意并得到各种反响的，是青年必读书问题，翻译问题，女师大风潮事件，开封铁塔强奸事件等，这些都是鲁迅在《京报副刊》上发表锋利的短评后才引起注意的。当时在《京报副刊》上，鲁迅除译荷兰的短篇，日本的短篇之外，还以《咬文嚼字》为题，以《忽然想到》为题，以《并非闲话》为题，发表过二十多篇文章，特别是《忽然想到》，竟写过十一次之多。对于中国的政治问题，考古问题，创作问题，

30. 《语丝》的创办

社会改良问题……都表示过独到的见解。

因为有鲁迅的热心支持,再加上当时在文艺界很享盛名的周作人等也都常有文章发表,《京报副刊》便风靡北方,"纸贵洛阳"。孙伏园"副刊大王"的称号叫得更响了。这使《晨报》颇受些打击,找孙伏园来说和,孙伏园得意地以胜利者的笑容拒绝了。这样,《晨报》只好请诗人徐志摩来接编。

孙伏园辞去《晨报副刊》职务还没有接编《京报副刊》的间隙,第一感觉到的,就是非弄个事情做做不可。第二是,常写文章的人,忽然没有合适的发表地方,也有些不舒服。因为当时的北京,杂志是意外地少,《努力周报》,是胡适发表政论的机关杂志,刚出版的《现代评论》,又是有政府靠山的宣传机关。至于报章,虽然已经都有了副刊,但《顺天时报副刊》,是为日本而说话的,《黄报副刊》,就是专登那"阿呀阿唷,我要死了!"的发源地。闹得当时原在《晨报副刊》上发表作品的人,简直没有插足的地方了,于是本来闲不住的孙伏园,在打听过报纸四开大的刊物,如印一千份,纸张印刷总共不过十元钱,于是便提议要自办刊物了,鲁迅自然答应愿意竭力"呐喊"。至于投稿者,倒全是孙伏园独力邀来的,记得是十六人,不过后来也并非都有投稿。于是印了广告,到各处张贴,分散,大约又一星期,一张小小的周刊便在北京——尤其是大学附近——出现了。这便是《语丝》。这名目的来源,是周作人等几个人聚集商议时,从顾颉刚携带的一本书《我们的七月》中,任意翻开,用指头点下去,那被点到的字,便是名称。是一次便得了《语丝》的名,还是点了好几次,而曾将不像名称的废去,就不得而知了。但即此已可知这刊物本无所谓一定的目标,统一的战线;那十六个投稿者,意见态度也各不相同。

那十六人是:孙伏园、周作人、鲁迅、李小峰、钱玄同、刘半农、章衣萍、章川岛、魏建功、许钦文、顾颉刚、王品青、林语堂、江绍原、俞平伯、张定璜。其中，写稿最多的，要算周作人与鲁迅了。

31. 许广平印象

许广平，字漱园，幼名霞。1898年2月12日出生于广州世代官宦的许氏家族，父亲许炳橒依照许氏家族的男性辈分排名，给她起名许崇媖。她父亲在广平出生后不久，在一次酒宴上，喝得酩酊大醉，与人"碰杯为婚"，将广平许配给一家姓马的土财主。十二三岁时，广平知道了父亲"碰杯为婚"的荒唐事，她表示坚决反抗。马家来人，她就冲出去。马家给她包银，她连纸带银都扔到地上。父亲申斥她，她宁死不屈。后来广平逐渐明白只有独立工作，自立生活，才能不受别人摆布。所以学习更加勤奋，一心想早日自立于社会！

1915年，袁世凯窃国称帝，全国各地起而反袁护国。广平热血沸腾，这时她已经立志到外边求学，绝对不能在家闭守了。因不满"媖"字带着"女"字偏旁，就向已经病重的父亲请求另取名字，父亲又给她取名为"广平"，意为广东太平。于是，"许崇媖"就成了"许广平"了。

1917年，父亲重病身亡，马家一定要把广平娶回家。这时，二哥许崇欢从北京回家奔丧帮助她解除了婚约。广平得到天津姑母的资助，以优异成绩考取了直隶省立第一女子师范学校预科，奋志苦读，第二年即考入直隶省立第一女子师范学校本科，并获得公费。

1922年考入国立北京女子高等师范学校国文系。入学不久，就参与了学生自治会活动，成为总干事。

1924年11月，国文系预科学生三人因战事受阻晚到两个月，杨荫榆勒令她们退学。1925年1月18日，女师大学生会召开紧急会议，发起驱

"羊"运动。2月1日又在中山公园开茶话会招待新闻记者,散发第二次驱杨宣言。2月9日,一面致函杨荫榆,促其离校;一面致函全体教职员,请求照常上课,提出组织临时校务维持会。而杨荫榆则以"'留学''留堂',毕业后留本校任职"等诱饵收买学生,一时间蝇营狗苟之徒趋之若鹜,驱"羊"运动也就消沉下来。广平感到无比的苦闷。终于,提笔给鲁迅先生写下第一封信[①]:

鲁迅先生:

现在执笔写信给你的:是一个受了你快要两年的教训,是每星期翘盼着希有的,每星期三十多点钟中一点钟小说史听讲的,是当你授课时,坐在头一排的坐位,每每忘形地直率地凭其相同的刚决的言语,在听讲时好发言的一个小学生:他有许多怀疑而愤懑不平的久蓄于中的话,这时许是按抑不住吧,所以向先生陈诉。

…………

……五四以后的青年是很可以悲观痛哭的了!在无可救药的赤火红红的气焰之下,先生!你是放下书包,洁身远引的时候,是可以"立地成佛"的!然而先生!你在仰首吸那卷一丝丝醉人的黄叶喷出一缕缕香雾迷漫时,先生!你也垂怜、注意、想及有在蛋盆中展转待拔的么?先生,他自信他自己是一个刚率的人,他也更相信先生比他更刚率十二万分的人,因为有这点点小同,他对于先生是尽量地质言的,是希望先生收录他作个无时、地界限的指南诱导的!先生!你可允许他?

苦闷之果是最难尝的,虽然食过苦果之后有一点回甘,

[①] 以下鲁迅与许广平的通信都依据《两地书真迹(原信 手稿)》,上海古籍出版社,1996年1月出版。

然而苦的成分大量了,也容易抹煞甘的部分,在饮过苦茶之后,细细的吮吮嘴唇皮。虽然有些儿甘香,但总不能引起人好食苦茶——药——的兴味……先生!你能否不像章锡琛先生在《妇志》中答话的那样模糊,而给我一个真切的明白的引导。

现在的青年的确一日日的堕入九层地狱了!或者我也是其中之一,虽然每星期中一小时的领教,可以快心壮气,但是危险得很呀!先生!你有否打算过救人一命,胜造七级浮屠呢!先生!你虽然很果决的平时是;但我现在希望你把果决的心意缓和一点,能够拯救得一个灵魂就先拯救一个!先生呀!他是如何的"惶急待命之至"!敬候

撰安!

谨受教的一个小学生许广平。十一,三,十四年。

广平写完信,又默读了两遍,才悄悄回到宿舍。但总是睡不着,清晨绝早起来,把信递给刚醒来的林卓凤看。林君看后同意,广平拿着信到离学校最近的邮政所去。临封口时,又把信抽出来再读一遍,在最后加了一段小字:

他虽则被人视为学生二字上应加一"女"字,但是他之不敢以小姐自居,也如同先生之不以老爷、少爷自命。因为他实在不配居小姐的身分地位。请先生不要怀疑,一笑。

然后将信细心地装进信封,写上从许羡苏那里得到的地址,封好,贴上邮票,投进邮筒里去。

可能是上天的意旨,广平早晨发出的信,鲁迅下午就收到了。不过,

31. 许广平印象

孙伏园午后冒大风带来他弟弟孙福熙的散文集《山野掇拾》五本。晚上孙伏园又和《语丝》编辑章川岛、撰稿人章衣萍一起来访，他便把信放在一边，没有拆看。

等送走众人，拆开许广平的信来看。一看开头，鲁迅眼前立时浮现出坐在头一排的那位高个头儿女学生，她每每忘形地直率、刚决地发言，早就引起他的注意了。印象中，这学生虽然并不漂亮，却很有些女侠客之风，无论到了哪里都会引人注目的。再往下看，就产生了同感："五四以后的青年是很可以悲观痛哭的了！……"是啊，"五四"文学革命的热情消退之后，自己不是又经验了一回大寂寞吗？及至读到"苦闷之果是最难尝的……现在的青年的确一日日的堕入九层地狱了！……先生！你有否打算过救人一命，胜造七级浮屠呢！先生！你虽然很果决的平时是；但我现在希望你把果决的心意缓和一点，能够拯救得一个灵魂就先拯救一个；先生呀！他是如何的'惶急待命之至'！"鲁迅也禁不住"惶急"起来，要马上"救人一命"，给这位"谨受教的一个小学生许广平"复信。

真的铺开信纸、提笔写信时，鲁迅心情又平静了。他点着一支烟，默默地吸着，沉思片刻，才悠然、从容地写起来：

广平兄：
今天收到来信，有些问题恐怕我答不出，姑且写下去看。

接着分析学风和政治状态、社会情形是相关的，"正如人身的血液一坏，体中的一部分决不能独保健康一样，教育界也不会在这样的民国里特别清高的"。

时间不长，一篇潇洒自如、幽默风趣的美文，就在红格信纸上书写完了。看上去像是件艺术品，鲁迅不无自得地欣赏着，倒在床上睡去。第二天装进信封，投进路边的信筒。

鲁迅的回信，不像许广平的来信那样投递快捷，三天后才到达广平手中。广平急切地撕开信封，打开信一看，首先被自己名字后面的"兄"字惊呆了！怎么会称"兄"？这是为什么？拿给林卓凤看，她也觉得很奇怪，建议广平回信问一问。

鲁迅3月18日给广平回第二封信，首先对"兄"做了解释：

广平兄：

　　这回要先讲"兄"字的讲义了。这是我自己制定，沿用下来的例子，就是：旧日或近来所识的朋友，旧同学而至今还在来往的，直接听讲的学生，写信的时候我都称"兄"。其余较为生疏，较需客气的，就称先生，老爷，太太，少爷，小姐，大人……之类。总之我这"兄"字的意思，不过比直呼其名略胜一等，并不如许叔重先生所说，真含有"老哥"的意义。但这些理由，只有我自己知道，则你一见而大惊力争，盖无足怪也。然而现已说明，则亦毫不为奇焉矣。

许广平3月20日收到鲁迅的第二封信，当日就回了长信。说自己明白了"兄"字的意思。并第一次以"小鬼"自称，"在先生最有用最经济的时间中，夹入我一个小鬼在中捣乱"，"小子惭愧则个"。师生二人从3月11日到4月10日一个月间，竟通信十一封，谈得越来越亲密，广平决定要去先生的"秘密窝"里"探险"了。

1925年4月12日，星期日，午后起了风沙，许广平与林卓凤一起雇了辆人力车，往阜成门内

1925年的鲁迅

西三条去。俩人在门口犹豫了一阵，广平看着新漆过的黑色门板上有一对黄铜的门环，上方有一条镶铜边的信报口，禁不住心怦怦地急跳，心想日夜盼见的尊敬的鲁迅先生就住在这儿吗？

鼓足了勇气，广平终于拍响了门环。

院里传来女佣的声音："谁？"

广平答道："找鲁迅先生。我们是他的学生。"

只听院里喊："大先生，有学生找。"

听得是鲁迅的声音："好。请进！"

鲁迅正微笑着站在北屋门口，迎接这两位不速之客的到来。广平和林卓凤赶忙跑过去，向先生鞠躬。鲁迅领着她们进了屋，过了中堂，进到一间向外伸出的房屋，幽默地说："这就是我的灰棚，'绿林书屋'是也。"

鲁迅坐到桌边的藤椅上，点了一支烟，乐开花似的说："怎么不事先打个招呼，突然袭击？"

广平和林卓凤并肩坐在大玻璃窗下的床上，听出先生是嘴上责怪，心里高兴，就打趣道："就是要让先生来个冷不防！"

鲁迅笑笑说："我是不怕突然袭击的。因为过去也跟你们说过，我当过土匪呵！清末革命运动兴盛时期，我跟革命的土匪颇有往来，土匪就是大块吃肉的。"边说边用手比画着，"你要不全部吃下去，他们就会生气，认为你是在反对他。现在也是这样啊，'正人君子'们不是骂我是什么'学匪'吗？所以我干脆把这灰棚子叫作'绿林书屋'。"

鲁迅杂着笑谈说的这话，把广平和林卓凤都逗笑了。

广平想起《秋夜》里所写的那两株枣树，就建议说："咱们到后园去看看吧！"

鲁迅立刻响应，领着她们穿过北屋西边的夹道来到后园，参观了后园，又从后园返回院内，欣赏丁香树，广平和林卓凤两位姑娘低下头闻着花香,赞不绝口。广平想起《秋夜》中的诗句,对鲁迅说道:"'这些细小的粉红花,梦见瘦的诗人将眼泪擦在她最末的花瓣上……'我们都成了'瘦的诗人'了。"

鲁迅听到别人喜欢他的作品,总是异常兴奋,笑笑,请她们再到屋里聊聊。但广平和林卓凤觉得是第一次来,又没有事先约好,是突然袭击,不便多待,就告辞了。

送走广平之后,鲁迅的心总不能平静下来。绝顶聪明的他,明白这次"突然袭击",主谋肯定是"小鬼",林卓凤不过是拉来做陪衬的。林君沉默矜持,不大说话,"小鬼"却总是不断地煽情、挑逗。鲁迅很清楚,"小鬼"是喜欢他的,第二封信不就明确表示要陪着他这个"过客"踏向荆棘,尝尝荆棘刺到足上是哪种风味吗?甚至无须把那些刺拔下来:就做后天的装饰品吗?

不知怎么,鲁迅眼前总浮现"小鬼"的身影,想挥走,却越挥越是"赖"着不走。他也总想靠近她,但总是不敢,只能到丁香花边去闻那花的清香。一闻,广平就带着浑身的香气向他贴近了,他赶快躲开,又躲不开。越躲,越想靠近;越靠近,越强迫自己躲开。她是喜欢我的,但我配得上吗?俩人相配吗?年龄相差十七岁,个头儿我矮小,她高大,旁人看了会觉得怎样?尤其中间有"障碍"——母亲给的"礼物"。这么多年了!好,好不了;弃,弃不掉。可怎么办?就这样犹豫着,对抗着,矛盾着,搞得心神不宁,陷入从未尝受的大苦闷。

32.《野草》的反响和续写

《秋夜》写于1924年9月15日,刊登在1924年12月1日《语丝》周刊第三期上,副题为《野草》之一。人们一边赞叹文笔之美,一边对

"墙外有两株树，一株是枣树，还有一株也是枣树"一句产生了疑问：说"两株枣树"就行了，为什么说"一株是枣树，还有一株也是枣树"？后来经过多年多人的品味，认为这种看来拗口重复的语句正表现了鲁迅不一般化的"奇幻峭拔"的心情，与全文情调的抑扬顿挫、委曲婉转是一致的。

《影的告别》

《秋夜》写完之后的9月24日夜里，他给一位年轻朋友写信，信中说道："我自己总觉得我的灵魂里有毒气和鬼气，我极憎恶他，想除去他，而不能。我虽然竭力遮蔽着，总还恐怕传染给别人，我之所以对于和我往来较多的人有时不免觉到悲哀者以此。"信写完，叠好，装进信封，在"老虎尾巴"里踱步，煤油灯光和从大玻璃窗透射的月光，使自己在地上拖长一个黑影，怎么都摆不脱，他躺倒在床上，黑影没有了，恍恍然进入梦中，梦见影子在对自己说话，自己无言以对。黑影憧憧，慢慢地影子变成了自己，喃喃地说着什么。他忽然梦醒，陡然起身，坐到桌前，铺开稿纸，写下《野草》之二《影的告别》。

又从睡醒时开头：

人睡到不知道时候的时候，就会有影来告别，说出那些话——

有我所不乐意的在天堂里，我不愿去；有我所不乐意的在地狱里，我不愿去；有我所不乐意的在你们将来的黄金世界里，我不愿去。

然而你就是我所不乐意的。

朋友，我不想跟随你了，我不愿住。

我不愿意！

呜乎呜乎，我不愿意，我不如彷徨于无地。

他写着影子对自己所说的话：

然而我终于彷徨于明暗之间，我不知道是黄昏还是黎明。我姑且举灰黑的手装作喝干一杯酒，我将在不知道时候的时候独自远行。

"独自远行"——是十余年时时在脑际浮现的念头，但远方究竟会是什么样呢？也可能全是黑暗。"惟黑暗和虚无才是实有"，自己又不能确定。自己的思想太黑暗了！千万不要传染给别人，尤其是年轻人。

《乞求者》

写完这个"自画像"，意犹未尽，又想起了去年春天在剥落的高墙边走路时，于灰土中遇见的求乞者，在稿纸上写下《野草》之三《求乞者》。

我顺着剥落的高墙走路，踏着松的灰土。另外有几个人，各自走路。微风起来，露在墙头的高树的枝条带着还未干枯的叶子在我头上摇动。

微风起来，四面都是灰土。

一个孩子向我求乞，也穿着夹衣，也不见得悲戚，而拦着磕头，追着哀呼。

我厌恶他的声调，态度。我憎恶他并不悲哀，近于儿戏；我烦厌他这追着哀呼。

我走路。另外有几个人各自走路。微风起来，四面都是灰土。

一个孩子向我求乞，也穿着夹衣，也不见得悲戚，但是哑的，摊开手，装着手势。

我就憎恶他这手势。而且，他或者并不哑，这不过是一种求乞的法子。

32.《野草》的反响和续写

> 我不布施,我无布施心,我但居布施者之上,给与烦腻,疑心,憎恶。
>
> 我顺着倒败的泥墙走路,断砖叠在墙缺口,墙里面没有什么。微风起来,送秋寒穿透我的夹衣;四面都是灰土。
>
> 我想着我将用什么方法求乞:发声,用怎样声调?装哑,用怎样手势?……
>
> 另外有几个人各自走路。
>
> 我将得不到布施,得不到布施心;我将得到自居于布施之上者的烦腻,疑心,憎恶。
>
> 我将用无所为和沉默求乞……
>
> 我至少将得到虚无。
>
> 微风起来,四面都是灰土。另外有几个人各自走路。
>
> 灰土,灰土,……
>
> ………………
>
> 灰土……

是的。鲁迅不想布施于人,也不想接受任何人的布施,只想独自远行,不管前面是什么?

当然,生活中有的只是苦闷懊恼,日本学者厨川白村的《苦闷的象征》不是说得很分明吗?"生命力受压抑而生的苦闷懊恼乃是文艺的根柢",鲁迅又想翻译早就熟读的日文版《苦闷的象征》。但实在太累了,天发白时,他和衣睡去……

两天后,1924年9月26日,《苦闷的象征》终于开译了。

12月8日,《影的告别》《求乞者》,作为《野草》之二、三,刊登在《语丝》周刊第四期上。

《复仇》

　　会稽乃报仇雪耻之乡。复仇的情结郁积在鲁迅心底,他念念不忘复仇,但复仇的对象不是作恶者,而是围观的看客。家乡看杀革命者头的一堆人,颈项都伸得那样长,仿佛许多鸭,被无形的手捏住了似的,向上提着。多么令人憎恶!北京的羊肉铺前常有几个人张着嘴看剥羊,仿佛颇愉快,人的牺牲能给予他们的益处,也不过如此。而况事后走不几步,他们连这一点愉快也就忘却了。群众——尤其是中国的——永远是戏剧的看客。牺牲上场,如果显得慷慨,他们就看了悲壮剧;如果显得觳觫,他们就看了滑稽剧。"对于这样的群众没有法,只好使他们无戏可看倒是疗救,正无需乎震骇一时的牺牲,不如深沉的韧性的战斗。"(《娜拉走后怎样》)

　　子夜醒来,鲁迅伏桌拾来了《野草》之五:

复　　仇

　　……

　　……他们俩裸着全身,捏着利刃,对立于广漠的旷野之上。

　　他们俩将要拥抱,将要杀戮……

　　路人们从四面奔来,密密层层地,如槐蚕爬上墙壁,如马蚁要扛鲞头。衣服都漂亮,手倒空的。然而从四面奔来,而且拼命地伸长颈子,要赏鉴这拥抱或杀戮。他们已经豫觉着事后的自己的舌上的汗或血的鲜味。

　　然而他们俩对立着,在广漠的旷野之上,裸着全身,捏着利刃,然而也不拥抱,也不杀戮,而且也不见有拥抱或杀戮之意。

　　他们俩这样地至于永久,圆活的身体,已将干枯,然而毫不见有拥抱或杀戮之意。

路人们于是乎无聊；觉得有无聊钻进他们的毛孔，觉得有无聊从他们自己的心中由毛孔钻出，爬满旷野，又钻进别人的毛孔中。他们于是觉得喉舌干燥，脖子也乏了；终至于面面相觑，慢慢走散；甚而至于居然觉得干枯到失了生趣。

于是只剩下广漠的旷野，而他们俩在其间裸着全身，捏着利刃，干枯地立着；以死人似的眼光，赏鉴这路人们的干枯，无血的大戮，而永远沉浸于生命的飞扬的极致的大欢喜中。

使看客们无戏可看，这真是对这群无聊看客最好的报复。鲁迅痛快地微笑了，他很久没有这样痛快了，点了一支烟，深吸一口，吐出一股烟雾，意犹未尽，想起了《新约》里耶稣被杀的圣经故事，又提笔写下《野草》之六：

复仇（其二）

因为他自以为神之子，以色列的王，所以去钉十字架。

兵丁们给他穿上紫袍，戴上荆冠，庆贺他；又拿一根苇子打他的头，吐他，屈膝拜他；戏弄完了，就给他脱了紫袍，仍穿他自己的衣服。

看哪，他们打他的头，吐他，拜他……

他不肯喝那用没药调和的酒，要分明地玩味以色列人怎样对付他们的神之子，而且较永久地悲悯他们的前途，然而仇恨他们的现在。

四面都是敌意，可悲悯的，可咒诅的。

丁丁地响，钉尖从掌心穿透，他们要钉杀他们的神之子了，可悯的人们呵，使他痛得柔和。丁丁地响，钉尖从脚背穿透，钉碎了一块骨,痛楚也透到心髓中,然而他们自己钉杀着他们的神之子了,可咒诅的人们呵,这使他痛得舒服。

十字架竖起来了;他悬在虚空中。

他没有喝那用没药调和的酒,要分明地玩味以色列人怎样对付他们的神之子,而且较永久地悲悯他们的前途,然而仇恨他们的现在。

路人都辱骂他,祭司长和文士也戏弄他,和他同钉的两个强盗也讥诮他。

看哪,和他同钉的……

四面都是敌意,可悲悯的,可咒诅的。

他在手足的痛楚中,玩味着可悯的人们的钉杀神之子的悲哀和可咒诅的人们要钉杀神之子,而神之子就要被钉杀了的欢喜。突然间,碎骨的大痛楚透到心髓了,他即沉酣于大欢喜和大悲悯中。

他腹部波动了,悲悯和咒诅的痛楚的波。

遍地都黑暗了。

"以罗伊,以罗伊,拉马撒巴各大尼?!"(翻出来,就是:我的上帝,你为甚么离弃我?!)

上帝离弃了他,他终于还是一个"人之子";然而以色列人连"人之子"都钉杀了。

钉杀了"人之子"的人们的身上,比钉杀了"神之子"的尤其血污,血腥。

是呵,"人之子"才是真实的,立在现实中的,比"神之子"更伟大。然而,被他为之献身的同类所杀,又是多么痛苦!杀他的同类,又是多么可恶、可悲!所以,他不肯喝那用没药调和的酒,要分明地玩味这些人怎样对付他们"人之子",而且较永久地悲悯他们的前途,然而仇恨他们的现在。因为钉杀了"人之子"的人们的身上,比钉杀了"神之子"的尤其血污,血腥。

这两篇《复仇》,刊于1924年12月29日的《语丝》周刊第七期,分别排为《野草》之五和之六。

《希望》

起初,《语丝》没有稿酬,后来略有盈余,大家便每月在饭馆吃一次饭。后来,鲁迅又推荐了许钦文、许羡苏兄妹和俞芬三姐妹。

饭前,俞芬说道:"我一向胸无大志,毕业后能凑合有口饭吃,两个妹妹饿不着,就满足了。"

许羡苏接过话说:"可不是吗!凑合有口饭吃,有个地住,就不错啦,还求什么呀?"

鲁迅不禁摇了摇头。

吃完饭,大家又往中天看电影,晚上鲁迅才回到他的"老虎尾巴"。

他忽然感到无边的寂寞,五四时期青年们那股澎湃的热情又浮现在脑际。

那时的热烈,更衬托出现在青年的消沉。即使"超人"有些渺茫,也不是人人都能当,但甘心做混日子的"末人"终归是不可取的。"寂寞新文苑,平安旧战场;两间余一卒,荷戟独彷徨。"他沉沉睡去,夜半醒来,忽有所悟,起身铺开稿纸,提笔写下:

希　　望

我的心分外地寂寞。

…………

……绝望之为虚妄,正与希望相同!

这篇《希望》，1925年1月19日发表在《语丝》周刊第十期。排为《野草》之七。

《雪》

内心的感受是刻骨铭心的，外界的自然风景又是激发诗情的。1924年12月30日，北京下了一场大雪，鲁迅在这天日记里写道："大风吹雪盈空际"，禁不住忆起少年时寄居在娱园时的那场难忘的南国的雪，与这北国的雪对比着，十九天之后，即1925年1月18日，鲁迅写了《雪》，想象自己作为孤独的精魂，在无边的旷野上，凛冽的天宇下，闪闪地旋转升腾，永远如粉，如沙，决不粘连，看着雪人堆好之后的不断消逝，走向寂灭，向死而生……

作为《野草》之八，《雪》发表在1925年1月26日《语丝》周刊第十一期上。

《风筝》

"北京的冬季，地上还有积雪，灰黑色的秃树枝丫叉于晴朗的天空中，而远处有一二风筝浮动"，孤独、寂寞中的鲁迅，忽然感到一种惊异和悲哀。

他想起故乡的风筝时节，春二月，那沙沙的风轮声和那淡墨色的蟹风筝或嫩蓝色的蜈蚣风筝，还有寂寞的瓦片风筝来了；想起自己呆看着空中出神的小兄弟来了，也想起当自己闯进小屋时，小兄弟惊惶地站起来，失了色瑟缩着的可怜表情和自己踩坏小兄弟苦心制作的蝴蝶风筝竹骨的傲然姿态，心中的惩罚终于到来了，他愧疚自己当时的家长式的专制作风，心也仿佛同时变了铅块，很重很重地堕下去了。

他苦想着补过的方法：送他风筝，赞成他放，劝他放，和他一同放。嚷着，跑着，笑着。——然而小兄弟其时已经和他一样，早已有了胡子了。他也知道还有一个补过的方法的：去讨他的宽恕，等他说，"我可是毫不怪你呵"。

那么，自己的心一定就轻松了，这确是一个可行的方法。小兄弟1919年合家从绍兴迁居到北京八道湾时，见兄弟脸上和自己一样，都已添刻了许多"生"的辛苦的条纹，心情都很沉重。他们渐渐谈起儿时的旧事来，他便叙述到这一节，自说少年时代的糊涂。"我可是毫不怪你呵。"他想，兄弟要说了，自己也即刻便受了宽恕，心从此也宽松了吧。

"有过这样的事吗？"兄弟惊异地笑着说，就像旁听着别人的故事一样。

他什么也不记得了。

全然忘却，毫无怨恨，又有什么宽恕可言呢？无怨的恕，说谎罢了。

还能希求什么呢？自己的心只得沉重着。

鲁迅感慨着逝去的儿时的回忆，同时也带着无可把握的悲哀。他觉得倒不如躲到肃杀的严冬中去吧，但是，四面又明明是严冬，正给他非常的寒威和冷气。

不管事情是否真如兄弟所说的："有过这样的事吗？"鲁迅还是深深感到自己心灵中深入骨髓的苍老与虚无以及沉重的愧疚与自责……

1925年1月24日，鲁迅写下了《野草》之九《风筝》，发表在1925年2月2日《语丝》周刊第十二期。

《好的故事》

故乡的山水总时时在心中浮现，1925年1月28日，大年初五，夜里"打一个盹"醒来，鲁迅坐在椅子上在灯下看《初学记》。

灯火渐渐地缩小了,在预告石油已经不多;石油又不是老牌,早熏得灯罩很昏暗。鞭炮的繁响在四近,烟草的烟雾在身边:是昏沉的夜。

他闭了眼睛,向后一仰,靠在椅背上,捏着《初学记》的手搁在膝髁上。

他在蒙眬中,看见一个好的故事。这故事很美丽,幽雅,有趣。许多美的人和美的事,错综起来像一天云锦,而且万颗奔星似的飞动着,同时又展开去,以至于无穷。

他仿佛记得曾坐小船经过山阴道:

两岸边的乌桕,新禾,野花,鸡,狗,丛树和枯树,茅屋,塔,伽蓝,农夫和村妇,村女,晒着的衣裳,和尚,蓑笠,天,云,竹,……都倒影在澄碧的小河中,随着每一打桨,各各夹带了闪烁的日光,并水里的萍藻游鱼,一同荡漾。诸影诸物,无不解散,而且摇动,扩大,互相融和;刚一融和,却又退缩,复近于原形。边缘都参差如夏云头,镶着日光,发出水银色焰。凡是我所经过的河,都是如此。

……水中的青天的底子,一切事物统在上面交错,织成一篇,永是生动,永是展开,我看不见这一篇的结束。

河边枯柳树下的几株瘦削的一丈红,该是村女种的罢。大红花和斑红花,都在水里面浮动,忽而碎散,拉长了,如缕缕的胭脂水,然而没有晕。茅屋,狗,塔,村女,云,……也都浮动着。大红花一朵朵全被拉长了,这时是泼剌奔进的红锦带。带织入狗中,狗织入白云中,白云织入村女中……。在一瞬间,他们又将退缩了。但斑红花影也已碎散,伸长,就要织进塔,村女,狗,茅屋,云里去。

他所见的故事清晰起来了,美丽,幽雅,有趣,而且分明。青天上面,有无数美的人和美的事,他一一看见,一一知道。

他正要凝视他们时,骤然一惊,睁开眼,云锦也已皱蹙,凌乱,仿佛有谁掷一块大石下河水中,水波陡然起立,将整篇的影子撕成片片了。他无意识地赶忙捏住几乎坠地的《初学记》,眼前还剩着几点虹霓色的碎影。

他真爱这一篇好的故事,趁碎影还在,要追回它,完成它,留下它。他抛了书,欠身伸手去取笔——何尝有一丝碎影,只见昏暗的灯光,他不在小船里了。

但他总记得见过这一篇好的故事,在昏沉的夜……

他自己也感觉到汉语言文字在他手中越来越精微、灵验、委婉曲折、富于色彩了,可以描写出所有想写的物形,抒发想表达的情思,从容地铺开稿纸,提笔写下《野草》之十《好的故事》。

这篇故事发表在1925年2月9日《语丝》周刊第十三期上。

回忆着这十株"野草",一条贯串的线索在鲁迅心中更加明朗了——"独自远行",不愿去天堂,也不乐意去地狱,更不愿去有些人许愿的所谓"黄金世界";"不想布施于人,也不想接受任何人的布施",只是不断地反省着改正着自己,孤独地不停地走,"好的梦"破碎了,也不停歇,只将"生命力受压抑而生的苦闷懊恼"升华为文学……

《过客》

鲁迅说过"他的哲学都包括在他的《野草》里面",而又属篇幅最长的《过客》最为集中。

《过客》的构思已经酝酿近十年了。他1923年12月到女师大讲《娜拉走后怎样》时,说过一段话:欧洲有一个传说,耶稣去钉十字架时,休息在补鞋匠阿哈斯瓦尔的檐下,阿哈斯瓦尔不准他,于是被咒诅,使他永世不得休息，直到末日裁判的时候。阿哈斯瓦尔从此就歇不下，只是走，现在还在走。走是苦的，安息是乐的，他何以不安息呢？虽说背着咒诅，可是大约总该是觉得走比安息还适意，所以始终狂走的吧。鲁迅觉得自己不会做阿哈斯瓦尔那样的事，但是也总是走，从来歇不下。

1924 年 9 月 22 日，鲁迅开译《苦闷的象征》，10 月 10 日就译完了，年底作为"未名丛刊"之一出版。封面设计出自陶元庆之手，毛边本。12 月 3 日陶元庆、许钦文来访，鲁迅看到陶元庆所作的封面稿样后，高兴地连声说："很好，很好！"译完《苦闷的象征》之后不几天，鲁迅又接着译厨川白村的论文集《出了象牙之塔》，1925 年 2 月 18 日译完。最后一章"十六、尚早论"中有这样的话："不淹，即不会游泳。不试去冲撞墙壁，即不会发现出路。在暗中静思默坐，也许是安全第一罢，但这样子，岂不是即使经过多少年，也不能走到光明的世界去的么？不是彻底地误了的人，也不能彻底地悟。""俗语说，穷则通，在动作和前进，生命力都不够者，固然不会走到穷的地步去，但因此也不会通。是用因袭和姑息来固结住，走着安全第一的路的，所以教人不可耐。"读着这些话，鲁迅更加感到不管前面的结果怎样，无论如何总须前进，总须走！只是在暗中静思默坐，唯求安全第一，只能被因袭和姑息来固结住。

他又读到日本作家伊东干夫的一首诗《我独自行走》，心中默默译道：

我的行走的路，
险的呢，平的呢？
一天之后就完，
还是百年的未来才了呢，
我没有思想过。

32. 《野草》的反响和续写

暗也罢，

险也罢，

总归是非走不可的路呵。

我独自行走，

沉默着，橐橐地行走。

即使讨厌，

这也好罢。

即使破坏，

这也好罢。

哭着，

怒着，

狂着，

笑着。

都随意罢！

厌世呀，发狂呀，

自杀呀，无产阶级呀，

在我旁边行走着。

但是，我行走着，

现今也还在行走着。

由这首诗想到"影"曾向自己告别道："我将在不知道时候的时候独自远行。"既不想布施于人，也不想接受任何人的布施，只想独自远行，不管前面是什么？只是不断地反省着改正着自己，孤独地不停地走，"好的梦"破碎了，也不停歇，鲁迅站起身，坐到藤椅上，铺开稿纸，写下《野草》之十一《过客》。

他仿佛看见自己走上了茫茫荒原，"约三四十岁，状态困顿倔强，眼光阴沉，黑须，乱发，黑色短衣裤皆破碎，赤足著破鞋，胁下挂一个口袋，支着等身的竹杖"。

噢，只是一个人独自行走还不成，要与人对话，说出自己的心声。设想遇到两个人吧！一个是老翁——约七十岁，白须发，黑长袍。另一个是女孩——约十岁，紫发，乌眼珠，白地黑方格长衫。

应该是什么场景呢？

荒原上，"东，是几株杂树和瓦砾；西，是荒凉破败的丛葬；其间有一条似路非路的痕迹。一间小土屋向这痕迹开着一扇门；门侧有一段枯树根"。

自己这位"过客"，是走向"坟"的，所以"西，是荒凉破败的丛葬"，再往西是落去的太阳。

鲁迅在《故乡》结尾说过："希望本是无所谓有，无所谓无的。这正如地上的路；其实地上本没有路，走的人多了，也便成了路。"现在面临的是不是路谁也不敢确定，因为走的人太少了，因而就写着"一条似路非路的痕迹"吧！

> 老翁和女孩准备回屋时，看见过客了——
> （女孩正要将坐在树根上的老翁挽起。）
> 翁——孩子。喂，孩子！怎么不动了呢？
> 孩——（向东望着，）有谁走来了，看一看罢。
> 翁——不用看他。扶我进去罢。太阳要下去了。
> 孩——我，——看一看。
> 翁——唉，你这孩子！天天看见天，看见土，看见风，还不

够好看么？什么也不比这些好看。你偏是要看谁。太阳下去时候出现的东西，不会给你什么好处的。……还是进去罢。

孩——可是，已经近来了。阿阿，是一个乞丐。

翁——乞丐？不见得罢。

（过客从东面的杂树间跄踉走出，暂时踌躇之后，慢慢地走近老翁去。）

客——老丈，你晚上好？

翁——阿，好！托福。你好？

客——老丈，我实在冒昧，我想在你那里讨一杯水喝。我走得渴极了。这地方又没有一个池塘，一个水洼。

翁——唔，可以可以。你请坐罢。（向女孩）孩子，你拿水来，杯子要洗干净。

（女孩默默地走进土屋去。）

老翁与过客，开始第一场对话。说什么呢？只能是人生本原的三个哲学问题："你是谁？""你从哪里来？""要到哪里去？"

翁——客官，你请坐。你是怎么称呼的。

客——称呼？——我不知道。从我还能记得的时候起，我就只一个人。我不知道我本来叫什么。我一路走，有时人们也随便称呼我，各式各样地，我也记不清楚了，况且相同的称呼也没有听到过第二回。

翁——阿阿。那么，你是从那里来的呢？

客——（略略迟疑，）我不知道。从我还能记得的时候起，我就在这么走。

翁——对了。那么，我可以问你到那里去么？

客——自然可以。——但是，我不知道。从我还能记得的时候起，我就在这么走，要走到一个地方去，这地方就在前面。我单记得走了许多路，现在来到这里了。我接着就要走向那边去，（西指，）前面！

对这三个问题，过客只能回答"我不知道"，对这种"永恒的追问"，别说是过客，就是整个人类也永远没有完满的答案。

第二场对话又来临了——

（女孩小心地捧出一个木杯来，递去。）

客——（接杯，）多谢，姑娘。（将水两口喝尽，还杯，）多谢，姑娘。这真是少有的好意。我真不知道应该怎样感激！

翁——不要这么感激。这于你是没有好处的。

客——是的，这于我没有好处。可是我现在很恢复了些力气了。我就要前去。老丈，你大约是久住在这里的，你可知道前面是怎么一个所在么？

翁——前面？前面，是坟。

客——（诧异地，）坟？

孩——不，不，不的。那里有许多许多野百合，野蔷薇，我常常去玩，去看他们的。

客——（西顾，仿佛微笑，）不错。那些地方有许多许多野百合，野蔷薇，我也常常去玩过，去看过的。但是，那是坟。（向老翁，）老丈，走完了那坟地之后呢？

前面是什么？正在少年期的小女孩只看到"那里有许多许多野百合，野蔷薇"，是前程乐观的一面；老年期的翁，却只看到"坟"，是前程悲观

32.《野草》的反响和续写

的一面;而正在壮年的过客,看到的是"野百合,野蔷薇"和"坟",既乐观,又悲观。

接着是第三场对话,更是难于解答:"走完了那坟地之后呢?"

> 翁——走完之后?那我可不知道。我没有走过。
>
> 客——不知道?!
>
> 孩——我也不知道。
>
> 翁——我单知道南边;北边;东边,你的来路。那是我最熟悉的地方,也许倒是于你们最好的地方。你莫怪我多嘴,据我看来,你已经这么劳顿了,还不如回转去,因为你前去也料不定可能走完。
>
> 客——料不定可能走完?……(沉思,忽然惊起,)那不行!我只得走。回到那里去,就没一处没有名目,没一处没有地主,没一处没有驱逐和牢笼,没一处没有皮面的笑容,没一处没有眶外的眼泪。我憎恶他们,我不回转去!
>
> 翁——那也不然。你也会遇见心底的眼泪,为你的悲哀。
>
> 客——不。我不愿看见他们心底的眼泪,不要他们为我的悲哀!
>
> 翁——那么,你,(摇头,)你只得走了。

他不愿意回转,"不愿看见他们心底的眼泪,不要他们为我的悲哀"。他只能走!因为——

> 客——是的,我只得走了。况且还有声音常在前面催促我,叫唤我,使我息不下。可恨的是我的脚早经走破了,有许多伤,流了许多血。(举起一足给老人看,)因此,我的血不够了;我要喝些血。但血在那里呢?可是我也不愿意喝无论谁的血。我只得喝些水,来补充我的血。一路上总有水,我倒也并不感到什么不

足。只是我的力气太稀薄了,血里面太多了水的缘故罢。今天连一个小水洼也遇不到,也就是少走了路的缘故罢。

翁——那也未必。太阳下去了,我想,还不如休息一会的好罢,像我似的。

客——但是,那前面的声音叫我走。

翁——我知道。

客——你知道?你知道那声音么?

翁——是的。他似乎曾经也叫过我。

客——那也就是现在叫我的声音么?

翁——那我可不知道。他也就是叫过几声,我不理他,他也就不叫了,我也就记不清楚了。

客——唉唉,不理他……。(沉思,忽然吃惊,倾听着,)不行!我还是走的好。我息不下。可恨我的脚早经走破了。(准备走路。)

这"前面的声音"来自哪里呢?有着不解佛缘的鲁迅,心底里牢记着一句话:"声发自心,朕归于我。"他不会听信和服从任何来自外界的声音,无论是天神,还是旨意,更不用说什么教条或者命令,他只可能自律,而不可能他律。"前面的声音",只能来自他自己的内心。不停地走,是他自己的本能。老翁年轻时,可能也听到过叫他的声音,但这并不出于他自己的内心,所以"不理他,他也就不叫了"。过客"前面的声音"发自内心,因而他听到老翁说"不理他,他也就不叫了",会感到吃惊,只能说"不行!我还是走的好。我息不下。可恨我的脚早经走破了"。

这样,就开始了关于布施的"第四场对话"——

孩——给你!(递给一片布,)裹上你的伤去。

客——多谢,(接取,)姑娘。这真是……。这真是极少有的好意。这能使我可以走更多的路。(就断砖坐下,要将布缠在踝上,)但是,不行!(竭力站起,)姑娘,还了你罢,还是裹不下。况且这太多的好意,我没法感激。

翁——你不要这么感激,这于你没有好处。

客——是的,这于我没有什么好处。但在我,这布施是最上的东西了。你看,我全身上可有这样的。

翁——你不要当真就是。

客——是的。但是我不能。我怕我会这样:倘使我得到了谁的布施,我就要像兀鹰看见死尸一样,在四近徘徊,祝愿她的灭亡,给我亲自看见;或者咒诅她以外的一切全都灭亡,连我自己,因为我就应该得到咒诅。但是我还没有这样的力量;即使有这力量,我也不愿意她有这样的境遇,因为她们大概总不愿意有这样的境遇。我想,这最稳当。(向女孩,)姑娘,你这布片太好,可是太小一点了,还了你罢。

孩——(惊惧,退后,)我不要了!你带走!

客——(似笑,)哦哦,……因为我拿过了?

孩——(点头,指口袋,)你装在那里,去玩玩。

客——(颓唐地退后,)但这背在身上,怎么走呢?……

翁——你息不下,也就背不动。——休息一会,就没有什么了。

客——对咧,休息……。(默想,但忽然惊醒,倾听。)不,我不能!我还是走好。

翁——你总不愿意休息么?

客——我愿意休息。

翁——那么,你就休息一会罢。

客——但是,我不能……。

翁——你总还是觉得走好么?

客——是的。还是走好。

翁——那么,你也还是走好罢。

客——(将腰一伸,)好,我告别了。我很感谢你们。(向着女孩,)姑娘,这还你,请你收回去。

(女孩惊惧,敛手,要躲进土屋里去。)

翁——你带去罢。要是太重了,可以随时抛在坟地里面的。

孩——(走向前,)阿阿,那不行!

客——阿阿,那不行的。

翁——那么,你挂在野百合野蔷薇上就是了。

孩——(拍手,)哈哈!好!

客——哦哦……。

(极暂时中,沉默。)

翁——那么,再见了。祝你平安。(站起,向女孩,)孩子,扶我进去罢。你看,太阳早已下去了。(转身向门。)

客——多谢你们。祝你们平安。(徘徊,沉思,忽然吃惊,)然而我不能!我只得走。我还是走好罢……。(即刻昂了头,奋然向西走去。)

"明知前面是坟,却偏要走。"这就是过客最重要最根本的精神。并不真信佛的鲁迅,骨髓里却渗透着小乘教派的主张,要求在苦行修炼中自我解脱,在很大程度上保持了早期佛教的精神。他"以为坚苦的小乘教倒是佛教,待到饮酒食肉的阔人富翁,只要吃一餐素,便可以称为居士,算作信徒,虽然美其名曰大乘,流播也更广远,然而这教却因为容易信奉,因而变为浮滑,或者竟等于零了。"

鲁迅就是永远进击的行走的过客。他祝老翁和女孩平安，是一种回应，也表明即使所有的人都"平安"了，"阖了门"睡去了，过客也只能告别众人，独自远行，向野地跄跄地闯过去，夜色跟在他后面。"再没有别的影在黑暗里"，世界上只有他一个人在走，不停地走……

1925年3月9日，《过客》发表在《语丝》周刊第十七期。一个月之后，即1925年4月11日，鲁迅在给文学青年赵其文的信中说：

> 《过客》的意思不过如来信所说那样，即是虽然明知前路是坟而偏要走，就是反抗绝望，因为我以为绝望而反抗者难，比因希望而战斗者更勇猛，更悲壮。但这种反抗，每容易蹉跌在"爱"——感激也在内——里，所以那过客得了小女孩的一片破布的布施也几乎不能前进了。

《死火》

1925年4月23日夜里，鲁迅突又陷入梦中。

> 我梦见自己在冰山间奔驰。
>
> 这是高大的冰山，上接冰天，天上冻云弥漫，片片如鱼鳞模样。山麓有冰树林，枝叶都如松杉。一切冰冷，一切青白。
>
> 但我忽然坠在冰谷中。
>
> 上下四旁无不冰冷，青白。而一切青白冰上，却有红影无数，纠结如珊瑚网。
>
> 我俯看脚下，有火焰在。

曾经猛攻过的《法华经·譬喻品》中，这样写道："三界无安，犹如火宅，众苦充满，甚可怖畏，常有生老病死忧患，如是等火，炽燃不息。""三界"指的是欲界、色界、无色界，泛指世界。回忆往昔，深感自己有如火宅中的死火。有炎炎的形，但毫不摇动，全体冰结，像珊瑚枝；尖端还有凝固的黑烟，这才令人怀疑是从火宅中出来的，所以枯焦。这样，映在冰的四壁，而且互相反映，化为无量数影，使这冰谷，成红珊瑚色。

慈母误送的"礼物"，怎可能与她产生爱情？十几年来，只好在抄古碑中度过余生。请好友陈师曾刻过一枚图章"俟堂"，就有"待死堂"的意味，当时革命党不断命令党人去实行暗杀，现在周围形势又那样险恶，说不定什么时候像徐锡麟、秋瑾那样死于刑场，或如眼下捕进去的青年一样一死了之，尽管听从命运的安排吧！可是挨到"不惑之年"，仍然活着。但人虽没死，心却早死了！那青春的烈火早已死灭了！呼唤"精神界之战士"之心，也近于破灭。莫非自己就是那"死火"？

忽然有一个人把自己这"死火"拾起来了，还高兴地说道："哈哈！当我幼小的时候，本就爱看快舰激起的浪花，洪炉喷出的烈焰。不但爱看，还想看清。可惜他们都息息变幻，永无定形。虽然凝视又凝视，总不留下怎样一定的迹象。死的火焰，现在先得到了你了！"

她拾起死火，正要细看，那冷气已使她的指头焦灼；但是，她还熬着，将"死火"塞入衣袋中间。这时"死火"才发现拾起自己又搂在怀里的是一位女性，一位年轻的胸脯丰满富有弹性的姑娘。这一发现使冰谷四面，登时完全青白。"死火"和她思索着走出冰谷的法子。

在她温暖的胸怀里，"死火"的身上喷出一缕黑烟，上升如铁线蛇。冰谷四面，又登时满有红焰流动，如大火聚，将他俩包围。她低头一看，"死火"已经燃烧，烧穿了她的衣裳，流在冰地上了。

"唉，朋友！我用了我的温热，将你惊醒了。"她说。她连忙和"死火"招呼，问"死火"名姓。

"我原先被人遗弃在冰谷中，""死火"答非所问地说，"遗弃我的早已灭亡，消尽了。我也被冰冻冻得要死。倘使你不给我温热，使我重行烧起，我不久就须灭亡。"

"你的醒来，使我欢喜。我正在想着走出冰谷的方法；我愿意携带你去，使你永不冰结，永得燃烧。"

"唉唉！那么，我将烧完！"

"你的烧完，使我惋惜。我便将你留下，仍在这里罢。"

"唉唉！那么，我将冻灭了！"

"那么，怎么办呢？"

"但你自己，又怎么办呢？"

"我说过了：我要出这冰谷……"

"那我就不如烧完！"

她忽而跃起，如红彗星，并"死火"都出冰谷口外。有大石车突然驰来，"死火"终于碾死在车轮底下，但"死火"还来得及看见那车就坠入冰谷中。

"哈哈！你们是再也遇不着死火了！""死火"得意地笑着说，仿佛就愿意这样似的。

但想：她会怎样呢？舍身相救的恩人？……

鲁迅又想到这势利的人世，这狗都不如的心中只知道分别铜和银、布和绸、官和民、主和奴……的所谓的"人"，而把自己拾起捧在怀中的她，却如此地不计利害，誓愿救"死火"出冰谷与自己这个"过客"同行。"合法也罢，不合法也罢，都不在乎。"但自己又生怕辱没了对手，一径逃走，直到逃出梦境，躺在自己的床上。稍歇口气，禁不住翻身起来，连写了《野草》之十二与十三：《死火》和《狗的驳诘》，这两篇被称为"姐妹篇"与《死火》同时发表在1925年5月4日的《语丝》周刊第二十五期上。

《颓败线的颤动》

1925年6月29日，文学青年高长虹来，交荆有麟信和一本纪念册。鲁迅觉得他大约受了尼采作品的影响之故吧，作品常有太晦涩难解处，似是安那其主义，即无政府主义，他头总仰得很高，睥睨一切的架势，但很能做文章，有一种锐气。在这沉闷时期，很需要这种让人震醒的文字，他为《莽原》奔走最力。不管怎样，对新文学工作有益，但有了成就之后就很难说了。不过，现在只要努力，就得支持，鲁迅为修改他的稿子累得吐血……

高长虹很晚才走。夜里下了雨，在雨声中，鲁迅准备写日记。顺手拿起去年，即1924年的日记册随意翻阅，忽然看到自己去年6月11日的记事：

> 十一日　晴，风。晨得杨〔陈〕翔鹤君信。上午寄郑振铎信。寄阮和森信。往山本医院为母亲取药。寄伏园校稿。下午往八道湾宅取书及什器，比进西厢，启孟及其妻突出骂詈殴打，又以电话招重久及张凤举、徐耀辰来，其妻向之述我罪状，多秽语，凡捏造未圆处，则启孟救正之，然终取书、器而出。夜得姚梦生信并小说稿一篇。

鲁迅的日记一般只记要事，非常精短，唯独这篇较长，叙述了到八道湾取书、器遭到周作人夫妇打骂的经过。这是少有的。

整整一年了，当时情景始终难忘：他刚一到，羽太信子就打电话唤救兵，欲假借外力以抗拒，周作人则用一本书远远地掷入，鲁迅置之不理，专心检书。一忽儿外宾来了，正欲开口说话，鲁迅从容辞却，说这是家里的事，无烦外宾费心。到者也无话可说，只好退出。这时，周作人竟拿起尺高的铜香炉，朝鲁迅头上打去，幸亏别人接住，抢开，才不致打中。取回书籍的翌日，鲁迅说给许寿裳听。许问他："你的书全部都已取

32.《野草》的反响和续写

出了吗?"他答道:"未必。"许再问:"我所赠的《越缦堂日记》拿出来了吗?"他答道:"不,被没收了。"

骨肉手足竟然反目到如此境地,令鲁迅难以想象。

家中失怙,长兄为父。他把弟弟当作自己的亲子,处处呵护,一心希望他们成材,像母亲叮嘱的那样:"'穷出山!'你要争气!"虽说用心过切,有时态度粗暴,也全是一片好意。周作人与羽太信子结婚后,需要经济上的帮助,他毅然提前回国工作,每月渡江给他们寄去六十元钱。要知道那几乎是他薪金的一半!开始时他带着王鹤照去,熟悉后由王鹤照一人去。到京后,先是设法安排后来回国的周作人到补树书屋读书、工作。然后又用卖出绍兴老屋的钱,几经周折购买、修葺了八道湾的房子,让周作人一家先住进里面最好的屋子,自己住外面。周作人生病,自己又屡屡焦急,到西山碧云寺赁屋装修,不远迢迢多次前去看望;特别是那次他患了急病,误诊猩红热,鲁迅心焚如火,结果知是出疹子,才放下心来。那时,鲁迅的工资收入,全行交给羽太信子,连周作人的,不下六百元,而每月总是不够用,要四处向朋友借钱,有时借到手连忙回家,又看到汽车从家里开出,鲁迅想:"我用黄包车运来,怎敌得过用汽车带走的呢?"原来家内人生病无论大小轻重,都常常请医生到家里来,还不管是否急需,往日本商店买东西,食的,用的,玩的,从腌萝卜到玩具,一买就一大批,钱很快就花光了,只得借债度日。鲁迅向周作人提出过意见,周作人也说过羽太信子,但羽太信子一犯病,周作人就退缩了。甚至于好心好意给周作人的小孩买些糖果,羽太信子竟然不让他们接受而抛弃掉,还不准孩子们到鲁迅那里玩,叫作"给他冷清冷清,冷清得他要死!"因为鲁迅家里是没有孩子的。周作人为了家里的安宁,可以一心一意读书、写作,把大哥牺牲也在所不惜。原来兄弟怡怡、亲如手足,现在却这般仇恨!

由此又想起许多文学青年需要自己时则尽加利用,不需要时就弃置一

177

边,甚至痛加攻击。自己一点点以血饲人,结果却是不得好报……

人,为什么是这样的呢?

难道都是如此忘恩负义、恩将仇报、以怨报德?不。像对母亲、祖母、长妈妈……自己就只能牺牲自己,而不能给她们一点儿伤害。对自己的老师老寿先生、藤野先生、章太炎先生……自己也永远怀着尊敬和感激!

知恩报德——当是做人的道德底线,突破了这个底线,即非人也!

而先驱者的命运往往是这样的。想起以前写的《复仇》(其二):"兵丁们给他穿上紫袍,戴上荆冠,庆贺他;又拿一根苇子打他的头,吐他,屈膝拜他;戏弄完了,就给他脱了紫袍,仍穿他自己的衣服。""看哪,他们打他的头,吐他,拜他……""四面都是敌意,可悲悯的,可咒诅的。""路人都辱骂他,祭司长和文士也戏弄他,和他同钉的两个强盗也讥诮他。""遍地都黑暗了。""钉杀了'人之子'的人们的身上,比钉杀了'神之子'的尤其血污,血腥。"

鲁迅超出了自己的恩怨得失,想到整个人类,想到做人的最起码的道德底线。"改造国民性",应当从这个底线做起。人,才能算一个起码的人!

他昏昏沉沉睡着,"梦见自己在做梦",夜半,雨声淅沥,想到最为惨苦的莫过于年轻时用自己的身体养育了儿女、晚年却遭遗弃的妇女了,在梦中成熟了一个故事。爬起身来,点亮油灯,坐在桌前,捺捺"金不换",在稿纸上写着……

颓败线的颤动

我梦见自己在做梦。自身不知所在,眼前却有一间在深夜中紧闭的小屋的内部,但也看见屋上瓦松的茂密的森林。

板桌上的灯罩是新拭的,照得屋子里分外明亮。在光明中,在破榻上,在初不相识的披毛的强悍的肉块底下,有瘦弱渺小的

32. 《野草》的反响和续写

身躯，为饥饿，苦痛，惊异，羞辱，欢欣而颤动。弛缓，然而尚且丰腴的皮肤光润了；青白的两颊泛出轻红，如铅上涂了胭脂水。

灯火也因惊惧而缩小了，东方已经发白。

然而空中还弥漫地摇动着饥饿，苦痛，惊异，羞辱，欢欣的波涛……。

"妈！"约略两岁的女孩被门的开阖声惊醒，在草席围着的屋角的地上叫起来了。

"还早哩，再睡一会罢！"她惊惶地说。

"妈！我饿，肚子痛。我们今天能有什么吃的？"

"我们今天有吃的了。等一会有卖烧饼的来，妈就买给你。"她欣慰地更加紧捏着掌中的小银片，低微的声音悲凉地发抖，走近屋角去一看她的女儿，移开草席，抱起来放在破榻上。

"还早哩，再睡一会罢。"她说着，同时抬起眼睛，无可告诉地一看破旧的屋顶以上的天空。

空中突然另起了一个很大的波涛，和先前的相撞击，回旋而成旋涡，将一切并我尽行淹没，口鼻都不能呼吸。

我呻吟着醒来，窗外满是如银的月色，离天明还很辽远似的。

我自身不知所在，眼前却有一间在深夜中紧闭的小屋的内部，我自己知道是在续着残梦。可是梦的年代隔了许多年了。屋的内外已经这样整齐；里面是青年的夫妻，一群小孩子，都怨恨鄙夷地对着一个垂老的女人。

"我们没有脸见人，就只因为你，"男人气忿地说。"你还以为养大了她，其实正是害苦了她，倒不如小时候饿死的好！"

"使我委屈一世的就是你！"女的说。

"还要带累了我！"男的说。

"还要带累他们哩！"女的说，指着孩子们。

最小的一个正玩着一片干芦叶，这时便向空中一挥，仿佛一柄钢刀，大声说道：

"杀！"

那垂老的女人口角正在痉挛，登时一怔，接着便都平静，不多时候，她冷静地，骨立的石像似的站起来了。她开开板门，迈步在深夜中走出，遗弃了背后一切的冷骂和毒笑。

她在深夜中尽走，一直走到无边的荒野；四面都是荒野，头上只有高天，并无一个虫鸟飞过。她赤身露体地，石像似的站在荒野的中央，于一刹那间照见过往的一切：饥饿，苦痛，惊异，羞辱，欢欣，于是发抖；害苦，委屈，带累，于是痉挛；杀，于是平静。……又于一刹那间将一切并合：眷念与决绝，爱抚与复仇，养育与歼除，祝福与咒诅……。她于是举两手尽量向天，口唇间漏出人与兽的，非人间所有，所以无词的言语。

当她说出无词的言语时，她那伟大如石像，然而已经荒废的，颓败的身躯的全面都颤动了。这颤动点点如鱼鳞，每一鳞都起伏如沸水在烈火上；空中也即刻一同振颤，仿佛暴风雨中的荒海的波涛。

她于是抬起眼睛向着天空，并无词的言语也沉默尽绝，惟有颤动，辐射若太阳光，使空中的波涛立刻回旋，如遭飓风，汹涌奔腾于无边的荒野。

我梦魇了，自己却知道是因为将手搁在胸脯上了的缘故；我梦中还用尽平生之力，要将这十分沉重的手移开。

一九二五年六月二十九日。

32. 《野草》的反响和续写

这篇《颓败线的颤动》，作为《野草》之十六，发表在 1925 年 7 月 13 日《语丝》周刊第三十五期上。

《立论》

1925 年 7 月 6 日，许广平、许羡苏、王顺亲三人一同来了。鲁迅当时最密切的学生荆有麟也正好在，都是熟人，荆有麟并无走意，鲁迅也不让他回避，于是一块儿聊天。

鲁迅忽然灵起，跟他们讲起一个故事：

> 我……在小学校的讲堂上预备作文，向老师请教立论的方法。
>
> "难！"老师从眼镜圈外斜射出眼光来，看着我，说。"我告诉你一件事——
>
> "一家人家生了一个男孩，合家高兴透顶了。满月的时候，抱出来给客人看，——大概自然是想得一点好兆头。
>
> "一个说：'这孩子将来要发财的。'他于是得到一番感谢。
>
> "一个说：'这孩子将来要做官的。'他于是收回几句恭维。
>
> "一个说：'这孩子将来是要死的。'他于是得到一顿大家合力的痛打。
>
> "说要死的必然，说富贵的许谎。但说谎的得好报，说必然的遭打。你……"
>
> "我愿意既不谎人，也不遭打。那么，老师，我得怎么说呢？"
>
> "那么，你得说：'啊呀！这孩子呵！您瞧！多么……。阿唷！哈哈！Hehe！he，hehehehe！'"

一时间，逗得三位姑娘都捧腹大笑起来。

荆有麟听了，解释道："1924 年暑假，陕西督军刘镇华氏，代表西北大学向北平各大学校教授及各报记者，请求前往西北大学讲演。当时鲁迅先生便是被聘请的一位，鲁迅先生因从来没有去过西北，很想借此机会，去看一看。当时同去的，《京报》代表是该报记者王小隐，孙伏园是代表《晨报》去的。据鲁迅先生回来时形容，王小隐那次穿的是双梁鞋——即鞋面前头有两条鼻梁。当时北京官场中人及遗老多穿此种鞋。——一见人面，总是先握手，然后便是哈哈哈。无论你讲的是好或坏，美或丑，是或非，王君是决不表示赞成或否定的，总是哈哈大笑混过去。鲁迅先生当时说：'我想不到，世界上竟有以哈哈论过生活的人。他的哈哈是赞成，又是否定。很不赞成，也似不否定，让同他讲话的人，如在无人之境。'"

鲁迅接着补充："这种天气哈哈论，我一从长安回来就想写。"

荆有麟解释说："先生的《说胡须》，开头是这样的，'今年夏天游了一回长安，一个多月之后，胡里胡涂的回来了。知道的朋友便问我："你以为那边怎样？"我这才栗然地回想长安，记得看见很多的白杨，很大的石榴树，道中喝了不少的黄河水。然而这些又有什么可谈呢？'底下，先生写他在长安所见的奇闻奇谈。先生且感慨，无论你讲真话或者说别的什么，旁人总以为是哈哈哈的笑话，先生于是接着说，'凡对于以真话为笑话的，以笑话为真话的，以笑话为笑话的，只有一个方法：就是不说话。于是我从此不说话。然而，倘使在现在，我大约还要说："嗡，嗡……今天天气多么好呀？……"因为我实在比先前似乎油滑得多了。'这里也可以看出，今天天气哈哈哈，是在游长安时才在先生的思想中具体化的。因为王小隐君代表了这个典型，在鲁迅面前活现了。"

三个姑娘听着先生的解释和荆有麟的解说，好像明白了一些。许广平说道："其实，生活中不就是这样吗？说真话的要倒霉！只能 hehe 地混世，才能不惹事，世事也就永远黑暗下去。"

鲁迅听了，很赞赏许广平的领悟力，说道："人人都有一双眼，除了

32.《野草》的反响和续写

盲人,都可以看到世上发生的事情。但多数人是靠'瞒和骗'活着,我们应该睁开眼来看!"

大家都表示赞同,可都觉得说真话是很难的。

8日夜里醒来,鲁迅起身写了《立论》,作为《野草》之十七,与《颓败线的颤动》同时发在1925年7月13日《语丝》周刊第三十五期上。

九天以后,鲁迅又在杂文《论睁了眼看》中写道:

> 中国人的不敢正视各方面,用瞒和骗,造出奇妙的逃路来,而自以为正路。在这路上,就证明着国民性的怯弱,懒惰,而又巧滑。一天一天的满足着,即一天一天的堕落着,但却又觉得日见其光荣。在事实上,亡国一次,即添加几个殉难的忠臣,后来每不想光复旧物,而只去赞美那几个忠臣;遭劫一次,即造成一群不辱的烈女,事过之后,也每每不思惩凶,自卫,却只顾歌咏那一群烈女。仿佛亡国遭劫的事,反而给中国人发挥"两间正气"的机会,增高价值,即在此一举,应该一任其至,不足忧悲似的。自然,此上也无可为,因为我们已经借死人获得最上的光荣了。沪汉烈士的追悼会中,活的人们在一块很可景仰的高大的木主下互相打骂,也就是和我们的先辈走着同一的路。
>
> 文艺是国民精神所发的火光,同时也是引导国民精神的前途的灯火。这是互为因果的,正如麻油从芝麻榨出,但以浸芝麻,就使它更油。倘以油为上,就不必说;否则,当参入别的东西,或水或碱去。中国人向来因为不敢正视人生,只好瞒和骗,由此也生出瞒和骗的文艺来,由这文艺,更令中国人更深地陷入瞒和骗的大泽中,甚而至于已经自己不觉得。世界日日改变,我们的作家取下假面,真诚地,深入地,大胆地看取人生并且写出他的

血和肉来的时候早到了；早就应该有一片崭新的文场，早就应该有几个凶猛的闯将！

此文发表于 1925 年 8 月 3 日《语丝》周刊第三十八期头条。

《死后》

1925 年 7 月 12 日夜里，鲁迅昏昏沉沉地做了一个梦，"梦见自己死在道路上"。

恐怖的利镞忽然穿透他的心了。过去曾经玩笑地设想：假使一个人的死亡，只是运动神经的废灭，而知觉还在，那就比全死了更可怕。这回真的感受到了。

陆陆续续地是脚步声，都到近旁就停下，还有更多的低语声——引出了第一层——看客们的议论：

"死了？……"——对躺在地上的人，是死是活，略带关心，但无动于衷，麻木不仁。

"嗡。——这……"——确认人已经死了，但见此状不置可否。

"哼！……"——只是一种哼然，略带蔑视。

"啧。……唉！……"——知道地上的人是死者，但毫无同情，叹息而已。

死者十分高兴，因为始终没有听到一个熟识的声音。否则，或者害得他们伤心；或者使他们快意；或者使他们加添些饭后闲谈的材料，多破费宝贵的工夫。现在熟悉的人，谁也看不见，就是谁也不受影响。——这样，既不使亲者痛，也不让仇者快了！

进入第二层——虫蚁的打扰，使死者从"懊恼""烦厌"到"愤怒得几乎昏厥过去"，但一点也不能动，已经没有除去虫豸的能力了。表现了鲁迅一向对苍蝇、蚊子的厌恶！

第三层是"入殓"。死者听到装殓的人埋怨:"怎么要死在这里?……"

死者愤慨至极——先前以为人在地上虽没有任意生存的权利,却总有任意死掉的权利的。现在才知道并不然,也很难适合人们的公意。可惜自己久没了纸笔;即有也不能写,而且即使写了也没有地方发表了。只好就这样地抛开。

第四层是"入棺"。"六面碰壁,外加钉子。真是完全失败,呜呼哀哉了!……"使死者像生前一样"忧愤深广"——"看客"、"正人君子"、当权者的"国民性"都须"改造",但都无效。

第五层是在不舒服的棺材里躺着,还被当作盈利的对象——勃古斋旧书铺的跑外的小伙计,问他买不买明版《公羊传》?

最后,作者对自己一生的爱与恨、友与仇做了一次汇集和总结:"有一种力将我的心的平安冲破;同时,许多梦也都做在眼前了。几个朋友祝我安乐,几个仇敌祝我灭亡。我却总是既不安乐,也不灭亡地不上不下地生活下来,都不能副任何一面的期望。现在又影一般死掉了,连仇敌也不使知道,不肯赠给他们一点惠而不费的欢欣。……我觉得在快意中要哭出来。"

结尾只看见眼前仿佛有火花一闪,作者于是坐了起来,醒了。

这火花,可能是斗争中迸发出的,也可能是爱他的人以爱情激励他醒来继续生活和战斗……

子夜起身,鲁迅在稿纸上写下《野草》之十八《死后》。

这篇《死后》发表在 1925 年 7 月 20 日《语丝》周刊第三十六期上。

《这样的战士》

自 1925 年 7 月 12 日写了《死后》,一连五个月陷在女师大学潮中,始终在激烈的斗争和病痛中度过,再不能"画梦",继续《野草》的创作了。现在总算平静下来,学校恢复到原址上课,教授们更加死气沉沉地讲授着老课本，学生们，尤其是即将毕业的学生，更加死"啃"起书本，并为毕业后的生路操心，整个学校毫无生气。但对鲁迅的种种流言却风起了，什么"鼓动学生"呀，"谋做校长"呀，"打落门牙"呀……造流言的是一个人还是多数人？姓甚，名谁？无从去查考，也没有工夫查考。然而，所遇见的都对他一式点头，似乎都很友好，并且头上有各种旗帜，绣出各样好名称：慈善家，学者，文士，青年，雅人，君子……明明自己是在不断地"碰壁"，却像"鬼打墙"一样地无形，冠以"无物之阵"的命名，确是太精彩了。青年时代大声呼唤的"精神界之战士"在哪里？在这样的境遇中，需要"这样的战士"——

> 已不是蒙昧如非洲土人而背着雪亮的毛瑟枪的；也并不疲惫如中国绿营兵而却佩着盒子炮。他毫无乞灵于牛皮和废铁的甲胄；他只有自己，但拿着蛮人所用的，脱手一掷的投枪。
>
> 他走进无物之阵，所遇见的都对他一式点头。他知道这点头就是敌人的武器，是杀人不见血的武器，许多战士都在此灭亡，正如炮弹一般，使猛士无所用其力。
>
> 那些头上有各种旗帜，绣出各样好名称：慈善家，学者，文士，长者，青年，雅人，君子……。头下有各样外套，绣出各式好花样：学问，道德，国粹，民意，逻辑，公义，东方文明……。
>
> 但他举起了投枪。
>
> 他们都同声立了誓来讲说，他们的心都在胸膛的中央，和别的偏心的人类两样。他们都在胸前放着护心镜，就为自己也深信心在胸膛中央的事作证。
>
> 但他举起了投枪。
>
> 他微笑，偏侧一掷，却正中了他们的心窝。

> 一切都颓然倒地；——然而只有一件外套，其中无物。无物之物已经脱走，得了胜利，因为他这时成了戕害慈善家等类的罪人。
>
> 但他举起了投枪。
>
> 他在无物之阵中大踏步走，再见一式的点头，各种的旗帜，各样的外套……。
>
> 但他举起了投枪。
>
> 他终于在无物之阵中老衰，寿终。他终于不是战士，但无物之物则是胜者。
>
> 在这样的境地里，谁也不闻战叫：太平。
>
> 太平……。
>
> 但他举起了投枪！

这样的战士，是孤独的，"只有他自己"，装备也不精利，只有柄"蛮人"所用的简陋的投枪——一杆"金不换"的毛笔。但无论遇见什么样的论敌，处于什么样的境遇中，都不断地"举起了投枪"，挥起了笔锋，直到在"无物之阵中老衰，寿终"。

这确实是鲁迅的自画像。12月14日夜里，鲁迅起身把这个构思写下，《这样的战士》作为《野草》之十九，发表在12月21日《语丝》周刊第五十八期上。

《聪明人和傻子和奴才》

鲁迅给他的学生讲过一个《聪明人和傻子和奴才》的故事。

> 奴才总不过是寻人诉苦。只要这样，也只能这样。有一日，他遇到一个聪明人。
>
> "先生！"他悲哀地说，眼泪联成一线，就从眼角上直流下

来。"你知道的。我所过的简直不是人的生活。吃的是一天未必有一餐,这一餐又不过是高粱皮,连猪狗都不要吃的,尚且只有一小碗……。"

"这实在令人同情。"聪明人也惨然说。

"可不是么!"他高兴了。"可是做工是昼夜无休息的:清早担水晚烧饭,上午跑街夜磨面,晴洗衣裳雨张伞,冬烧汽炉夏打扇。半夜要煨银耳,侍候主人耍钱;头钱从来没分,有时还挨皮鞭……。"

"唉唉……。"聪明人叹息着,眼圈有些发红,似乎要下泪。

"先生!我这样是敷衍不下去的。我总得另外想法子。可是什么法子呢?……"

"我想,你总会好起来……。"

"是么?但愿如此。可是我对先生诉了冤苦,又得你的同情和慰安,已经舒坦得不少了。可见天理没有灭绝……。"

但是,不几日,他又不平起来了,仍然寻人去诉苦。

"先生!"他流着眼泪说,"你知道的。我住的简直比猪窠还不如。主人并不将我当人;他对他的叭儿狗还要好到几万倍……。"

"混帐!"那人大叫起来,使他吃惊了。那人是一个傻子。

"先生,我住的只是一间破小屋,又湿,又阴,满是臭虫,睡下去就咬得真可以。秽气冲着鼻子,四面又没有一个窗……。"

"你不会要你的主人开一个窗的么?"

"这怎么行?……"

"那么,你带我去看看!"

傻子跟奴才到他屋外,动手就砸那泥墙。

"先生!你干什么?"他大惊地说。

"我给你打开一个窗洞来。"

"这不行!主人要骂的!"

"管他呢!"他仍然砸。

"人来呀!强盗在毁咱们的屋子了!快来呀!迟一点可要打出窟窿来了!……"他哭嚷着,在地上团团地打滚。

一群奴才都出来了,将傻子赶走。

听到了喊声,慢慢地最后出来的是主人。

"有强盗要来毁咱们的屋子,我首先叫喊起来,大家一同把他赶走了。"他恭敬而得胜地说。

"你不错。"主人这样夸奖他。

这一天就来了许多慰问的人,聪明人也在内。

"先生。这回因为我有功,主人夸奖了我了。你先前说我总会好起来,实在是有先见之明……。"他大有希望似的高兴地说。

"可不是么……。"聪明人也代为高兴似的回答他。

学生们笑道:"最可笑的是那个傻子,要为奴才办好事,还遭到一群奴才驱赶。奴才因为得了主人'你不错'的夸奖,就如此高兴和自豪。"

鲁迅告诫道:"这个傻子也该挨驱赶,他的做法未免太幼稚、莽撞了,而且也不真正认识到奴才的根性就是奴才,他是不会进行反抗的。向人诉苦,正是奴性的表现。"

学生们说:"顶坏的是那位聪明人,两边讨好,从不伤害自己。"

鲁迅感叹地说:"可是,这种聪明人很多!而且越来越多了!"

学生们说:"我们宁肯当傻子,也不当聪明人,更不做奴才!"

鲁迅指点道:"当傻子,决不当这种蛮干的傻子!要懂得策略,讲究斗争方法。奴才跟奴隶不同,奴隶虽然身为奴隶,但心存反抗;奴才是心里就是甘当奴才。"

《腊叶》

这时，鲁迅和许广平已经确定了爱情关系，送走学生后，铺纸握笔，写下《野草》之二十《聪明人和傻子和奴才》，写完，和衣睡去，打了一个盹儿，想起了许广平对自己的爱护，翻身起来，捻高了灯蕊，又铺纸写了一篇《野草》之二十一：

腊　　叶

灯下看《雁门集》，忽然翻出一片压干的枫叶来。

这使我记起去年的深秋。繁霜夜降，木叶多半凋零，庭前的一株小小的枫树也变成红色了。我曾绕树徘徊，细看叶片的颜色，当他青葱的时候是从没有这么注意的。他也并非全树通红，最多的是浅绛，有几片则在绯红地上，还带着几团浓绿。一片独有一点蛀孔，镶着乌黑的花边，在红，黄和绿的斑驳中，明眸似的向人凝视。我自念：这是病叶呵！便将他摘了下来，夹在刚才买到的《雁门集》里。大概是愿使这将坠的被蚀而斑斓的颜色，暂得保存，不即与群叶一同飘散罢。

但今夜他却黄蜡似的躺在我的眼前，那眸子也不复似去年一般灼灼。假使再过几年，旧时的颜色在我记忆中消去，怕连我也不知道他何以夹在书里面的原因了。将坠的病叶的斑斓，似乎也只能在极短时中相对，更何况是葱郁的呢。看看窗外，很能耐寒的树木也早经秃尽了；枫树更何消说得。当深秋时，想来也许有和这去年的模样相似的病叶的罢，但可惜我今年竟没有赏玩秋树的余闲。

32. 《野草》的反响和续写

《聪明人和傻子和奴才》与《腊叶》都写于 1925 年 12 月 26 日，写完后第二天，鲁迅便把这两篇文章一起交给了孙伏园。

伏园讽诵、欣赏、研究着这两篇美文，如获至宝，问鲁迅"腊叶"是指什么。鲁迅答道："许公很鼓励我，希望我努力工作，不要松懈，不要怠忽；但又很爱护我，希望我多加保养，不要过劳，不要发狠。这是不能两全的，这里面有矛盾。《腊叶》的感兴就从这儿得来，《雁门集》等等却是无关宏旨的。"

"许公"是谁，从谈话的上下文听来，孙伏园是极其明白的。鲁迅的熟朋友当中，姓许的共有五位。第一位自然是许季茀先生寿裳，那是先生幼年的朋友，友谊的深挚，数十年如一日的。第二位是许季上先生丹，一位留学印度，研究佛经的学者，先生在壮年时研究学术的朋友，可以说是先生的道义之交。还有三位都是较晚一辈的少年朋友，一位是少年作家许钦文先生，一位是钦文的妹妹许羡苏女士，还有一位则是许广平女士景宋。孙伏园常常私议：鲁迅先生的好友当中，姓许的占着多数，"许"字给予先生的印象是最好的。

但是孙伏园心知先生口头的"许公"，绝不是其他四位，确指的是景宋先生。景宋先生初在报上发表文字，钱玄同先生便来打听："景宋的文字像是一个熟人所写，景宋到底是谁呢？"

孙伏园答道："是许公。"

"啊，我知道了，当然是她。她景仰唐玄宗时的宰相宋广平，所以自号'景宋'喽。"钱玄同大悟道。

孙伏园把这话告诉鲁迅，鲁迅却说："玄同完全错了，你对他说，他的推理是完全靠不住的。我告诉你：许公的母亲姓宋，她为景仰母亲，所以自号'景宋'；至于她'广平'，也和宋广平全不相干，只是广东的风气,常常喜欢把地名放在名字当中,如她名'广平',她的妹妹名'东平',何尝有宋广平的影子呢?"

鲁迅先生了解景宋先生如此之深,景宋先生又鼓励和爱护鲁迅先生如此之切,孙伏园那时便感觉他们两位的情感已经超出友谊之上了。

鲁迅自己在《野草》英译本序言中,曾经提示了几篇的创作用意,关于《腊叶》只有一句话,与先生当年所谈完全相合,"是为爱我者的想要保存我而作"。"爱我者"当然是景宋先生。

这两篇散文诗作为《野草》之二十、二十一,一同发表在1926年1月4日《语丝》周刊第六十期上。

广平看到后曾问《腊叶》的寓意,鲁迅说:"《腊叶》,是为你——爱我者的想要保存我而作的。那篇《腊叶》,那假设被摘下来夹在《雁门集》里的斑驳的枫叶,就是自况的。"

《淡淡的血痕中》和《一觉》

1926年3月18日,发生了三一八惨案。鲁迅等支持学生的教授受到通缉,到处避难。避难中,三一八惨案烈士的鲜血一直深深地刻浸在鲁迅心里,久久不能忘怀,一想起来就心颤。4月8日晚上,他又偷偷回到西三条,问候过母亲后,就进到"老虎尾巴",铺纸写下《野草》之二十二:

淡淡的血痕中
——记念几个死者和生者和未生者

《野草》中其他文章,都没有副题,为什么这篇偏偏有这样长的副题?其实,鲁迅是在写了《记念刘和珍君》等几篇纪念三一八惨案的文章之后,又上升到历史哲学的高度进行思考,根据"死者",即牺牲的烈士的惨痛经验和斗争方式做了深省,向"生者",即生存着的战士,"未生者",即将来的战士,提出了这样的告诫:须总结经验,接受教训,"洞见"一切已改和现有的废墟和荒坟,"记得"一切深广和久远的苦痛,"正视"一切重叠淤积的凝血,"深知"一切已死,方生,将生和未生。他"看透"了造化的把戏;他将要起来使人类苏生,或者使人类灭尽,这些造物主的良民们。这里的"洞见""记得""正视""深知""看透"五点,正是鲁迅为了"人类苏生"和中国复兴向革命者做出的永久的忠告。

4月10日,鲁迅犹觉意味未尽,再回"老虎尾巴",在军阀混战的飞机嗡嗡声中,开手编校那历来积压在他这里的青年作者的文稿了,他要全都给一个清理。照作品的年月看下去,这些不肯涂脂抹粉的青年们的魂灵便依次屹立在他眼前。鲁迅感到他们是绰约的,是纯真的——呵,然而他们苦恼了,呻吟了,愤怒了,而且终于粗暴了!鲁迅忽然记起一件事:两三年前,他在北京大学的教员预备室里,看见进来了一个并不熟识的青年,默默地给他一包书,便出去了,打开看时,是一本《浅草》。就在这默默中,使鲁迅懂得了许多话。啊,这赠品是多么丰饶呵!可惜那《浅草》不再出版了,似乎只成了《沉钟》的前身。那《沉钟》就在这风沙中,深深地在人海的底里寂寞地鸣动。

鲁迅不禁呼道:呵,那可爱的青年们呵!

他提笔写了《野草》的最后一篇——《野草》之二十三《一觉》,觉得人类和中国的希望就寄托在这些踏踏实实做实事的青年们身上。

《淡淡的血痕中》和《一觉》两文作为《野草》的结束篇,一同发表在1926年4月19日《语丝》周刊第七十五期上。

33.《野草》题辞

1926年8月26日,鲁迅、许广平下午1点乘特别快车从天津到浦口,又坐船到上海，文化界知名人士请宴后，鲁迅和许广平分头乘海轮去厦门和广州。9月4日，鲁迅抵厦门大学，与许广平书信不断。终因生活不便等原因，于1927年1月18日转赴中山大学任教，与许广平会合。又因当局政变，国共合作破裂，大肆捕杀进步学生，鲁迅愤然辞去一切职务。

4月26日，在刺刀加钢盔的一片恐怖中，鲁迅于广州白云楼上写下《〈野草〉题辞》——

> 当我沉默着的时候，我觉得充实；我将开口，同时感到空虚。
>
> 过去的生命已经死亡。我对于这死亡有大欢喜，因为我借此知道它曾经存活。死亡的生命已经朽腐。我对于这朽腐有大欢喜，因为我借此知道它还非空虚。
>
> 生命的泥委弃在地面上，不生乔木，只生野草，这是我的罪过。
>
> 野草，根本不深，花叶不美，然而吸取露，吸取水，吸取陈死人的血和肉，各各夺取它的生存。当生存时，还是将遭践踏，将遭删刈，直至于死亡而朽腐。
>
> 但我坦然，欣然。我将大笑，我将歌唱。
>
> 我自爱我的野草，但我憎恶这以野草作装饰的地面。
>
> 地火在地下运行，奔突；熔岩一旦喷出，将烧尽一切野草，以及乔木，于是并且无可朽腐。
>
> 但我坦然，欣然。我将大笑，我将歌唱。
>
> 天地有如此静穆，我不能大笑而且歌唱。天地即不如此静穆，我或者也将不能。我以这一丛野草，在明与暗，生与死，过去与未来之际，献于友与仇，人与兽，爱者与不爱者之前作证。
>
> 为我自己，为友与仇，人与兽，爱者与不爱者，我希望这野

草的死亡与朽腐，火速到来。要不然，我先就未曾生存，这实在比死亡与朽腐更其不幸。

去罢，野草，连着我的题辞！

散文诗二十三篇，合名《野草》，1927年7月由北京北新书局出版，列为作者所编的《乌合丛书》之一。封面由孙伏园弟弟孙福熙设计，灰色的面上，下有两支青绿的草枝，上是白色勾出的几道云电，右上方是：白色的隶书"野草"二字和鲁迅亲笔题"鲁迅著"几个字。

34.《彷徨》的小说

鲁迅在砖塔胡同写了《祝福》等四篇小说，在西三条"老虎尾巴"又写了七篇。

越到病痛和苦闷的时候，鲁迅的创作激情反倒越高。他斜躺在床上，抽着烟，喷出一口浓浓的烟雾。在浓雾中，仿佛看见了自己。在《新生》创办失败时，虽然自有无端的悲哀，却也并不愤懑，因为这经验使他反省，看见自己了：自己绝不是一个振臂一呼应者云集的英雄，而是一只被逐出人世的桀骜不驯的枭蛇鬼怪，自己也时常感到自己身内有一种"鬼气"，使人感到沉重的气闷。他想：应该好好反省一下自己，看看自己到底是怎样的模样，处在怎样的境遇。在砖塔胡同创作《在酒楼上》时，吕纬甫身上已有自己的影子，但还不是全影，需要全面地观照一下真实的自我。

写什么呢？自己就是一个"孤独者"，主人公就叫魏连殳。

他翻身起来，铺纸握笔，写下了题目——《孤独者》。

应该写他的一生，从生到死，于是一段独特的开头出来了：

我和魏连殳相识一场，回想起来倒也别致，竟是以送殓始，以送殓终。

对。还是在"S城"，他和"我"一样都被本地人"当作一个外国人看待，说是'同我们都异样的'"。

形象也和自己一样：

一个短小瘦削的人，长方脸，蓬松的头发和浓黑的须眉占了一脸的小半，只见两眼在黑气里发光。

祖母也是继祖母，但对自己比亲生的还好。在一场传染病中死了，入殓的情况，简直就是自己经历的写实。

"我"失了业，去访他。他屋里的布置与自己在砖塔胡同时一模一样：

两间连通的客厅，并无什么陈设，不过是桌椅之外，排列些书架，大家虽说他是一个可怕的"新党"，架上却不很有新书。他已经知道我失了职业；但套话一说就完，主客便只好默默地相对，逐渐沉闷起来。我只见他很快地吸完一枝烟，烟蒂要烧着手指了，才抛在地面上。

"吸烟罢。"他伸手取第二枝烟时，忽然说。

他也像自己一样喜欢孩子：

我正想走时，门外一阵喧嚷和脚步声，四个男女孩子闯进来了。大的八九岁，小的四五岁，手脸和衣服都很脏，而且丑得可以。但是连殳的眼里却即刻发出欢喜的光来了，连忙站起，向客厅间壁的房里走，一面说道：

"大良，二良，都来！你们昨天要的口琴，我已经买来了。"

34.《彷徨》的小说

> 孩子们便跟着一齐拥进去,立刻又各人吹着一个口琴一拥而出,一出客厅门,不知怎的便打将起来。有一个哭了。
> "一人一个,都一样的。不要争呵!"他还跟在后面嘱咐。
> "这么多的一群孩子都是谁呢?"我问。
> "是房主人的。他们都没有母亲,只有一个祖母。"

对孩子的看法,也与自己相同:"孩子总是好的。他们全是天真……"自己也曾经在《狂人日记》结尾呐喊:"救救孩子!"

连婚姻状况实质也一样:

> "房东只一个人么?"
> "是的。他的妻子大概死了三四年了罢,没有续娶。——否则,便要不肯将余屋租给我似的单身人。"他说着,冷冷地微笑了。
> 我很想问他何以至今还是单身,但因为不很熟,终于不好开口。

自己虽有名义上的妻室,却过着"古寺僧人"式的单身生活。

因为发议论、写文章而遭到攻击更其一致:

> 虽在这一种百无聊赖的境地中,也还不给连殳安住。渐渐地,小报上有匿名人来攻击他,学界上也常有关于他的流言,可是这已经并非先前似的单是话柄,大概是于他有损的了。我知道这是他近来喜欢发表文章的结果,倒也并不介意。S城人最不愿意有人发些没有顾忌的议论,一有,一定要暗暗地来叮他,这是向来如此的,连殳自己也知道。

失业——失去经济基础,没有生存的来源,其境遇更是自己深切感受过的:

但到春天，忽然听说他已被校长辞退了。

……………

有一天，我路过大街，偶然在旧书摊前停留，却不禁使我觉到震悚，因为在那里陈列着的一部汲古阁初印本《史记索隐》，正是连殳的书。他喜欢书，但不是藏书家，这种本子，在他是算作贵重的善本，非万不得已，不肯轻易变卖的。难道他失业刚才两三月，就一贫至此么？

人一穷，就倍感世态炎凉。"我"去访他，周围人的脸色大变，大良们的祖母，那三角眼的胖女人，从对面的窗口探出她花白的头来了，也大声说，不耐烦似的，这使他想起自己被人称为"乞食者"时的那种情境。

童年的坎坷遭遇、周围人们的脸色变化，对鲁迅的印象太深刻了！他一写到人的破落时，总不会忘记把这种变化写出来。甚至于"很小的小孩，拿了一片芦叶指着我道：杀！他还不很能走路……"类似的描写在《颓败线的颤动》中也出现过。

"冬天的公园，就没有人去……"也是在世态炎凉中提炼出的警言。

没有职业，便不能生存。他仰起头对"我"说："想来你也无法可想。我也还得赶紧寻点事情做……"但朋友们的境遇都和他差不多……

为了活下去，魏连殳投靠了当权者，给一个军阀师长当了顾问，躬行他先前所憎恶、所反对的一切，拒斥他先前所崇仰、所主张的一切了。他承认已经真的失败，然而又觉得胜利了。

但是，不久他就死了。作者"会见了死的连殳。但是奇怪！他虽然穿一套皱的短衫裤，大襟上还有血迹，脸上也瘦削得不堪，然而面目却还是先前那样的面目，宁静地闭着嘴，合着眼，睡着似的，几乎要使我伸手到他鼻子前面，去试探他可是其实还在呼吸着"。在棺材里，"他在不妥帖的衣冠中，安静地躺着，合了眼，闭着嘴，口角间仿佛含着冰冷的微笑，冷笑着这可笑的死尸"。

这是"亲手造成孤独，又放在嘴里去咀嚼的人的一生"。死了之后，还在咀嚼。

作者"快步走着，仿佛要从一种沉重的东西中冲出，但是不能够。耳朵中有什么挣扎着，久之，久之，终于挣扎出来了，隐约像是长嗥，像一匹受伤的狼，当深夜在旷野中嗥叫，惨伤里夹杂着愤怒和悲哀"。

作者的"心地就轻松起来，坦然地在潮湿的石路上走，月光底下"。

这就是人世间知识分子命运的缩影，要生存，就不得不朝着两边的墙壁靠拢，不靠这边就靠那边。否则，就只有死亡，而且像魏连殳或《野草》中《死后》的"我"一样，"六面碰壁"，"在不妥帖的衣冠中，安静地躺着"。独立啊，自由啊，简直是不可能的……但又只能在绝望中抗战！

酝酿了很长的日子，居然两三天就写出了。1925年10月17日，许广平来，他把手稿交广平拿回去看。20日，广平把原稿和抄稿分别摆在了"老虎尾巴"的桌上。鲁迅惊讶地说："只说让你看看，没说让你抄呵！"

广平流下两行泪说："先生写得太感人了！看哭了！是不是写的先生自己啊？以后的稿子全由我抄，你的手稿要保存下来。"

广平对鲁迅的爱是那样真诚，确是"一心一意的向着爱的方面奔驰"，"有似灯蛾赴火"，甚至可以为爱而"情死"！没有丝毫功利和虚荣，完全是一种崇敬和牺牲。

这一天，鲁迅和广平沉入了爱的海洋。

送广平走后，鲁迅始终沉浸在爱的愉悦中。在充满爱情的诗意中继续写起来。

鲁迅是惯于从事物的反面理解世界的，他从不歌颂"大团圆"，而总是乐观时想到悲观,胜利时想到失败,光明时想到黑暗,幸福时想到痛苦。他从来没有写过爱情小说,除了少年时与琴表妹那点朦胧的初恋,也没有尝过爱情的滋味儿,现在跟广平刚刚进入爱河,还没有品尝其中的甜蜜,却想到可能失败后的悔恨。看了看已写就的半篇,摇摇头,决定重写。又斜躺在床上,抽着烟构思了一会儿,翻身起来,笔直地坐在藤椅上,铺纸握笔写来——

伤　　逝
——涓生的手记

　　如果我能够,我要写下我的悔恨和悲哀,为子君,为自己。

　　诗一般的文字从他的笔下流出,如一行行热泪,一股股清泉,一丝丝细流……一直写到东方发白也没有觉得,一口气吐了出来——

　　涓生回到了一年前的会馆。依然是破屋,破窗,窗外半枯的槐树和老紫藤,窗前的方桌,败壁,板床。深夜中独自躺在床上,就如他未曾和子君同居以前一般,过去一年中的时光似全已泯灭,全未有过,他并没有曾经从这破屋子搬出,在吉兆胡同创立过满怀希望的小小的家庭。

　　人未到,先听声。在久待的焦躁中,一听到皮鞋的高底尖触着砖路的清响,是怎样地使涓生骤然生动起来啊!于是就看见带着笑涡的苍白的圆脸,苍白的瘦的臂膊,布的有条纹的衫子,玄色的裙。她又带了窗外的半枯的槐树的新叶来,使他看见,还有挂在铁似的老干上的一房一房的紫白的藤花。

　　鲁迅在《我怎么做起小说来》中说过:"要极省俭的画出一个人的特点,最好是画他的眼睛。"鲁迅的"画眼睛"在《祝福》中写祥林嫂时有这样的名句:"只有那眼珠间或一轮,还可以表示她是一个活物。"到了《伤逝》,这种"画眼睛"的技巧达到了高峰。

34. 《彷徨》的小说

当写涓生与子君初识时，热烈地讨论外国文学和社会问题。子君"总是微笑点头，两眼里弥漫着稚气的好奇的光泽"。看到雪莱最美的半身像，"却只草草一看，便低了头，似乎不好意思了。这些地方，子君就大概还未脱尽旧思想的束缚"。

当写涓生向子君求爱时，"她脸色变成青白，后来又渐渐转作绯红——没有见过，也没有再见的绯红；孩子似的眼里射出悲喜，但是夹着惊疑的光，虽然力避我的视线，张皇地似乎要破窗飞去。然而我知道她已经允许我了"。"孩子似的眼"表现出子君接受爱情时的天真、幼稚。

当写子君回味涓生对她的求爱，"只要看见她两眼注视空中，出神似的凝想着，于是神色越加柔和，笑窝也深下去，便知道她又在自修旧课了"。"两眼注视空中"，反映出子君对爱的沉浸。

最后当写子君听到涓生说已经不爱她了，"她脸色陡然变成灰黄，死了似的；瞬间便又苏生，眼里也发了稚气的闪闪的光泽。这眼光射向四处，正如孩子在饥渴中寻求着慈爱的母亲，但只在空中寻求，恐怖地回避着我的眼"。多么悲惨！又是孩子似的眼光，"在饥渴中寻求着慈爱的母亲"，因为她生命的唯一支撑就是涓生对她的爱，倘若这个爱没有了，她真是无路可走……

通过这四处子君眼光的变化，子君活生生地出现在读者眼前了。她悲惨的一生也生动地展现出来，从最后"眼光射向四处，正如孩子在饥渴中寻求着慈爱的母亲，但只在空中寻求"中，我们已经预见到她的死："负着虚空的重担，在严威和冷眼中走着所谓人生的路，这是怎么可怕的事呵！而况这路的尽头，又不过是——连墓碑也没有的坟墓。"

结尾又神来一笔：阿随回来了。瘦弱的，半死的，满身灰土的……

涓生的心就一停，接着便直跳起来。

这篇《伤逝》是鲁迅最充满感情、最具诗韵美的一篇。贯穿着鲁迅一贯的思想："人必生活着，爱才有所附丽。"

倘若沿着《孤独者》《伤逝》和《野草》的路子写下去，鲁迅不知会有多么无可限量的文学成就，为世界文学宝库增添多少堪与《阿Q正传》相媲美的作品。可惜由于时代和个人的原因，这个创作路子被中断了。多么令人惋惜！

至今令人费解的是：《孤独者》和《伤逝》，都未曾在报刊上发表，直接编入了鲁迅的第二本小说集《彷徨》。

《伤逝》之后，鲁迅还于1925年11月3日，写了小说《弟兄》，发表在1926年2月10日《莽原》半月刊第三期；1925年11月6日，写了小说《离婚》，发表在《语丝》周刊第五十四期。两篇都收入《彷徨》。

1926年8月，《彷徨》出版，人们从中读到《伤逝》时，流行一种传说，说《伤逝》是写鲁迅自己的事，因为没有经验是写不出这样的小说的。12月29日鲁迅在致韦素园信中感叹道："哈哈，做人真愈做愈难了。"

周作人则相反，认为"《伤逝》不是普通恋爱小说，乃是假借了男女的死亡来哀悼兄弟恩情的断绝的"。因为在《伤逝》写作的九天前，即1925年10月12日，周作人曾经在《京报副刊》上发表过一篇同名译诗《伤逝》，署名丙丁，向决裂的鲁迅道一声"珍重"。全文如下：

伤　逝

我走尽迢递的长途，
渡过苍茫的大海，
兄弟呵，我来到你的墓前，
献给你一些祭品，
作最后的供献，
对你沉默的灰土，
作徒然的话别，

34.《彷徨》的小说

> 因为她那运命的女神,
> 忽而给予又忽而收回,
> 已经把你带走了。
> 我照了古旧的遗风,
> 将这些悲哀的祭品,
> 来陈列在你的墓上:
> 兄弟,你收了这些东西吧,
> 都泌透了我的眼泪,
> 从此永隔冥明,兄弟,
> 只嘱咐你一声"珍重!"

这是罗马诗人"喀都路死"的第百一首诗,现经某君参照几种译本说给我听,由我自由地笔述下来的。"琵亚词侣"画有一幅插图,今转载于右。一个人举起右手,上题"哀尾哀忒该乏勒"三字,大约即系表示致声珍重的意思。据说这是诗人悼其兄弟之作,所以添写了这样一个题目。《晨报》副刊模写琵君此画作为篇首图案,大约只取其图样。有一个《晶报》式的滑稽家说,这恐怕是表示逼死别的副刊再掐死自己副刊的意思,倒也想得很有趣,不过未必是编辑先生的原意罢。

琵亚词侣所作的画

这里，周作人借了罗马诗人的一首诗和英国画家的一幅画，传达了他对已经不可再得的兄弟之情的追念，"只嘱咐你一声'珍重'！"这是他向鲁迅发出的一份密码电报。这时《京报》副刊的编者是孙伏园，鲁迅是它经常的撰稿人和每天的读者。不晓得是他自己看出来的，还是孙伏园告诉他的：这篇的作者是周作人。鲁迅看了这篇，当然也明白了它所传递过来的信息，于是也用《伤逝》这个题目写一篇作答。

但是，据许钦文说《伤逝》是鲁迅一年多前构思的，曾经写到一半，还给许钦文看过。这回又继续写下去，作家的创作感情是复杂的。鲁迅肯定看了周作人的《伤逝》，也有跟兄弟的惜别之情，但总体来说，还是痛惜男女之间爱情的逝去。

注：本部分个别内容的撰写参考了鲁迅的《呐喊·自序》《在酒楼上》《幸福的家庭》《肥皂》《秋夜》《风筝》《好的故事》《死火》《死后》《孤独者》等。

四 鲁迅的转折

35. 厦门行

1926年7月28日，鲁迅收到厦门大学汇来的薪水四百元，旅费一百元，正式接受厦门大学聘请，任国文系教授兼国学院研究教授。许广平也被推荐回母校——广东女子师范学校教书，她欣然接受。

1926年8月26日，鲁迅由北京前门火车站起程赴厦门，许广平同行。许寿裳、荆有麟、章川岛、许钦文、许羡苏、俞芬、俞芳、俞藻和王顺亲等朋友送行，陶元庆和他的妹妹也一起来了。石评梅在陆晶清搀扶下慢步来到。高君宇逝世后，她一直处在悲痛中，这次刘和珍死去，又给她沉重一击，写了《血尸》《痛哭和珍》等文，身体更加虚弱了。

火车启动了，广平搀着鲁迅站在车尾向友人们挥着手，心里说着：再见了，北京！

鲁迅、许广平下午1点乘特别快车从天津到浦口。坐船去上海，8月29日到达，寓沪宁旅馆，当日移往孟渊旅社。午后大雨，晚上许广平移居其族人家。8月30日晚，刘大白、夏丏尊、陈望道、沈雁冰、郑振铎、胡愈之、朱自清、叶圣陶和三弟周建人等文化界知名人士，在消闲别墅宴请他。9月1日晚，建人送鲁迅上了开往厦门的"新宁"号轮船。9月2日早7点起碇开航。这时，许广平正在开往广州的"广大"号轮船上，俩人都互相思念着。鲁迅给许广平写信说："我在船上时，看见后面有一只轮船，

35. 厦门行

总是不远不近地走着,我疑心是广大。不知你在船中,可看见前面有一只船否?倘看见,那我所悬拟的便不错了。"9月4日,鲁迅抵厦门,寓中和旅馆。林语堂、沈兼士、孙伏园来接,雇船移入厦门大学,暂住生物学院大楼三层。这座楼位于海边的小山岗上,石阶高达九十六级,楼前地面比楼后地面高一层,前后看去不一样,因而鲁迅有时又称"住在四层楼"。

厦门大学开学。鲁迅准备开设三门课程:一、声韵文字训诂专书研究,每周一节;二、小说选及小说史,每周二节;三、文学史纲要,每周二节。鲁迅的课生动活泼,深刻动人,深受学生欢迎。当时的学生俞荻回忆说:"本来在文科教室里,除了必修的十来个学生之外,老是冷清清的。可是从鲁迅先生来校讲课以后,钟声一响,教室里就挤满了人,后来的只好凭窗站着听了,教室里非但有各科学生来听讲,甚至助教和校外的报

鲁迅在厦门

馆记者也来听讲了。"后来因与一个职员黄坚发生冲突,鲁迅要求辞去国学院教授职,未成。从生物楼迁居集美楼,住楼上西侧,离校前一直住在这里。这间房原来是可容下五六十人的教室,很大,但当作卧室、书斋、接待室以及小厨房之用,也就不显得大了。鲁迅在这里要自己烧水、做饭,买罐头、火腿吃,生活很不方便。

在这种情况下,鲁迅还热心帮助学生的文学社泱泱社创办《波艇》月刊,帮鼓浪社办《鼓浪》周刊。1926年11月间《波艇》创刊号印出来了,草绿色封面,精致可爱。大家知道里面渗透着鲁迅先生的心血,他负责审稿、改稿,并指导编印,每一步都一丝不苟。

就在这种课上课下紧张工作的一百三十五天中,鲁迅编写了《中国文

学史略》(后更名为《汉文学史纲要》) 讲义；在《莽原》半月刊上以《旧事重提》(后改为《朝花夕拾》) 为总题目，陆续发表了《藤野先生》等五篇散文；写了《故事新编》中的《奔月》和《眉间尺》(后更名为《铸剑》) 两篇小说；还写作了其他杂文、译文，而写得最勤最多的则是给许广平的信。

他和许广平离京南下时，本想是教书两年，积些钱，再会合，但刚一离开就难以割舍，几乎每隔一天就通一封信，一百多天通了八十多封信。相思太甚，竟爱屋及乌，对相思树也产生了感情。一次，有头猪当着他的面啃相思树，鲁迅气极，就和那头猪展开了一场决斗，一时传为趣闻。他在信上向许广平保证：所教的班上"女生共五人。我决定目不斜视，而且将来永远如此，直到离开厦门，和HM（害马）相见"。

许广平在鲁迅心中的分量是越来越重了，因而一听说高长虹的《月亮》是因暗恋许广平而作，又看到他在《狂飙》周刊上对自己既吹捧又攻击，想起当初为了校他的稿子累得吐血的往事，不禁气愤至极！就在《故事新编·奔月》中，在逢蒙身上加进些高长虹恩将仇报的言行，从中"开了点小玩笑"，使得高长虹以及向培良等气急败坏，一齐以怨报德。

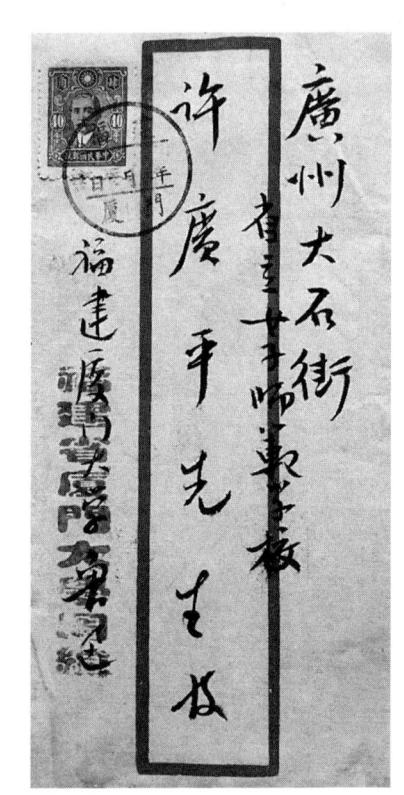

鲁迅写给许广平的信札

两年实在太长了。又听说许广平受一男性青年之邀要到汕头教书，厦门大学的生活又不习惯，鲁迅耐不住了，不得不承认自己对异性也是爱的，并向比他更决断的许广平郑重宣布："我可以爱！"

35. 厦门行

11月11日，他接到中山大学聘书。12月31日不顾再三挽留，辞去厦门大学一切职务。在厦门时间虽短，学生和他的情谊很重，纷纷为他饯行，有些甚至跟随他前往广州。

鲁迅为人其实是很风趣幽默、富有个性的，在厦门流传了不少关于他的逸闻趣事。

在厦大教书时，鲁迅到理发店理发。理发师不认识鲁迅，见他衣着简朴，就觉得他没钱，理得很敷衍。鲁迅也不生气，反而给了一大把钱。理发师喜出望外，一张脸都笑烂了。过了一段日子，鲁迅又去理发，理发师大喜，拿出看家本领。不料理毕，鲁迅却极其吝啬，一个小钱一个小钱地数，一分也没多给。理发师很诧异："先生，您上回那样给，今天怎么这样给？"鲁迅笑着说："您上回马马虎虎地理，我就马马虎虎地给；这回您认认真真地理，我就认认真真地给。"理发师一听，满面通红。

第一次拿到厦门大学薪水，四百元的支票，鲁迅就自己跑厦门市的"美丰银行"兑现。商埠的钱鬼子照例眼珠儿往上翻，他们怎看得起一位穿着破灰布棉袍、头发长长的老头儿呢？其中的一个就问："这张支票是你的吗？"鲁迅吸了一口烟，还他一个白眼，一语不发，他连问了三次，鲁迅也连吸了三口烟。那张支票到底在无言的抗议中兑现了。

他将去广州时，厦门大学校长给他饯行，当时还有些资本家在座。校长介绍其中一个说："某某先生是我们的董事。我们私立大学不管别的，谁捐钱谁就可以作董事。"鲁迅毫不犹豫地从口袋里掏出两毛钱来往桌上一拍，说："我捐两毛钱也可以作董事吗？"这是他一次有言的抗议。

集美学校的校长叶渊请鲁迅到集美去演讲，鲁迅询问林玉堂（那时还不叫林语堂），叶渊办学的方法如何？玉堂对鲁迅说："他办学很谨严，不喜欢学生有什么活动。"鲁迅说："既然是这样，我最好不去。"玉堂最后还是撺掇鲁迅不妨去随便说说。于是鲁迅便如邀到集美去了。

到了集美，叶渊想起鲁迅是一个思想前进的文人，一定不能赞同他的守旧主张，恐鲁迅的演说与他相左，特先请他吃一些好吃的，然后才带他进礼堂。

礼堂皇皇异甚，在数千个青年学生伸长颈子的仰望中，叶渊介绍鲁迅上台演讲了。鲁迅开头便说："我在厦门的时候，听说叶校长的办学很拘束，学生极不自由，殊不敢加以赞同。本想不来，林玉堂先生却怂恿我随便说一些。刚才校长又请我吃面，吃了人家的东西，好像要说人家的好话，但我鲁迅并不是那样的人，对于叶校长办学的方法之错误，以及青年身心的发展，和参加社会活动的必要，等等，我仍旧是非说不可的。"说完他所要说的话，鲁迅大公无私的精神，和当时叶渊失望不安的情态，也就可想而知了。

过后集美学生竟提出"打倒叶渊"的口号，全体罢课，电请校主陈嘉庚另请新校长，否则誓不复业（指学业），校潮汹涌了几个月，那时的大学院院长蔡元培，应陈嘉庚之请，亲自南下调解，始渐平息。

这个故事直到现在还流传于闽南一带。鲁迅为青年学生所信仰，及他所给予青年的激动力，于此可见一斑。

36. 到广州

鲁迅终于在 1927 年 1 月 18 日，乘从厦门到广州的"苏州轮"到达黄埔港，冒雨下船，雇小舟至长堤，订下旅馆房间，顾不上休息，就匆匆赶往高第府街许宅去看望广平。两人重逢，喜出望外，充满了爱情的甜蜜。

1 月 19 日晨，孙伏园、许广平帮助鲁迅搬进中山大学，寓大钟楼。鲁迅被任为文学系主任兼教务主任，他再不胆怯，公开请许广平当他的助教兼翻译。

36. 到广州

他俩课余走访创造社出版部广州分部，鲁迅对许广平说："我们应该同创造社的人联合，对文化有所贡献。"

课余，鲁迅和许广平等朋友也去游玩，2月4日登越秀山还把脚跌伤了。2月18日伤没有好，就到香港演讲，题目是《无声的中国》和《老调子已经唱完》。两天后，他最好的朋友许寿裳应邀来了，一起住在大钟楼。俩人的书桌和床铺，占了屋内对角线的两端。许广平住外边过道。3月29日，三人又移居白云路白云楼，这里远望青山，前临小港，地甚清幽。书桌上浸在水中、枝叶青葱可爱的"水横枝"，甚是喜人……

鲁迅始终不停地勤奋用功，晚餐后来客络绎不断，大抵至十一时才散。这时鲁迅才开始写作，有时至于彻夜通宵，清晨还伏案挥笔。收入《故事新编》时改为《铸剑》的《眉间尺》就是这样写成的。其他如《朝花夕拾》《唐宋传奇集》等也是在炎热流汗、不停挥扇的情况下编成的。

他是为写书、编书、教书而来，刚到中山大学时，就说过他的本意，"原不过是教书"，并不愿意像同乡秋瑾姑娘那样被捧为"战士""革命家"。如不然，就会像秋瑾那样"被这种噼噼啪啪的拍手拍死的"。确实，鲁迅本就是志在教书、做学问、搞创作，本原思想是"幸福的度日，合理的做人"。

然而，本意是本意，实际却事与愿违。不久，就发生了四一五"清党"大屠杀，又眼见了许多青年的血，负责中国共产党与鲁迅联系的那瘦小精干的湖南青年毕磊，竟被同是青年的人装进麻袋，扔进珠江，惨死了。"对于别个的不能再造的生命和青春，更无顾惜。如果对于动物，也要算'暴殄天物'。"（《答有恒先生》）何况是人呢？他又被血吓得"目瞪口呆"，加之诬他的《中国小说史略》是抄袭盐谷温的顾颉刚也来到中山大学，于是"鼻来我走"。保护被捕学生不成，又有宿敌来犯，便和许广平一起于1927年9月27日离开广州路经香港，乘轮船去往上海。

37. 去上海

1927年10月3日，鲁迅携许广平到达上海，初住共和旅店，三弟周建人天天来陪伴。旅店不是长久居住之处，鲁迅与建人商议，拟觅一暂时栖身之所。恰巧建人在商务印书馆做编辑工作，住在宝山路附近的景云里内，那里还有余房可赁。当时茅盾、叶绍均等许多文化人，云集在这里，颇不寂寞。于是鲁迅和许广平就在10月8日，从共和旅店迁入景云里第二弄的最末一家二十三号居住了。

在广东遭遇1927年4月"清党"之后，惊魂甫定，来到上海，心里是走着瞧，原没有定居下来的念头的，因自厦门到广州，鲁迅如处于惊涛骇浪中，原不敢设想久居的，所以购置家具，每人仅止一床、一桌、二椅等便算是足备了。没有用工人，吃饭也和建人以及他的同事们在一起。和建人两家合伙烧饭，以免和同事们一起诸多不便，一切柴、米、油、盐等杂务，托王蕴如的一位亲戚兼管，就在二十三号楼下煮食。后门，紧对着鼎鼎大名的奚亚夫，挂有大律师的招牌，他家中有十四五岁的顽童，经常惹事，已经影响到生活，这时刚好弄内十八号有空屋，于是在1928年9月9日鲁迅移居到十八号内，并约建人全家从一弄原来的住处搬到邻旁的十九号。从1927年10月起，鲁迅在二十三号共住了十一个月。在十八号、十九号，建人和鲁迅兄弟俩怡怡相处了五个多月，这是鲁迅最快活的日子。

忽然，听说隔邻十七号又空起来了，鲁迅欢喜它朝南又兼朝东，两面见到太阳，是在弄内的第一家，于是商议结果，又租了下来。粉刷之后，在十七号与十八号之间，打通一木门，为图两家方便，就从十八号出入。这样，就安顿了下来。

在此期间，1927年愤慨大屠杀的杂文收在《而已集》，1928年10月由上海北新书局出版。1927年至1929年左联时期所作杂文三十四篇，编入《三闲集》，末附1932年所作《鲁迅译著书目》，1932年9月由上海北新书局出版。1932年至1933年所作杂文五十一篇，编入《南腔北调集》，1934年3月由上海同文书店出版。

在广州时，鲁迅曾经想和创造社联合起来，共同建设新文化。到上海后，创造社的激进青年竟和太阳社联手围攻起鲁迅来了。连篇累牍的"革命文学"全是攻击和谩骂，什么"封建余孽"，什么"法西斯蒂"，说不出一点儿理论，也出不了任何文采。鲁迅不得已也还击了几篇，但就是这样的文章也比这些"革命青年"老成得多，认为既然要主张马克思主义，就首先要学习基础理论，他全力翻译了卢那卡察斯基的《艺术论》《文艺与批评》，普列汉诺夫的《艺术论》等马克思主义文艺理论著作。这场论战在1929年冬天，由于中共中央的干预停了下来。当时的中共中央领导人李立三要求联合鲁迅，成立左联。联合，鲁迅同意了。

38. 左联盟主

1930年3月2日下午，景云里不远的四川路窦乐安路233号中华艺术大学二楼的一间大教室里，秘密举行了中国左翼作家联盟成立大会。鲁迅为公认的左联"盟主"，在会上，鲁迅做了讲话，没有讲稿，冯雪峰做了记录，会后整理发表。为了证明记录的准确、真实，冯雪峰特别说明："峨冠博带"这种词就不是我所有的，只能是鲁迅说的。鲁迅也认可了《对于左翼作家联盟的意见》这份讲稿，收在《二心集》里。这个讲话至今仍然闪耀着真理的光芒，譬如"倘不明白革命的实际情形，也容易变成'右翼'。革命是痛苦，其中也必然混有污秽和血"，"要'韧'"，等等。值得我们永远牢记。之后，鲁迅写了好几篇非常有力的与左联同声同气的杂文，收在《二心集》等集子里。

鲁迅与创造社等革命作家联合起来了，但是并没有停止对他们的批评。1931年7月20日，在社会科学研究会上的讲演《上海文艺之一瞥》中首先肯定"在新分子里，是很有极坚实正确的人存在的"，然后尖锐地指出，"革命文学运动"内部一些人的错误之处在于"他们对于中国社会，未曾加以细密的分析，便将在苏维埃政权之下才能运用的方法，来机械的地运用了"。再则，他们"摆着一种极左倾的凶恶的面貌，好似革命一到，一切非革命者就都得死，令人对革命只抱着恐怖。其实革命是并非教人死而是教人活的"。这些话，实质上是与民主革命时期的毛泽东非常一致的。毛泽东应该是鲁迅所说的"极坚实正确的人"。鲁迅的确是革命队伍中极老练的一员，他们都主张人们的思想要符合客观外界的规律性，来不得半点儿主观主义。

39. 白色恐怖下的生活

1930年2月，鲁迅参与发起了中国自由运动大同盟，1930年3月参加了左联。因为政治上的压迫，鲁迅屡次避居。这时海婴已有半岁，经内山书店老板内山完造先生介绍，搬到北四川路拉摩斯公寓里去了。到了"一·二八"战事，景云里陷入火线中，建人住的房子，楼上的眠床，被炮弹射穿。幸而他躲在楼下，才免于危险。但日本军队如狼似虎地到处捉人，看见了他，就加以拘留，鲁迅托内山先生去查询才得放出来和家人相见。可是景云里还拘着不少的人，有一家有人被打死，有一家灶被毁坏，扔了不少脏东西。景云里十九号建人的房子被炸毁，他们一家只好搬到别处。

39. 白色恐怖下的生活

鲁迅住的拉摩斯公寓也极危险，左首正是日本军队的司令部。房间前面是落地的玻璃门，门外是阳台，正对左手的玻璃门放着写字台。开火的第三天早晨，有日本海军陆战队十多个人，拥到寓所搜查，理由是中国出现了便衣队，有人从楼上向下放枪！

搜查之后，日本兵去了。内山完造先生担心鲁迅的安全，请他们两家躲在英租界三马路内山书店支店楼上，十人一室，席地而卧，整整一周。回来后，发现写字台前面落地门的玻璃上有一个圆洞，分明是子弹打穿的，高低正在台子的抽斗下面，如果写字台后的椅子上有人坐着写字，子弹必定打在腹部，后果不堪设想。室内没人向外打枪，那子弹一定是由外面打进来的。鲁迅的住所在三楼上，相当的高，外面是马路，对过是西童公学的大空场，放枪的人立在什么地方呢？如果从西童公学的楼上打过来，似乎距离太远，那洞也似乎不应该这样圆滑了。

很多人家因为战事破产了，一些少女沦落为妓。1932年2月16日，鲁迅和公寓的十个人到同宝泰饮酒，有些醉。复往青莲阁饮茶，邀一妓略来坐，给以一元。其实，这是施舍救济的一种方式，并从而了解难民的生活状况，并无也不可能有其他事情的。

1933年4月11日，鲁迅搬到新盖的大陆新村九号去了，一直住到1936年10月19日去世。

1933年1月，《申报》副刊《自由谈》由黎烈文先生主编，他托郁达夫向鲁迅约稿。鲁迅答应了，从1933年1月至1934年11月给《自由谈》投了百余篇千字左右的杂文，短小精悍，幽默风趣，这些文字分别结集出版。1933年10月，《伪自由书》由上海北新书局出版；1934年12月，《准风月谈》由上海联华书局以"兴中书局"名义出版，次年1月再版，1936年5月改由联华书局出版；1936年6月，《花边文学》由上海联华书局出版。

1933 年鲁迅参加了宋庆龄、蔡元培领导的中国民权保障同盟。一个组织若喊喊人权也就罢了，一旦形成有国际影响的团体，国民党政府势必置其死地而后安。方法之一便是暗杀，暗杀的第一目标是同盟的总干事杨杏佛。6 月 18 日，杨杏佛被特务暗杀。虽然鲁迅也在传说中的暗杀名单上，但他毫无畏惧地参加了 6 月 20 日杨杏佛的葬礼，临走不带家门钥匙，准备牺牲。鲁迅回来后作了七绝《悼杨铨》：

岂有豪情似旧时，花开花落两由之。

何期泪洒江南雨，又为斯民哭健儿。

后来在致太原文学团体榴花社信中，谈到当时情况时说："此地盛行白色恐怖，仅仅主张保障民权之杨杏佛先生，且于前日遭了暗杀，闻在计画杀害者尚有十余人。我也不能公然走路。"同时还晓谕他们注意斗争策略："战斗当首先守住营垒，若专一冲锋，而反遭覆灭，乃无谋之勇，非真勇也。"

40. 怜子如何不丈夫

到达上海后，种种关于鲁迅与许广平的流言越传越盛：什么"私奔""卷逃"，许广平是"姨太太""小妾"等，不一而足。鲁迅有些胆怯，初住景云里时，让广平住三楼，自己住二楼，造成并未同居的假象。对外，包括许广平在上海的姑母，只说许广平是他的助手和秘书，不说是爱人。到杭州去度"蜜月"，也要拉上许钦文同住。但流言不但没有消声，反而更盛。1927 年冬天，荆有麟去上海看鲁迅，鲁迅将自己住的二楼床铺让给他，自己住到三楼许广平那里去。第二天上午，广平拿一封信下楼来，交给鲁迅，说："你看，她们多可恶，江绍原太太来信，说她要改称呼了。再不以姊妹相称，她要称我师母。"

40. 怜子如何不丈夫

鲁迅笑了，说道："那就让她称师母好了。有什么要紧呢？"

荆有麟当时也接着说："那我也改称呼了。"

鲁迅又笑了，而且笑得很响亮。广平却红起脸说："你们全可恶！"一下子跑出去了。

1929年5月，鲁迅回北平探视母亲。广平本来很想一同回去看看，但是许广平怀孕了，为避免颠簸，只好让广平留在上海家里。而这短短的分别，更增加了鲁迅对广平的依恋，不断地给广平写信，称广平为"乖姑""乖而小的刺猬"。一次，还选用了两张寓意颇深的笺纸。第一张上画的是一枝淡红色的枇杷，枝叶间结有三个果实，两大一小，旁书一诗曰："无忧扇底坠金丸，一味琼瑶泌齿寒。黄珍似梅甜似橘，北人曾作荔枝看。"第二张笺纸上所画是两个莲蓬，一高一矮，充满子实；左侧有诗曰："并头曾忆睡香波，老去同心住翠窠。甘苦个中侬自解，西湖风月味还多。"

5月20日，许广平收到这封信，明白先生的寓意：彩印在笺纸上的三个红红的枇杷，是她特别爱吃的水果。如今，胎儿在腹中，更是想吃。这三个果实，两大一小，不正象征着夫妇俩和腹中即将出生的胎儿吗？第二张笺纸上，两个莲蓬一高一矮，不正是她和先生的象征吗？心里万分喜悦，回信称先生为"小莲蓬"。鲁迅复信说："小刺猬，我们之相处，实有深因，它们以它们自己的心，来相窥探猜测，哪里会明白呢。我到这里一看，更确知我们之并不渺小。"

1929年6月3日，鲁迅惦念着怀孕的广平，忍心告别了年迈的母亲，携带一些书籍和广平产后需要的小米，由众多亲友送上南去的列车，急切地回到了广平身边。

1929年9月26日上午，广平感到阵阵腹痛，鲁迅不顾自己生病发热，赶快把她送到医院。广平当时已属高龄产妇，难产，医生征求鲁迅的意见:"留小孩还是留大人?"鲁迅毫不犹豫地回答:"留大人。"经过二十几个小时的阵痛,1929年9月27日清晨,孩子终于呱呱落地了,是男孩。鲁迅欣慰又诙谐地说:"是男的,怪不得这样可恶。"他坚定地回答"留大人",倒使母子俩都平安。

第二天,鲁迅满面春风地走进医院,手里端着一盆栽的小松杉,轻轻放在广平床边的小桌上。松杉那青翠嫩绿的枝叶,一直留在广平记忆中:"翠绿、苍劲、孤傲、沉郁,有似他的个性",而且寄寓着鲁迅对"小刺猬"的爱。

小孩生下来后,鲁迅每天至少有两三次到医院里来,有时还领着一批批的朋友来慰问,而且顺便或特意,手里总拿些食用物品给广平,每当静静坐下来之后,更喜欢慈祥地看着小孩的脸孔,承认是很像他自己,却又谦虚地表示:"我没有他漂亮。"

10月1日的早晨,往常这时候鲁迅多未起床的,但是自从小孩生下来,每天九时左右他就来了。很悠闲地谈话,问到广平有没有想给他起个名字,广平说没有。鲁迅说:"想倒想起两个字,你看怎样?因为是在上海生的,是个婴儿,就叫他海婴,这名字读起来颇悦耳,字也通俗,但却绝不会雷同。译成外国名字也简便,而且古时候的男人也有用婴字的。如果他大起来不高兴这个名字,自己随便改过也可以,横竖我也是自己再另起名字的,这才暂时用用也还好。"广平同意了。从此这就算是孩子的名字了。

然而海婴的名字多是在朋友面前才叫出的。依照上海人的习惯,不知是谁,也许是从护士小姐的口里叫起的吧,"弟弟,弟弟",就成了他日常的称呼。不过他还有许多小名,那是他们私下叫的。譬如林语堂先生称誉鲁迅先生在中国的难能可贵,誉之"白象"。因为象多是灰色,遇到一只白的,就为一些国家所宝贵珍视了。这个典故,广平曾经偷用过,叫他"小白象",在《两地书》中替以外国字称呼的其中之一就是。这时鲁迅拿

40. 怜子如何不丈夫

来赠送海婴,叫他"小红象"。

十二天之后得到医生的允许,广平可以回家了。自然多住几天更好,在鲁迅心里是希望广平多休息几天的。不过他不时地奔走于医院与寓所之间,广平晓得他静不下来工作,不大妥当,于是回去了。走到楼上卧室里一看,清洁齐整,床边也一样摆起小桌子,桌子上安放些茶杯、硼酸水之类的常用品,此外更有一盆精致的松树。每一件家具,尽可能地排换过位置。平时鲁迅从不留心过问这些琐碎的事,现在安排起来也很合适,给广平一种惊奇和满心的喜悦,默颂那爱力的伟大。

鲁迅是一个好父亲,每天工作,都搬到楼下去,把客堂的会客所改为书房,在工作的时候他可以静心,更可以免得在小孩跟前轻手轻脚,不自如,还怕用烟熏了小孩不好。在会客的时候,也省得吵到广平的休养。但一到夜里十二时,鲁迅必然上楼,自动地照顾到凌晨二时。而十二时以前的数小时,就由女佣招呼,以便广平能得到充分休息。二时至六时,才是广平值夜。每天如此,留心海婴的服食眠息。大约鲁迅值班的时候多是海婴睡足之后吧,总时常见他抱着他坐在床口,手里拨弄一些香烟盒盖之类,弄出锵锵的响声,引得小孩高兴了,小身子就立在他大腿上乱舞。倦了,鲁迅也有别的方法,把海婴横困在他的两只弯起来的手弯上,在小房间里从门口走到窗前,再来回走着,唱那平平仄仄平平仄的诗歌调子:

小红,小象,小红象;

小象,红红,小象红;

小象,小红,小红象!

小红,小象,小红红。

有时又改口唱,仄仄平平平仄仄调:

吱咕，吱咕，吱咕咕呀！

吱咕，吱咕，吱吱咕。

吱咕吱咕……吱咕咕，

吱咕，吱咕，吱吱咕。

一遍又一遍，十遍二十遍地……孩子在他两手造成的小摇篮里安静地睡熟了，有时听见他也很吃力，但是总不肯变换他的定规，好像那雄鸽，为了哺喂小雏，就是嘴角被啄破也不肯放下它的责任似的，鲁迅是尽了最大的力量，在可能范围里尽为父之责了。

海婴与鲁迅

鲁迅最怕的是小孩子生病，如果一看到海婴发热伤风就会影响他的工作。遇到了真使他几乎"眠食俱废"，至少也得坐立不安，精神格外兴奋。后来小孩大到几岁，也还是如此。除了自己带着看医生之外，白天，小孩病了但多放在旁边，到了夜里，才交给女佣照应。但也不时到她们卧室去打听，小孩有些咳嗽，不管在另一间房子或另一层楼，最先听到的是鲁迅。为了省得鲁迅操心，广平每每忍耐着不理会，但是他更敏感，时常叫广平留心听，督促她去看，有时也会听错了，不过被他猜中的机会更多。遇着广平睡熟了，如果不是咳得太厉害，他就不叫醒她，自己去留心照料。一个孩子他就费这许多心血，无怪他在日译《中国小说史略》序里说："一妻一子也将为累了。"的确是的，鲁迅时常说：有了广平和海婴的牵累，使他做事的胆子比较的小，时常有更多的顾虑。广平也时时顾虑鲁迅，担心他意外或意中的遇难，对于这，他们有时也起少许的波澜，每逢遇到鲁迅应友人邀请外出而没有依时间回来，广平在家中遭遇的煎熬，凡是个中生活的人都体会得到的吧。尤其是这种操心，不能向左右的人们说出，

40. 怜子如何不丈夫

而在夜里,虽然绝不愿意想到什么万一的意外,却是首先总会想到这,甚至在脑中描出一件意外,一个人浴血躺在地上,但自己是安坐在家里,让血在沸腾着。焦躁地对着灯儿,等待那人不来,坐也不是,睡也不是,看书也不是,做事也不是的时候,真是闻足音则喜,竖起耳朵,在听到那钥匙碰到门锁的响声,就赶紧去开电灯,把满心的焦虑变成自觉是多余的庸人自扰了。这时,一面喜悦的埋怨声,一面抱歉地在说明,像闪电的瞬息,遇到了互相拥抱的欢慰。

鲁迅常常想到这些年遇到好多朋友的流血,如果没有广平的陪伴,在遭到这一连串血的淤埋时,自己该会是何等状况?所以鲁迅特地赠给广平一首诗:

题《芥子园画谱三集》赠许广平

十年携手共艰危,以沫相濡亦可哀;
聊借画图怡倦眼,此中甘苦两心知。

"做文学家的女人真不容易呢,讲书时老早通知过了,你不相信。"这是每当惹得广平不悦时,鲁迅总要抱歉地讲的话。是的,先生是早就讲过这个话。广平当时并不在乎,答说自己就是愿意"做文学家的女人"。

一到上海,广平起初希望在社会上找一份工作,保持经济上的独立。努力了好几处,终于经母校女师大校长、鲁迅挚友许寿裳先生居中介绍,在教育界找到了一个教职。一天饭后,广平兴

鲁迅、许广平与周海婴

冲冲地告诉鲁迅，鲁迅却难过地说："如果你到外面做事，我的生活又要改变了，又要恢复到以前一个人干的生活中去了。"广平当初没有想到这一层。两人沉默了好长时间，鲁迅又用哀求的语气说："你出去做事，辛苦一个月，还得看人家的面孔，拿的薪金，我两篇文章就收来了。你还是在家里不出去，帮帮我，让我写文章吧。"广平深受震动。她也意识到鲁迅离不开她的帮助，自己同样离不开先生。因为他们互相爱得那样深，相依为命，离则两伤，谁都离不开谁，于是放弃了出去工作的打算，全方位地负起照顾鲁迅的责任。此后，鲁迅彻底改变了"古寺僧人"式的单身生活，1928年7月，章川岛趁暑假之便到上海看望鲁迅，感到先生不但精神愉快，精力旺盛，而且给人一种新鲜的感觉，脸上气色很好，不像以前那么沉郁、苍白了，人也似乎胖了一些，身上的衣着也比先前整洁得多。当然，这全赖于广平的温情照顾。

鲁迅非常关心广平的未来，希望自己不在时，她能有一门独立支撑生活的技能。1927年12月，也就是他们在一起两个月后，鲁迅开始给广平讲授日语。首先，鲁迅亲自编写了二十七篇课文，给广平讲授，打下基础；一个月后，课本换成《尼罗河之草》；最后讲授日文版的《马克思读本》。教学在晚上进行，一年半以后，广平能够把日文童话集《小彼得》转译成汉文，经鲁迅校改出版，署名"许霞"，因为许广平幼名"霞"。

鲁迅对广平的身体也很关心。一次，和郁达夫等人吃饭，饭后，茶房端上咖啡来时，郁达夫观察到鲁迅很热情地向正在搅咖啡杯的许广平看了一眼，又用告诫亲属似的热情的口气，对许广平说："密斯许，你胃不行，咖啡还是不吃的好，吃些生果吧！"在这一个极微细的告诫里，郁达夫第一次看出了他和许广平中间的爱情。"情商"很高的郁达夫也感到了许广平对鲁迅的爱护。

40. 怜子如何不丈夫

鲁迅对于烟酒等刺激品，一向是不十分讲究的。对于酒，也同烟一样，他的量虽则不大，但却老爱喝一点。在北平的时候，郁达夫曾和他在东安市场的一家小羊肉铺里喝过白干；到了上海之后，所喝的，大抵是黄酒了。但五加皮、白玫瑰，他也喝，啤酒、白兰地也喝，不过总喝得不多。许广平无微不至地爱护、关心鲁迅的健康，有一次问郁达夫："周先生平常喜欢喝一点酒，还是给他喝什么酒好？"郁达夫答以黄酒第一。但许广平却说，他喝黄酒时，老要喝得很多，所以近来她在给鲁迅喝五加皮。但因为五加皮酒性太烈，她平时老把瓶塞拔开，好消散一点酒气，变得淡些。在这些地方，郁达夫看出许广平一心为鲁迅牺牲的伟大精神来，仔细一想，真叫他感动得下泪。

1933年初，鲁迅将他与许广平1925年3月至1929年6月的通信重新整理抄写，由上海青光书局出版，并告诉独子周海婴，他们辞世后可以出版原信，不必做任何修改。《两地书真迹》(原信手稿)，由上海古籍出版社于1996年1月正式出版。

鲁迅老来得子，对海婴溺爱有加。

小海婴膝盖部位曾经长过一疮，出脓后，一个多月总不长新肉，露着一个大洞，经常流血不止。鲁迅给他用一种叫"黄碘"的消炎药粉，填入伤口，过了不久，就从里向外长出新肉，伤口逐渐得到愈合。父亲弯下身去，细心地给他敷药的情景，海婴一直记忆犹新。

上海的夏天天气闷热，鲁迅的事情又多，往往弄得"满身痱子"，身心很不舒适。其实，使他更着急的倒是海婴每年一到夏季，总要长一身痱子，又红又痒，抓挠不得，一不小心，溃破化脓，那就更加难受。每到夏天晚饭以后，海婴跑到二楼，躺在父亲床上，天色已暗，但不开灯，以求凉爽。这时候鲁迅就准备一个有盖的小碗和一块一寸左右、呈椭圆形的天然海绵,将兜安氏痱子药水先行震荡,待沉淀在下层的药粉混合均匀,在小碗中倒上一点,用药水把海绵浸湿,轻轻涂在海婴胸前或背上,每搽一面,就用扇子扇干,再搽一面。这时是海婴感到最大安慰的时刻,因不怕影响父亲的写作而被"驱赶",更有机会同时亲近双亲,躺在两人之间,让自己的心灵浸在无比温暖之中。

时光悄悄地逝去,直到天色黑尽,全市灯火通明的时候,父亲开始工作了,海婴这才怀着恋恋的心情,无可奈何地回到三楼,在自己的卧室中进入梦乡。

海婴小时候种下了气喘病的根子,每到疾病发作期间,不但自己痛苦不堪,也使他父母劳神不止。

这种哮喘病,每在季节变换的时候发作。一犯起来,呼吸困难,彻夜不眠。常用的一种方法,海婴称之为蒸气吸入法。父亲架好一套吸入器皿,即在盛水小锅中卡上一支细管,加橡皮圈密封,将细管一端通入另一小杯,杯中装有调好的"重碳酸曹达"和食盐稀溶液,用酒精加热烧开,蒸气将药液喷射带出,因为怕盐水刺痛眼睛,还要蒙上眼睛,叫海婴张口吸气。湿润的带药蒸气进入气管,药味咸而略苦,对消炎止咳有明显的效果。如果还不痊愈,就改用一种药膏热敷。先将"安福消炎膏"隔水泡热,母亲按海婴背部大小准备一块布料,父亲用钝刀将白色的黏稠药膏刮在布上,贴在海婴背部或前胸,二十分钟以后揭去。这种药膏有一种薄荷味,十分清凉,对于剧烈的哮喘,也能起到缓和作用。但以上两种方法,都不如芥末糊的功效来得神速。这似乎成了对付哮喘病的一张王牌。说起来也很简单,用一个脸盆,放进二两芥末粉,冲入滚烫的开水,浸入一块毛巾,待芥末汁浸透以后,鲁迅便用两双筷子插入毛巾,以相反的方向绞去水分,以海婴能够忍耐的温度为准,热敷背部,上面再用一块干毛巾盖住,十几分钟以后撤去,此时背部通红如桃,稍一触及颇感疼痛。经过这一番热敷,海婴

40. 怜子如何不丈夫

感到呼吸大为通畅，而且又困又乏，缓缓睡去，往往可以睡个通宵。这种方法，不知由谁介绍，其效果非常显著，屡试不爽，所以多为鲁迅和许广平所采用。但有时哮喘剧烈，此法仍不奏效，那就直接用二三两芥末，加凉水和匀，如"安福膏"一样涂在布上，贴在背部。此糊虽凉，但越敷越热，刺痒灼热，似不可忍，时间也以十分钟为度，时间稍过，则背部出水泡，如开水烫伤一般。这样气喘虽缓，却要另吃一种苦头，因此一般不轻易采用。

小时候的海婴，简直是疾病灾难，萃于一身。除了哮喘以外，还得过阿米巴痢疾。吃药打针自不必说，厉害的时候，还不得不采用"饥饿疗法"，每天都以稀米汤为食，碗里漂有几个米粒，就感到大喜过望。

鲁迅对老年才得的儿子宠爱有加，海婴也愿意跟父亲玩耍，广平夹在中间就为难了。她需要察言观色，先观察先生是否有急事要做，再看海婴是否到了适可而止的程度；倘若错过了机会，或者不晓得他在忙于工作，或者以为他们父子正玩得高兴，不好蓦然叫开，等之又等，广平才叫海婴到别处玩，这时做父亲的鲁迅竟然会埋怨说："把孩子交给我领了几个钟头了。"广平对别人感叹说："在同孩子玩的时候，他是高兴的，我又不敢打断他们的兴致。"他和爱子周旋着觉得高兴，对海婴的疾病，费去多少精力也在所不惜。平时有病，即趁早治疗，如不奏效，就到医院就诊，至少也在百次左右吧！但是他对自己的疾病，似乎不大重视。

海婴给鲁迅带来了异常的快乐。一天，郁达夫来访。鲁迅对他谈起了海婴尽在书房捣乱时，大笑着说："海婴这小捣乱，他问我几时死；他的意思是我死了之后，这些书本都应该归他的。"有时还问："爸爸是谁养出来的""爸爸可不可以吃""这种爸爸，什么爸爸"等。鲁迅开怀大笑，郁达夫记得鲁迅的许多次笑，要以这一次最兴高采烈。

原来鲁迅和海婴父子之间有过这样的对话和交集——

海婴有病时，鲁迅必然上楼照顾。有时，鲁迅又靠在藤躺椅上，海婴不是和他挤在一张椅子上并排躺下，就是骑马式地坐在他的身上，边吃边谈天，提出许多幼稚的问题：

"爸爸，侬是谁养出来的呢？"

"我的爸爸、妈妈养出来的。"

"爸爸、妈妈的爸爸、妈妈，一直从前，最早的时候，人是哪里来的？"

这样子追寻到物种起源来了，告诉他是从子——单细胞——来的，但是海婴还要问：

"没有子的时候，所有的东西都从什么地方来的？"

这问题不是几句话可以解答的了，而且也不是五六岁的幼小心灵所能了解的，在盘问了许久之后，回答不清了，就只好说：

"等你大一点读书了，先生会告诉你的。"

有时觉得在一张藤椅上两个人挤着太不舒服，就会到眠床上去，海婴尤其喜欢夏天夜里熄了电灯，夹在两个人当中，听讲故事。高兴了，他会两面转来转去地吻爸爸、妈妈，而且很公平地轮流吻着。一天夜里，鲁迅还没有生病的前一年，照例躺在床上，海婴发问了：

"爸爸，人人是哪能死脱的呢？"

"是老了，生病医不好死了的。"

"是不是侬先死，妈妈第二，我最后呢？"

"是的。"

"那么侬死了这些书哪能办呢？"

"送给你好吗？要不要呢？"

"不过这许多书哪能看得完呢。如果有些我不要看的怎么办呢？"

"那么你随便送给别人好吗？"

40. 怜子如何不丈夫

"好的。"

"爸爸,侬如果死了,那些衣裳怎么办呢?"

"留给你大起来穿好吗?"

"好的。"

就这样子,谈笑而道之的。听的时候,觉着小孩儿过于深谋远虑,以为说笑话般的,小孩子的问话,不料不久就像预立的遗嘱而实现了。

鲁迅反对教师鞭打儿童,但有时对海婴也会加以体罚,那是遇到他太执拗顽皮,说不清的时候。一次,小海婴手上蘸了墨汁,拍在鲁迅的稿纸上,然后撕了。鲁迅见到毁坏了他最心爱的文章,气愤至极,抓起几张报纸,卷成一个圆筒,照海婴身上轻轻打去,但样子是严肃的,海婴赶快喊:

"爸爸,我下回不敢了。"

这时做父亲的看到儿子的可怜之状,心软了,面纹也放宽了。这宽容,海婴觉察到了,立刻胆子大了,过来抢住那卷纸筒问:

"看看这里面有什么东西?"

他是要研究纸里面包藏些什么东西用来打他。拿到后才发现里面是空的,这种研究的迫切心情,把鲁迅逗笑了。紧跟着父子之间融融洽洽地聚合,海婴会比较小心拘谨一段。

在别的时候,海婴也会发表意见道:

"我做爸爸的时候不要打儿子的。"

"如果坏得很,你怎么办呢?"鲁迅问。

"好好地教伊,买点东西给他吃。"

鲁迅笑了,他以为他自己最爱孩子,但是他儿子的意见比他更和善;能够送东西给不听话的孩子来做感化工作,这不是近于耶稣的打了右脸再送左脸去的忍耐吗?实际却未必真做得到吧。

因为老来得子,最为疼爱,所以时时不忘。鲁迅写起文章来,一有机会就提起海婴,在《从孩子的照相说起》中说:"因为长久没有小孩子,曾有人说,这是我做人不好的报应,要绝种的。房东太太讨厌我的时候,就不准她的孩子们到我这里玩,叫作'给他冷清冷清,冷清得他要死!'但是,现在却有了一个孩子,虽然能不能养大也很难说,然而目下总算已经颇能说些话,发表他自己的意见了。不过不会说还好,一会说,就使我觉得他仿佛也是我的敌人。他有时对于我很不满,有一回,当面对我说:'我做起爸爸来,还要好……'甚而至于颇近于'反动',曾经给我一个严厉的批评道:'这种爸爸,什么爸爸!?'我不相信他的话。做儿子时,以将来的好父亲自命,待到自己有了儿子的时候,先前的宣言早已忘得一干二净了。况且我自以为也不算怎么坏的父亲,虽然有时也要骂,甚至于打,其实是爱他的。所以他健康,活泼,顽皮,毫没有被压迫得瘟头瘟脑。如果真的是一个'什么爸爸',他还敢当面发这样反动的宣言吗?"

鲁迅在给萧军、萧红的信中也爱提起海婴:代表海婴,谢谢你们送的小木棒,这我也是第一次看见。但他对于我,确是一个小棒喝团员。他去年还问:"爸爸可以吃吗?"我的答复是:"吃也可以吃,不过还是不吃罢。"今年就不再问,大约决定不吃了。字里行间充满了对海婴的爱。

广平有时也会打海婴,但海婴对于妈妈的打是不怕的,甚而欺负妈妈,母子之间的威严总建立不起来;对于爸爸的打却怕。有时候广平问海婴:

"爸爸打你痛不痛?"

"不痛。"

"打起来怕不怕?"

"不怕。"

40. 怜子如何不丈夫

一次，广平向鲁迅谈起："每次在责骂海婴之后，他总是要我加以抚慰才算了事呢。"

鲁迅很率然地说："哪里只是海婴这样呢？"

广平才像彻悟似的说："啊！原来你也是要这样的吗？我晓得了。你无意中说出心底的秘密来了。"

广平感到鲁迅的性情跟小孩子多么像，人们说的"赤子心肠"，正是鲁迅天真的写照。其实广平并不会怎样责骂他，只是两个人相处惯了，大大小小、内内外外的不平、委郁，从集到他的身上，在正没好气的时候，如果广平再一言不慎，这火山立刻会爆发，而且熔岩就会浇到头顶上来，如果不是广平温静地相慰，是不易了事的呢。

海婴还是欢喜跑到爸爸身边。鲁迅能够板起面孔叫他出去吗？不能的，就是在最忙的时候，也会放下笔来敷衍几句，然后再叫广平领他去外面玩。

有一回，鲁迅的稿子正写到一半，海婴来了。看到他还未放下笔，出乎意外地，突然，用小手在笔尖一拍，纸上立刻一大块墨，鲁迅虽则珍惜他付心血写出来的东西，但并不发怒，放下笔，说："唔，你真可恶。"海婴飞快地逃开了。

其他客人来了，鲁迅也经常谈到他的爱儿，说海婴的一切一切，都酷似他自己的幼年时代，比方他幼时最爱万花筒的神秘美，海婴也同样爱玩这个，也要毁坏它来研究美的存在，海婴也全一样……

1932年12月，日本学者辛岛骁又来访了。鲁迅赠他一首诗：

答客诮

无情未必真豪杰，怜子如何不丈夫。

知否兴风狂啸者，回眸时看小於菟。

是啊，投身于时代旋涡的猛虎般的人物，如同猛虎回看小老虎一般，回望他的爱儿，从中不是可以看到鲁迅作为一个人的风采吗？

41. 鲁迅与瞿秋白

初　识

那是1931年，一个五十岁，一个三十二岁，开始了神交。12月1日，在左联刚创刊的《十字街头》小报上，刊登了《论翻译》一文，署名J.K.。文章很长，分两期登完。半年之后，1932年6月也是刚创刊的《文学月报》第一卷出现了鲁迅的《论翻译——答J.K.》，两篇文章都是采取通信方式，谈的是鲁迅刚翻译、出版的苏联小说《毁灭》，令人注目的是从未谋面的两位作者竟互称"同志"。化名J.K.的瞿秋白称鲁迅为"亲爱的同志"，鲁迅则回称瞿秋白"亲爱的J.K.同志"。如瞿秋白翌年7月在《再论翻译——致鲁迅》中所说：鲁迅是"没有见面的时候就这样亲密的人"。

鲁迅1927年9月到上海，1928年就遭到创造社、太阳社四面围攻，骂他为"封建余孽"或"没落者"，甚至为"法西斯蒂"，处于非常孤立的境遇中。这时，竟然有来自左翼的人士称他为"同志"和"亲密的人"，鲁迅自然感到意外的温暖。

《再论翻译——致鲁迅》发表不几天，即1932年7月上旬，这两位亲密的同志第一次会面了。地点在鲁迅到上海后的第二个住处——四川北路的拉摩斯公寓，该公寓由英国人拉摩斯投资，1928年建造，占地约1450平方米，建筑面积5675平方米，为上海著名公寓之一。

上午，阳光明媚，瞿秋白和杨之华相伴着来了。

41. 鲁迅与瞿秋白

一听见叩门声，许广平立即跟着鲁迅开门迎了出来。她记得1923年秋白刚从苏联回来，女师大请他讲演，他留着长头发，长面孔，讲演起来头发掉下来就往上一甩，简直是一位英气勃勃的青年宣传员。而现在站在鲁迅和她面前的，却是剃光了头，圆面孔，沉着稳重的革命家和文学家，不可同日而语了。杨之华呢，比秋白低半头，一看就是位秀气、聪颖的江南才女。俩人站在一起，确是天生的一对。

把秋白和之华让进会客室，还不到三岁的小海婴，不顾保姆的阻拦，也跑过来迎接客人。

广平索性拉过海婴介绍道："这是海婴，小淘气。"

秋白站起来爱抚地摸摸海婴的头，之华弯下腰亲了海婴一下。

秋白的别名很多，在鲁迅家时称"何苦"。因此，鲁迅对海婴说："这是何叔叔，那是何家姆妈。"

海婴听话地叫："何叔叔，何家姆妈。"

说完，广平和之华拉着海婴到卧室去了，留下鲁迅和秋白畅谈。他俩一见面就有说不完的话，从日常生活、淞沪战争，到彼此的遭遇和文学界的情况等，一个话题接着一个话题。

为了庆祝这第一次的会见，广平准备了一桌丰盛的午餐。秋白破例喝了一些酒，脸上泛着红晕。下午俩人放弃午睡接着谈，一直谈到夜幕降临，秋白和之华才依依不舍地离去。

回　　访

9月1日上午，在初秋的蒙蒙细雨中，鲁迅一家三口应邀来到瞿秋白夫妇寄寓的谢澹如家回访。谢家在紫霞路六十八号，是自置的一所楼房，占地七分多，三开间三进，家里只有老母、一个孩子和几个佣工，环境相当幽静。

　　秋白夫妇住在二楼东厢房，家具都是现成的。对面厢房是书房，秋白夫妇非常喜欢谢家的藏书。深通人情的鲁迅特地买了一盒玩具送给谢家的孩子。这是第二次会面了，谈话更加无拘无束，秋白拿出他关于文字改革的书稿，兴致勃勃地在书桌前与鲁迅交谈。这是一张特制的西式木桌，上面有书架可以放文件，下面的抽斗也一样，只要把书桌上面的软木板拖下来，就可以像盒子一样，连抽斗也给锁起。这张桌子，随着秋白多次迁徙，最后在离开上海去苏区前，搬入大陆新村鲁迅家保存。

　　为了招待鲁迅一家，杨之华到饭馆叫了几个菜。但吃的时候发现菜是凉的，味道也不好，之华很内疚和不安。鲁迅却毫不在乎，仍然和秋白谈笑风生。这天，鲁迅在日记中写道："午前同广平携海婴访何家夫妇，在其寓午餐。"

　　从1932年9月1日开始，鲁迅日记中就时常出现"何家夫妇""文尹夫妇""何君""维宁""它""宜宾""何凝"等代表瞿秋白和杨之华的"名号"。

　　9月14日，秋白夫妇再次访问鲁迅。当时鲁迅"神经痛"和"右足发肿"初愈，尚未完全康复。9月27日是海婴的生日，秋白夫妇于18日赠给三岁的海婴一盒金铃子和两盒叫呱呱，同时有信致鲁迅。

到鲁迅家避难

　　11月下旬，秋白、之华住的紫霞路出现紧急情况，必须马上转移，他们即刻想到的去处只有鲁迅家，约好分别走，在鲁迅家碰头。可惜恰逢鲁迅回北平探母病，广平接待了秋白。等了好久，之华没到，第二天还没有到。

　　秋白着急了。请人到街头寻找，终于在马路上遇到了之华。原来之华一直东躲西藏，生怕特务还在盯梢，给秋白和鲁迅带来严重后果，只在外边兜圈子，没敢进鲁迅家。来人找到她后，因为是白天，仍不放心，请那人先走，自己继续在街上兜转。天黑下来，确信没有"尾巴"跟踪了，精疲力竭的之华才来到鲁迅家。广平赶忙让她洗漱，因鲁迅不在家，把大床让出来，让秋白和之华睡。直到 11 月 30 日晚，鲁迅从北平回来了，十分高兴地与秋白热谈。

夜里，秋白和之华换到另外一间继续住下来。这是秋白第一次在鲁迅家避难，感触颇深，12 月 7 日，之华赠送广平一副面镜，秋白用毛笔书写了一首青年时代的七绝旧作赠给鲁迅：

雪意凄其心悯然，江南旧梦已如烟。
天寒沽酒长安市，犹折梅花伴醉眠。

诗后附一段跋文："此种颓唐气息，今日思之，恍如隔世，然作此诗时，正是青年时代，殆所谓'忏悔的贵族'心情也。"向人生知己鲁迅坦露自己当时的情怀，也是对现时现地遭受压迫的写照。彼此朝夕相处，亲如一家，海婴亲切地喊之华"何家姆妈"。

送海婴的礼物——"积铁成象"

12 月 9 日下午，秋白夫妇托人到一家大公司买了一套高级玩具——"积铁成象"送给海婴。

鲁迅在日记中写道："下午维宁及其夫人赠海婴积铁成象玩具一合"。玩具有积木，似乎众所周知，这里说赠的是"积铁成象"，好像不易理解。其实就是铁材制成的可搭成各种形象的玩具。鲁迅对它这样命名，是非常贴切的。

这一盒珍贵玩具，上面有全部零件的清单，可以按件核对，以便发现临时遗忘了哪件。匣盖面呈黄色，里为白色，秋白还亲自以清晰秀丽的笔迹，按顺序写明零件的名称，各有多少种，多少件，连有多少颗螺丝、螺母都写得一清二楚，毫无遗漏。字里行间，凝集、渗透着一位革命家对待事物缜密细心、一丝不苟的精神。

这种"积铁"玩具，当时非常稀罕，只有舶来品。盒分大中小三种，零件多少繁简不一，秋白送的是一个中盒。其中大小轮子各有四个，长方形底座一个，长方形铁片两块，梯形铁片一块，还有许多不同形态的条、轴若干，摇把一只，还附有螺丝和卡子一小盒。零件全都漆以红绿两色，满布均匀的圆孔，以备搭积时穿固螺丝之用，所有零件都做得非常精致。匣内还附有厚厚的说明书一册，载有搭成各种器物图像若干幅，从简至繁，一一备载。简者如天平、椅子、跷跷板；繁者如火车、飞机、起重机等。海婴最喜爱搭的是起重机，搭成以后，还挂上一件物品，然后用摇把摇起，逐渐升高，十分有趣。这种铁材制成的玩具，不仅益智，而且耐用。秋白夫妇送的这套，售价之贵令人咋舌，使鲁迅和广平于心不忍：他们自己生活极其艰苦，却以昂贵的价格买下这套玩具送海婴，其用心可谓深矣！当时秋白说："将来革命成功，必有一番大规模的建设，而这些建设工作，没有人才是不行的，因此对下一代必须及早给以科学技术教育，以备将来深造之用。"言谈之间，秋白隐约透露，他们这些革命家难免有不测之遇，"留个纪念，让孩子大起来也知道有个何先生"，这就是他们仅有的一点愿望。

再去避难

自从1932年有同志被捕以后，侦探在到处追逐秋白，他病得又很重，住在鲁迅家里已经好久了。虽然鲁迅当时也被暗探四面跟踪着，但是鲁迅终于把秋白安全保护了近一个月。后来因为外面已经有些"风声"，所以

41. 鲁迅与瞿秋白

组织上决定把秋白同志搬到另一个地方。

秋白回到暂时无事的紫霞路谢澹如家，第二天就托人给鲁迅带了平安信，并赠火腿爪一枚；鲁迅回赠文旦饴两盒。此后，两人信件往来不断。12月28日，秋白写信给鲁迅，还附一首诗：

不向刀丛向舞楼，摩登风气遍神州。

旧书摊畔新名士，正为西门说自由。

此诗抨击当时报刊上的颓废文章，无视帝国主义的侵略，而为西门庆之流"说自由"。

但是，谢家很快受到警告，又不安全了。出于无奈，1933年2月，距离第一次避难才两个月，秋白和之华只得再去鲁迅家，并托鲁迅代找房子。鲁迅、广平像旧友重逢一般保护他们住下，丝毫不嫌麻烦。

2月17日，恰逢萧伯纳到上海，热闹了一番。秋白在鲁迅的支持下，在广平、之华收集的资料基础上，编、译、注释、加按语，辑成了《萧伯纳在上海》一书，鲁迅为此书写了序，很快就出版了。鲁迅把全部稿费都给了秋白，还预付了之华几篇小说的翻译费，以资助秋白夫妇的生活。

邻 居 知 己

1933年3月1日，鲁迅托内山完造在施高塔路东照里找到一幢里弄房子，比较清静。租定十二号仿日式的三层楼建筑的二楼南间，面积十六平方米，方形，南为四扇大窗，光线充足，北墙两头各有一门，东门为出入门，西门通厕所，东墙中央有壁炉。鲁迅两次由内山夫人陪着去看屋，6日，秋白夫妇搬去。下午，鲁迅又把内山夫人送他的一盆堇花转送给杨之华。

4月11日，鲁迅从拉摩斯公寓搬到了施高塔路的大陆新村九号定居。

正在秋白夫妇对面,因此,来往更密切了。鲁迅几乎每天来看秋白夫妇,有时还带着面包店刚烤好的热烘烘的面包。秋白也常常晚间到鲁迅家去倾谈一番,他们总有说不完的话。

无拘无束的谈话,旁若无人的大笑,臧否古今的智慧,冲破樊笼的气度……都是那样相合,秋白夫妇东照里居室的墙上贴出了鲁迅抄录给秋白的一副对联:

疑仌道兄属
人生得一知己足矣
斯世当以同怀视之
洛文录何瓦琴句

"疑"是由"凝"字拆解而来的。因为瞿秋白曾以"何凝"为笔名。"仌"是"冰"的古体字。洛文是鲁迅的笔名之一。

这期间,秋白写了《王道诗话》《伸冤》《曲的解放》《迎头经》《出卖灵魂的秘诀》《最艺术的国家》《内外》《透底》《大观园的人才》《关于女人》《真假堂吉诃德》《中国文和中国人》《儿时》《〈子夜〉和国货年》等十四篇杂文。其中有些是秋白提出后与鲁迅交换意见、共同确定,由秋白执笔写成,有些是略经鲁迅润色、修改的。多数由鲁迅用自己的笔名发表,并收进鲁迅自己的集子里。秋白

鲁迅书赠瞿秋白联语手迹

下笔很快,住在鲁迅家里时,每天午饭后至下午二至三时为休息时间,鲁迅一家为了秋白的身体健康,都不去打扰他。到时候,他自己开门出来,往往笑吟吟地带着牺牲午睡写好的短文一二篇,给鲁迅看。鲁迅对这些杂文称赞

道:"尖锐,明白,很有才华",同时也直言不讳地指出缺点:"深刻性不够,少含蓄",第二遍读起来有"一览无余"的感觉。两人真是推心置腹,肝胆相照。

《鲁迅杂感选集》

刚搬到东照里十二号,秋白就对之华说,他要做一件重要的事情,应鲁迅之请,编一本鲁迅的杂感集,精心写一篇序言。又说:"我和鲁迅谈了不少,又反复研究他的作品,可以算是了解鲁迅了。"

秋白想集中精力做这件重要的事情,但周围客杂,女房东时常来串门,只能设法"谢客",说瞿秋白养病,关起门看书,杨之华在门口熬汤药,药味弥漫,闲人果然不再来打扰。瞿秋白花四天时间,写完了约一万七千字的流传史册的《〈鲁迅杂感选集〉序言》。

鲁迅又来秋白家里时,秋白把《〈鲁迅杂感选集〉序言》拿给他看。鲁迅抽着烟,看了很久,显露出感动和满意的神情。香烟头燃着青烟,快烧到手指头了,他也没有感觉到。看后说:"只觉得说得太好了,应该对坏的地方也多提起些。"事后,他在冯雪峰面前提起这篇序言,"很看重和赞赏"。他说:"序言的分析是对的,以前没有人这样批评过。"尤其对秋白把他骂章士钊等人的话,看成是在批评社会上某"一群人"的典型,非常感激。因为当时有些人总认为鲁迅是在对某个人发"私怨"。经过创造社、太阳社"法西斯蒂"式的围攻后,鲁迅更加感到了瞿秋白对他的温暖与亲近,虽然有些提法,他并不完全同意,也不能不极力支持了。

1933年4月5日,秋白把《鲁迅杂感选集》书稿交给鲁迅,鲁迅立即联系出版。4月13日,致北新书局老板李小峰的信中说:"序文因尚须在刊物上发表一次",本文"也须略看一回"。4月26日,又写信给李小峰,请李派人来取已批好的《鲁迅杂感选集》书稿,信中还说:序文中"有稍激烈处，但当无妨于出版"。鲁迅精心校改书样，并叮嘱李小峰，"此书印行，似以速为佳"。7月，北新书局以青光书局的名义出版了《鲁迅杂感选集》，封面和扉页上都署"何凝编录并制序"。并且特地设计了二十五开毛边本，书前还有一幅司徒乔画的鲁迅头像的速写。此书以后多次重版，影响甚广。

鲁迅请瞿秋白编选杂感集，最初主要是想借此资助瞿秋白，使他们夫妇经济上不至于困窘，虽然明知这本杂感选集出版后，势必影响自己单行本的发行，但他还是这样做了。两天后，下大雨，鲁迅冒雨把编辑费二百元交给秋白，又给之华三十元苏联小说的翻译费。

第三、第四次在鲁迅家避难

但东照里也不安全了，女房东趁他们外出时偷偷检查过他们的房间，看他们是不是共产党。为防意外，秋白夫妇转移到王家沙鸣玉坊一家花店的楼上，这里是中共江苏省委机关所在地。秋白在这里有时帮助通讯社审改稿件，也为党刊写文章。不到两个月，一个机关暴露，可能牵连秋白，必须在半小时内搬走。报信人说："到周先生家里去吧！"于是冒着雨，急匆匆转移到鲁迅家住了几天。这是秋白夫妇第三次在鲁迅家避难。住了几天以后，杨之华被分配担任上海中央局组织部秘书，夫妇俩搬走了。一个多月后的一个深夜，又传来警报，他们再次到鲁迅家去。当时已是凌晨两点，鲁迅全家被急促的敲门声惊醒，广平拦住要起身的鲁迅，自己起身去听动静，听出是瞿秋白的声音，这才放心地开门。秋白腋下夹着一个小包，匆匆进门。刚上楼进屋，后门又响起敲门声，广平又急忙下楼去，原来是杨之华带着高文华的女儿，一个小姑娘，也赶来了。如此惊扰鲁迅一家，秋白夫妇很过意不去，但鲁迅夫妇仍像以往一样，非常热情地接待了他们，广平特意为他们端来了夜宵。几天后，他们才离开鲁迅家。这是秋白夫妇在鲁迅家的第四次避难。

此后，鲁迅与三弟周建人夫妇商量，拟由周建人夫妇出面租房子，与秋白、之华夫妇住在一起。看过几处住房，之华都觉得不合适。后因秋白要去中央苏区，只得作罢。

这是何等亲密的友情，不是兄弟，胜似兄弟！

惜　别

1933年深冬，中央命令秋白赴江西苏区，秋白和之华申请俩人一起去，无论怎样艰苦，哪怕是刀山火海也永不分开！但是中央不同意，一定要秋白独自去，他们也只好服从。临走前，秋白去看望他最敬重的鲁迅先生，鲁迅觉得以秋白的身体状况，不宜去苏区，但也没有办法，只能和秋白推心置腹地长谈。第二天，秋白又去探望了茅盾，并与之告别。

晚上秋白回来，非常兴奋地谈着鲁迅，对鲁迅的景仰与亲近之情溢于言表。他对之华说："要见的都见到了，茅盾和鲁迅身体都好，海婴也没有什么病。鲁迅和许先生睡了一夜地板，把床让给了我。"

最后，当秋白与之华两人要离别时，秋白去买了十册黑漆布面英文练习本，分成两半，说道："这五本是你的，这五本是我的，我们离别了，不能通讯，就将要说的话写在上面罢，到重见的时候，交换着看吧！"之华接过练习本，和自己最亲爱的人拥泣一团。临分手，秋白对之华说："如果可能有信，会寄到鲁迅先生那里，托他转交给你。"

秋白离沪去苏区以后，鲁迅就成了瞿秋白与杨之华之间的特殊联络员。春天，杨之华两次托人带药品给秋白，其中有一种药品是鲁迅亲自购买的。因为杨之华担任过中央妇委、全国总工会女工部、上海党中央组织部秘书等职，认识她的人很多，为了鲁迅的安全，她绝不轻易去鲁迅家里，与鲁迅很长时间没有联系。1934年底，杨之华听说鲁迅病了，决定找机会去看望。那是一个寒冷的晚上，杨之华从后门进去，走上熟悉的楼梯，在二楼房间里，看见鲁迅正坐着烤火。他的头发和胡子很长，脸瘦削凹陷得厉害，眼眶也深陷了进去，好像大病初愈的样子。杨之华惊异地问他身体为什么这样不好。他没有回答，却沉重地反问杨之华："听说秋白在苏区病死了，这个消息确实吗？"猛一听鲁迅的话，杨之华的心好像被针扎了一下，一时心神不安起来。镇静下来后，像是安慰鲁迅又像安慰自己似的说，我没有听到什么消息，这个消息不见得确实。鲁迅不胜感慨和惋惜地说："像秋白这样的身体，去苏区是不适宜的，应该去苏联才对。"最后鲁迅嘱咐杨之华："把消息打听确实后立刻告诉我。你自己多加小心。"后来杨之华得到了瞿秋白仍然活着的确讯，便给鲁迅写了一封平安信。

不久，上海地下党组织接二连三地遭到严重破坏，杨之华的家也受到国民党军警搜查，幸好被住机关的朱姚老太太接出来，一起住在杨树浦沈家滩一位工人家中。去苏区的交通中断了，不可能与秋白取得联系，也担心牵连鲁迅，不敢去问鲁迅。在极为困难的境况下，何叔衡的女婿、地下党印刷厂的负责人杜延庆，帮助她考上了英商班达蛋厂，每天从早到晚做十几个小时的苦工，艰辛不堪。

营　　救

4月初，杨之华给鲁迅写了一封信，询问是否有秋白的来信或是否有可能同秋白通信。这样，鲁迅总算知道了杨之华的下落，马上派人送信给杨之华说：有紧急事情找你二十多天了，赶快来取信！

原来瞿秋白以"林祺祥"之名给鲁迅、周建人和杨之华写信。信寄到在上海商务印书馆当编辑的周建人那里，信封背面盖了一个蓝色长方形印章，这是已经过监狱检查的印记。杨之华赶快到周建人那里看到了信。此时的周建人已经与羽太芳子彻底分手，与自己的学生王蕴如结了婚。

41. 鲁迅与瞿秋白

信的内容是：

> 我在北京和你有一杯之交，分别多年没通消息，不知道你的身体怎样，我有病在家住了几年，没有上学。二年前，我进同济医科大学，读了半年，病又发了，到福建上杭养病，被红军俘虏，问我作什么，我说并无擅长，只在医科大学读了半年，对医学一知半解。以后，他们决定我作军医。现在被国民党逮捕了，你是知道我的，我并不是共产党员，如有人证明我不是共产党员，有殷实的铺保，可以释放我。

结尾署名林祺祥。鲁迅、周建人和杨之华一看就明白这是瞿秋白暗示自己已经落入国民党铁窗，但没有暴露身份，希望设法营救。

周建人还把瞿秋白致杨之华的信交给了杨之华本人，信中写他在上杭被捕，在狱中衣衫单薄，夜间很冷，食物又少，受冻受饿，管狱的人告诉他，要有殷实的铺保或有力的团体可以保释。

鲁迅把瞿秋白的信转交给杨之华后，把瞿秋白被捕一事也告诉了茅盾。茅盾很着急，问能否有办法搭救。鲁迅说，这一次上海党组织破坏很严重，看来只有自己想法开铺具保了。于是鲁迅一面写信四处借钱，一面打算筹款开一个铺子。

杨之华见到秋白的信后，如五雷轰顶，焦急万分，一天一夜未眠。当时党的领导机关都被破坏了，无法依靠组织去营救秋白。再三考虑，还是找杜延庆商量，想利用存下的一架印刷机办一个印刷所，作为铺保去保释秋白，但没有钱，就还托杜延庆去找鲁迅，并带上杨之华的一封亲笔信，请鲁迅设法。1935年鲁迅的健康状况已很不好，还是热情地接待了杜延庆，看了杨之华的亲笔信后，立即答应筹钱，但又心情沉重地要杜转告杨之华，秋白的真实身份虽然尚未暴露，严酷的斗争事实告诉我们，敌人是不会轻易放人的，其后果只能是凶多吉少。要杜代为安慰之华同志，请她保重,做最坏的精神准备。杜延庆将鲁迅的意见转达给杨之华。杨之华听了,不但不感到突然,反而更为冷静地说:"自得知秋白被捕的消息起,就有这种估计,况且和秋白一起被捕的还有几个人,更难免会被敌人发现,争取保释的希望是很小的,我已做了最坏的精神准备……"

虽然做了最坏的准备,但只要尚有万分之一的可能,就不能放弃努力。杨之华多方设法,通过一个同志的关系,找到以牧师身份掩护工作的秦化人,他找了一个旅馆老板,写好了铺保证明。

随后,杨之华请周建人夫人王蕴如找到一家烟纸店楼上的亭子间,离开班达蛋厂,住进亭子间。用鲁迅托人送来的五十元钱,亲手做了两条棉裤,连同鲁迅又送来的五十元和旅馆主人出具的铺保,一并寄往福建上杭。她抱着莫大的希望日夜等候保释出狱的瞿秋白,在朋友相助下租定房子以备秋白保出后到上海静心养病。

咚咚咚,响起暗号式的敲门声,杨之华连忙起身开了门,是杜延庆,哭丧着脸,进来关好门后,就递过两份报纸,轻声说:"报上已经登出,秋白暴露身份了。"

杨之华拿过报纸一看,几乎晕倒在床上。除小报上登着"赤共闽省书记之妻投诚,供出瞿秋白之身份"外,各大报纸也以醒目标题报道了捕获瞿秋白的消息。

给了报纸,杜延庆说:"我是在外滩桥头买到报纸的。立刻去鲁迅先生家,他说已经看见报了,一直木然地坐在那里,一言不发,悲痛得头也抬不起来了。"说完就转身开门走了,轻轻地将门合上。

杨之华欲哭无泪,只是木然地躺着,要与秋白一块儿去死。即使自己也知道是无望的挣扎,杨之华还是写信给宋庆龄、鲁迅、茅盾、柳亚子等人,希望通过社会舆论,公开营救。

鲁迅看到信后,立即起身坐到桌前藤椅上,挪开报纸,抱着万一的可能，提笔给中央研究院院长蔡元培和正给蔡元培当秘书的挚友许寿裳写信，恳请他们能够设法保住瞿秋白的生命。

怀　念

鲁迅从报纸上看到了秋白就义的消息和临刑前那从容自若的照片，禁不住热泪盈眶，好不容易才克制着自己，没有哭出来。

其实，鲁迅早已预见到这个结果。他给曹靖华信中连续三次谈到。1935年5月22日夜说：

……它事极确，上月弟曾得确信，然何能为。这在文化上的损失，真是无可比喻。……

6月11日信中再说：

……它兄的事，是已经结束了，此时还有何话可说。

6月24日，在秋白就义五天后又说：

中国事其实早在意中，热心人或杀或囚，早替他们收拾了，和宋明之末极像。但我以为哭是无益的，只好仍是有一分力，尽一分力，不必一时特别愤激，事后却又悠悠然。……

杨之华虽然对秋白的牺牲早有精神准备，但看到报上的新闻后，还是悲痛欲绝，哭得直不起身来。但她终于在鲁迅、茅盾、周建人、郑振铎、陈望道、叶圣陶等友人对秋白的深切哀悼下，在要编辑出版瞿秋白遗著的实际行动的鼓励下和灼热的爱的护卫中，顶住了哀痛，诚如鲁迅一再说的："哭是无益的。"

她在秘密生活状况下，坚持与鲁迅等协商瞿秋白遗著的出版事宜。中央局又遭到大破坏，杨之华被迫搬迁住处。7月底，上海地下党组织负责人设法送杨之华去苏联学习，8月初，之华托王一飞烈士夫人陆缀雯找到王蕴如，说她不便向鲁迅告别，只能向周建人、王蕴如道别。

出版遗著《海上述林》

鲁迅于8月5日、7日两天，接连收到杨之华的信。8月19日又收到来信，一是告别，二是商量编辑瞿秋白遗著的事宜。以后，又不断通过"两地书"共同商议编辑秋白遗著的事宜。开始，杨之华主张瞿秋白的译著和论著全出，因为论著最能表达他自己的见解。但是，鲁迅考虑到瞿秋白的著作除少量文艺论文外，绝大多数是政论乃至文件性质的文章，无法隐名埋姓出版，当然也根本无法公开出版，只能由将来中国的"公模学院"出版了。现在只宜先出版文学艺术、文艺理论方面的译文，等资金周转开，时机成熟了，再出版著作。杨之华最后同意了鲁迅的意见。

1935年8月6日，郑振铎在家中设便宴，邀请鲁迅、许广平、海婴及陈望道、叶圣陶、胡愈之、章雪村、徐调孚、傅东华等十二人聚会，沉痛哀悼瞿秋白烈士，并商议为他集资出书，永作纪念。受邀请者一位一位到齐了，大家都沉默不语，眼里含着泪水。小海婴知道何苦叔叔牺牲了，不再像过去那样调皮，也跟大人一样，低着头，眼泪汪汪的，一句话也说不出来。大家默默地吃完这席饭，议定了编辑、出版瞿秋白遗著之事，决定先出上、下两卷译著《海上述林》。

这次宴会实际上是瞿秋白的悼念会，而实际承担起这项巨大工作的，还是鲁迅。当知道秋白暴露身份的消息时，他就预见秋白生还无望，开始与杨之华、谢澹如、茅盾、郑振铎、内山完造等筹划编辑瞿秋白遗著。经过两个多月的努力，一百多万字的瞿秋白遗著就陆续集中到鲁迅家里。9月4日，

41. 鲁迅与瞿秋白

茅盾到鲁迅家时，鲁迅已经把原稿分好类，他对茅盾说："这一摞是著作，那一摞是译文。当然不全，不过之华已经尽了全力。"他俩看到秋白用蓝色圆珠笔复写的秀美字迹时，不禁落泪，叹息中国失去了这样的天才！一个病人，在内外夹攻、病痛折磨下，居然仅用两三年时间写出了一百多万字的译著，这是何等的才华和毅力！据杨之华说，秋白寄居在谢澹如家中时，即使病重，也要每天伏案工作十小时以上。收存亡友的遗文真如捏着一团火，令人寝食难安！鲁迅愤然地说："我们把他的作品出版，是一个纪念，也是一个抗议，一个示威……人给杀掉了，作品是不能给杀掉的，也是杀不掉的！"署名为"诸夏怀霜"，意为华夏诸众怀念秋白。

编印《海上述林》一直到死

从决定编印《海上述林》，到这时已经一年了。而这一年，正是鲁迅沉疴不起的一年，也是他生命的最后一年。

下决心编书之后，鲁迅的肺病一点儿也没有好转，经常咳嗽和发低烧，体重只有三十几公斤，但他仍然撑着病体编辑校对，就连封面设计、插图选择、印刷用纸一类的事情都亲自负责。冯雪峰劝他去国外或什么地方疗养，鲁迅却说："我这样想，与其不工作而多活几年，倒不如赶快工作少活几年的好，因为结果都一样，多几年也是白白的。"于是他不停地工作，整夜校对《海上述林》上卷，上海夏天炎热，出了半身痱子，他依然坚持。病得实在支持不住了，才去看医生。有时喘得透不过气来，还要打强心针。

1936年4月底，鲁迅写完了《海上述林》下卷的序言。当他得知开明书店的美成印刷厂已将《海上述林》上卷的纸型打好，就亲自将纸型送到内山书店，托内山先生转寄日本岩波书店在东京印刷、装帧。

6月以后，鲁迅的病日趋严重，为了催促开明书店抓紧时间排版《海上述林》下卷，他写信给书店经理章锡琛，焦急地催问："翻译的人老早就死了,著作家高尔基也于最近去世了,编者的我,如今也要死了。虽然如此,但书还没有校完,原来你们是在等候着读者的死亡吗?"病情稍有好转,又继续校对《海上述林》下卷,直到 9 月底才完成,又托内山完造先生交日本方面印装。

1936 年 10 月 2 日,《海上述林》上卷终于托岩波书店在日本印装好运回上海了,内山完造先生亲自给鲁迅送来了样书。鲁迅看着摆在桌上的两种样书,喜不胜收。此书装帧设计无比地考究,以"诸夏怀霜社"名义出版,用重磅道林纸印成,配有玻璃版插图。该书仅印制了五百部,其中一百部为亚麻布封面,以皮革镶书脊,书名烫金,书口刷金,美轮美奂;另外四百部为蓝色天鹅绒封面,书口刷靛蓝,书名烫金。作者的署名用了三个英文字母"STR",这是瞿秋白笔名"史铁儿"的缩写。

鲁迅在病榻上看着编辑精良、装帧优美的《海上述林》,宽慰地对许广平说:"这一本书,中国没有这样讲究的出过,虽然是纪念'何苦',其实也是纪念我。"10 月 18 日早上,他一面喘息一面细看报纸上《译文》的广告,看了好久才放下。他是在关心《海上述林》上卷的介绍,即便在病苦中,他也还记挂着秋白。

试问,古今中外,哪里有鲁迅与瞿秋白这样的情谊?

42. 善良幽默的鲁迅

鲁迅说自己"怨敌"可谓多矣,一些人也说他脾气坏。其实,鲁迅心地非常善良,为人很和气,也很风趣幽默。譬如有一次,三弟周建人和他女儿周晔周末在鲁迅家,大伙儿围着一张桌子吃晚饭时,周晔望望爸爸的鼻子,又望望伯父的鼻子,说:"大伯,您跟爸爸哪儿都像,就是有一点不像。""哪一点不像呢?"鲁迅转过头来,微笑着问她。他嚼着东西，嘴唇上的胡子跟着一动一动的。"爸爸的鼻子又高又直，您的呢，又扁又平。"周晔望了他们半天才说。"你不知道，"鲁迅摸了摸自己的鼻子，笑着说，"我小的时候，鼻子跟你爸爸的一样，也是又高又直的。""那怎么——""可是到了后来，碰了几次壁，把鼻子碰扁了。""碰壁？"周晔说，"您怎么会碰壁呢？是不是您走路不小心？""你想，四周黑洞洞的，还不容易碰壁吗？""哦！"周晔恍然大悟，"墙壁当然比鼻子硬得多了，怪不得您把鼻子碰扁了。"在座的人都哈哈大笑起来。

　　鲁迅还特别善良。据周晔回忆：有一天黄昏，呼呼的北风怒号着，天色十分阴暗。街上的人都匆匆忙忙赶着回家。爸爸妈妈拉着她的手，到伯父家去。走到离伯父家门口不远的地方，看见一个拉黄包车的坐在地上呻吟，车子扔在一边。他们走过去，看见车夫两只手捧着脚，脚上没穿鞋，地上淌了一摊血。车夫听见脚步声，抬起头来，饱经风霜的脸上现出难以忍受的痛苦。"怎么了？"爸爸问他。"先生，"车夫那灰白的抽动着的嘴唇里发出低微的声音，"没留心，踩在碎玻璃上，玻璃片插进脚底了。疼得厉害，回不了家啦！"爸爸跑到伯父家里，不一会儿，就跟伯父拿了药和纱布出来。他们把那个拉车的扶上车子，一个蹲着，一个半跪着，爸爸拿镊子夹出碎玻璃片，伯父拿硼酸水给他洗干净。他们又给他敷上药，扎好绷带。拉车的感激地说："我家离这儿不远，这就可以支持着回去了。两位好心的先生，我真不知道怎么谢你们！"伯父又掏出一些钱来给车夫，叫他在家里休养几天，把剩下的药和绷带也给了他。天黑了，路灯发出微弱的光。周晔站在伯父家门口看着他们，突然感到深深的寒意，摸摸自己的鼻尖，冷得像冰，脚和手也有些麻木了。她想，这么冷的天，那个拉车的怎么能光着脚拉着车在路上跑呢？伯父和爸爸回来的时候，周晔就问他们。伯父的回答周晔记不清了，只记得他的话很深奥，不容易懂。周晔抬起头来，要求伯父给她详细地解说。这时候，周晔清清楚楚地看见，而且现在也清清楚楚地记得,伯父的脸上不再有那种慈祥的愉快的表情了,变得那么严肃。他没有回答周晔,只把枯瘦的手按在周晔头上,半天没动,最后深深地叹了一口气。

这般有趣、善良的鲁迅,怎能没有很多诚挚的朋友呢?

43. 鲁迅与柔石

鲁迅的朋友中多数是青年作家。对鲁迅来说,打击最为沉重的是1931年2月7日深夜,柔石等五位左翼作家和其他革命者二十四人,被上海警备司令部秘密杀害于龙华。鲁迅扶持的青年作家几乎数不胜数,但感情最为亲近、最为信赖的是柔石。柔石视鲁迅为慈父,鲁迅也把柔石当作亲子。亲子在龙华深夜中十弹身亡,可想而知,这对老人的打击有多么沉重!尽管他当时并不全知柔石等被捕、被杀是内部不同意见的掌权人出卖的内幕,但终归是自己"失掉了很好的朋友,中国失掉了很好的青年"。眼前总浮现出柔石那带着方孝孺式的台州硬气又颇有点迂的脸庞……柔石被捕后,鲁迅一家避居花园庄旅馆,冯雪峰多次前去探望。看到鲁迅脸色相当阴暗,沉默的时候居多。柔石等五烈士牺牲后,冯雪峰再去看鲁迅,见他脸色依然阴暗,但沉重的心情透出坚定的意志,说道:"若我存在一日,终当为文艺尽力,试看新的文艺和压制者保护之下的狗屁文艺,谁先成为尘埃。"同时,他还向冯雪峰反复说:"中国民族过去流的血是实在太大的,但大部分血流的结果只是使中国增加了沙漠,很少带来改革的效果;我们现在是要使他们的血为了民族的新生而流。""一个民族,人民的血流多了,到人们都不以流血为意了的时候,那是很可怕的;但要减少流血,不要希望于临末的反动阶级;革命者不是避免流血,而是要不怕流血牺牲又要看重自己的血的价值。""左联"的首任党团书记冯乃超调往武

43. 鲁迅与柔石

汉,由冯雪峰接任。他接任后的第一件事,就是揭露当局杀害左翼青年作家的罪行。组稿、写稿、搜罗烈士照片的编辑工作,鲁迅、茅盾和他完全可以做,但印刷很困难,没有哪一家印刷厂敢于承印。后来由一个冯姓本家介绍,在横滨桥附近找到一家小印刷所。老板的条件异常苛刻,不但要几倍的排印费,而且不准印上报头和照片,以防印刷过程中万一引起外人的注目,发生危险;同时从排印到印成必须在一个晚上完成;排校完毕之后,印刷过程中要有"左联"的人留下,以便中途发生情况有人出面应付;印好后,天不亮立刻把成品搬走,不许在印刷所停留。这些条件,冯雪峰一一答应了。烈士的照片是在冯雪峰家里印的,报头"前哨"两字由鲁迅手书后,将两字分开,分别找两处木刻工刻制,然后秘密运往冯雪峰等"左联"同志家中,一一敲印报头,粘贴照片,与正文装订成册。《前哨》刊头上大书"中国左翼作家联盟机关杂志"。作为"纪念战死者专号",主要内容有《中国左翼作家联盟为国民党屠杀大批革命作家宣言》和鲁迅署名L.S的文章《中国无产阶级革命文学和前驱的血》,还有五烈士等的小传、照片和部分遗作等。

这期《前哨》在国内外产生了巨大的影响,一下就行销三千份,史沫特莱等将其译成外文传到国外,得到了国际革命作家联盟以及德国、美国、奥国、日本等国革命作家的声援,大大加强了"左联"的国际声势和威力。为了纪念这次成功的合作,鲁迅携家属特邀冯雪峰一家同往阳春馆照了一张具有永恒意义的合影。鲁迅抱着海婴和雪峰一起坐在前排,何爱玉抱着长女与许广平坐在后面,都显得很精神。鲁迅在照片右下方亲笔题词:"一九三一年四月

鲁迅全家与冯雪峰全家

二十日，上海所照"。

　　就在这时，冯雪峰在茅盾家里结识了瞿秋白。秋白看到《前哨》专号上鲁迅的文章《中国无产阶级革命文学和前驱的血》后，高兴地说道："写得好，究竟是鲁迅！"

　　两年之后，即1933年4月1日，鲁迅写了《为了忘却的记念》，纪念柔石等五烈士，称柔石是"惟一的不但敢于随便谈笑，而且还敢于托他办点私事的人"。"他的家乡，是台州的宁海，这只要一看他那台州式的硬气就知道，而且颇有点迂，有时会令我忽而想到方孝孺，觉得好像也有些这模样的。""他躲在寓里弄文学，也创作，也翻译，我们往来了许多日，说得投合起来了，于是另外约定了几个同意的青年，设立朝华社。目的是在绍介东欧和北欧的文学，输入外国的版画，因为我们都以为应该来扶植一点刚健质朴的文艺。接着就印《朝花旬刊》，印《近代世界短篇小说集》，印《艺苑朝华》……""然而柔石自己没有钱，他借了二百多块钱来做印本。除买纸之外，大部分的稿子和杂务都是归他做，如跑印刷局，制图，校字之类。可是往往不如意，说起来皱着眉头。看他旧作品，都很有悲观的气息，但实际上并不然，他相信人们是好的。我有时谈到人会怎样的骗人，怎样的卖友，怎样的吮血，他就前额亮晶晶的，惊疑地圆睁了近视的眼睛，抗议道，'会这样的么？——不至于此罢？……'""不过朝花社不久就倒闭了，我也不想说清其中的原因，总之是柔石的理想的头，先碰了一个大钉子，力气固然白化，此外还得去借一百块钱来付纸账。后来他对于我那'人心惟危'说的怀疑减少了，有时也叹息道，'真会这样的么？……'但是，他仍然相信人们是好的。""他于是一面将自己所应得的朝花社的残书送到明日书店和光华书局去，希望还能够收回几文钱，一面就拚命的译书，准备还借款。"鲁迅看他这个样子，很心疼，用自己的生存之道劝导他："人应该学一只象。第一，皮要厚，流点血，刺激一下，也不要紧。第二，我们强韧地慢慢地走去。"

柔石与鲁迅感情极深，和鲁迅一同走路的时候，走得很近，简直是扶住鲁迅，因为怕鲁迅被汽车或电车撞死；鲁迅这面也为他近视而又要照顾别人担心，大家都仓皇失措地愁一路，所以倘不是万不得已，鲁迅是不大和他一同出去的，实在看得他吃力，因而自己也吃力。

总之，鲁迅认为柔石"无论从旧道德，从新道德，只要是损己利人的，他就挑选上，自己背起来"。

鲁迅非常看重柔石的文学才能，给他的小说《二月》写的小引中说："从作者用了工妙的技术所写成的草稿上，看见了近代青年中这样的一种典型，周遭的人物，也都生动。"

从事中国现代文学研究的专家们有一个共识：20世纪30年代左翼作家里，文学禀赋最高的是一男一女。男的是柔石，女的是萧红。

44. 鲁迅与萧军、萧红

萧红是鲁迅晚年最看重的青年女作家。

萧红原名张迺莹，故乡在东北呼兰河畔，从小由祖父带大。唯一的亲人祖父死后，自己离家一再受骗，和所谓的"未婚夫"汪恩甲住进哈尔滨的东兴顺旅馆，在欠下400多元食宿费后，又挺着肚子被汪扔在哈尔滨东兴旅馆做"人质"。却又正是一场洪水，给她送来从旅馆逃脱的机缘，使她和营救她的三郎——萧军结合成文学的伉俪，但又不得不放弃从自己身上掉下的一块肉——女儿……

她和三郎在哈尔滨待不住了，只得乘火车到大连，转乘"大连丸"到青岛，写即将完成的小说——《麦场》。

她的确有一种天生的灵异，对人世间的细节具有特殊的敏感与记忆，一拿起笔,水一样幽美、飘渺的语言文字便精彩、独特地显现在纸上,传入读者心中,让人好像看见和感受到了她所看到和感受到的水彩动画,色、音、味、触俱全,进入她所绘制的画境。

长篇小说终于全部完成了。

廼莹的爱人三郎,中等偏高的身材,粗眉大眼,是个健壮、豪迈的东北汉子,原名刘鸿霖,辽宁省锦州市义县沈家台镇下碾盘沟村人,在《青岛晨报》任副刊编辑,此时也完成了他的长篇小说《八月的乡村》。

小说都写完了,应该共同起个新的笔名:三郎叫萧军,廼莹叫萧红。

但这时他们心中并没有底,小说究竟怎么样呢?怎么出版呢?一次,青岛市荒岛书店老板孙乐文跟三郎说曾在上海内山书店看到过鲁迅。于是三郎试着往上海内山书店给鲁迅寄去一封信,署名刘军。感到意外的是,鲁迅居然收到了信,并很快回复了,说稿可寄去。

收到鲁迅的来信,"两萧"高兴得跳了起来,立即把《麦场》的手稿和散文集《跋涉》一起挂号寄给了鲁迅先生,还附了一张他俩离开哈尔滨时拍的合影。

但青岛又待不住了。1934年11月1日,"两萧"与张梅林一起买了四等舱的船票,在船身最下层的货舱里,逃离了青岛……1934年11月2日,他们到了上海,住进亭子间,尚未安排好,就急切地给鲁迅写了一封信,盼望尽快见到先生。

几经努力,"两萧"盼望的日子终于到来了。11月30日,星期五午后,是个没有太阳的阴暗日子。他们来到内山书店,鲁迅

两萧寄给鲁迅的合照

44. 鲁迅与萧军、萧红

已经等在那里了，内山老板在旁边陪着。鲁迅见过他们的照片，就走到萧军跟前问道："你是刘先生吗？"萧军点头答应。鲁迅又走进内室，把桌上的信件、刊物等很快地包进一个紫色底、白色花、日本式的包袱里，夹在腋下，走出来。"两萧"默默地跟着鲁迅瘦削而直直的背影，在后面走着。到了一处咖啡馆似的铺面前，鲁迅很熟悉地推门进去，"两萧"也跟进去，鲁迅拣了一处座位坐下来，他们跟着坐在对面。之后许广平和海婴也来了。萧红与许广平笑谈着，萧军向鲁迅谈了九一八以后东北的政治情况和社会状态，谈了他们的出走以及到上海来的缘故，鲁迅讲了些上海的状况。临分手，鲁迅把一个信封放在桌子上，"两萧"知道是他们向先生借的二十元钱，禁不住心里酸楚，热泪盈眶。萧军把《八月的乡村》抄稿递过去，鲁迅郑重地收下了，交给广平放进包袱里。

萧军又坦诚地告诉鲁迅回程坐电车的钱没有了，先生从衣袋里掏出一些大银角子和铜板，交给萧军。

鲁迅一家送"两萧"上了电车，频频向他们招手，他们也从车窗朝外望着招手，看见小海婴也在招着小手，"两萧"忍不住眼含热泪……

经过多次接触以及赴鲁迅先生宴请之后，"两萧"与鲁迅一家关系日益亲密。

1934年年底，他们搬到拉都路四一一弄的福显坊二十二号。这是上海当年的郊区，比较偏僻，在屋子里能看到菜地。

他们写作更勤奋了，鲁迅也已信赖他们，加紧向有关刊物推荐他们的作品。1935年3月1日，萧军的短篇小说《职业》在《文学》杂志上发表；3月5日，萧红取材于青岛生活的《小六》也发表在陈望道主编的《太白》第一卷第十二期上。这标志着他们已经步入了上海文坛。

但是，萧军的《八月的乡村》因题材敏感，估计难通过审查；萧红的《生死场》，已经送审，但迟迟没有消息。因为叶紫的《丰收》无法通过当局审查，已经自费印刷，进入了排印程序；所以在一次饭桌上，三个年轻人提议成立一个"奴隶社"，自费出版"奴隶丛书"。他们想建立自己的小出版社，自主自费出版书籍。鲁迅表示赞同，说"奴隶"是受压迫者，与奴才不同，用来做丛书名，表现了奴隶的反抗，很好！

不久，叶紫的《丰收》印出来了。虽然是"非法"出版的"私书"，却像"合法"出版的样子，叶紫用了一个堂堂正正的书店名字——容光书局，地址——上海四马路，还印上了萧军想出、鲁迅认可的"奴隶社"社名，作为"奴隶丛书"之一出版，尤其抢眼的是鲁迅为该书作了序。接着，萧军的《八月的乡村》作为"奴隶丛书"之二出版了，鲁迅也作了序，出版后立即引起反响。鲁迅将《八月的乡村》寄给许多外国朋友，希望能翻译成其他语言，更广泛地宣传东北人民的抗日斗争。为了避免检查机关注意，送检时将署名萧军改为田军。

萧红的《麦场》，胡风根据书中的内容提炼为《生死场》，鲁迅表示赞同。于是萧红也决定自费出版，因为与黎明书店有来往的民光印刷所，印刷费和白报纸都可以赊账，等书卖出后再结，所以《生死场》很快排出了校样，并交给鲁迅、胡风各一份，鲁迅答应写序，胡风答应写读后记。

1935年11月14日，夜里，鲁迅在灯下看完了《生死场》校样，使他从女性作者的细致的观察和越轨的笔致中，觉出明丽和新鲜，看到东北人民对于生的坚强和死的挣扎，感到一颗奴隶的心在不停地跳动，给人以坚强和挣扎的力气，很流畅地在绿格稿纸上把序写出了。

第二天，手稿由广平拿去抄写，抄写后，广平连同校稿一起寄给萧军。《生死场》的原稿是用薄绵纸复写的，字迹又小又密，所以鲁迅看时非常吃力。广平后来见到"两萧"时说道："你们的原稿使鲁迅先生吃了苦头！"鲁迅还提出要看小样，萧红将清样送去，经过几次反复校对，认为不可能再有错字，结果经鲁迅校读，又用红笔改正了几个错字和格式。

44. 鲁迅与萧军、萧红

这使萧红很感动，立即写信感谢。

胡风也写出了读后记，说道，《生死场》的作者虽然没有读过肖洛霍夫的《被开垦的处女地》，"但她所写的农民们对于家禽（羊、马、牛）的爱，真实而又质朴，在我们已有的农民文学里面似乎还没有见过这样动人的诗篇"。"在这里，我们看到了女性的纤细的感觉，也看到了非女性的雄迈的胸境"。

胡风直截了当地对萧军说："萧红在创作才能上可比你高，她写的都是生活，她的人物是从生活里提炼出来的，活的。不管是悲是喜都能使我们产生同鸣，好像我们都很熟习似的。而你可能写得比她的深刻，但常常是没有她的动人。你是以用功和刻苦，达到艺术的高度，而她可是凭个人的天才和感觉在创作……"胡风确实具有异常敏锐的艺术感，讲得头头是道，萧军只好默认。最后，大伙儿还是以哈哈大笑了之。

萧红自幼酷爱美术，她为自己的作品《生死场》设计了封面：用纸是紫红色的，她想用这纸的本色，做成半黑半红的样子，以之代表"生"与"死"。

当她用墨笔双钩书名时，本打算把二分之一的封面完全涂成黑色，一旁的萧军认为这样太呆板了，建议只把书名周围涂黑就可以了，不用全涂，这样倒像"未完成"的样子。她听从萧军的建议，照做了。

1935年12月，中篇小说《生死场》作为"奴隶丛书"之三印出了。

前有鲁迅的序，后有胡风的读后记，文字明丽、新鲜，写法别致、越轨，给上海文坛以不小的新奇和惊动。从这本成名作起，作者正式使用笔名萧红。

1936年4月，斯诺第二次采访鲁迅时，鲁迅说道："田军的妻子萧红，是当今中国最有前途的女作家，很可能成为丁玲的后继者，而且她接替丁玲的时间，要比丁玲接替冰心的时间早得多。"

45. 木刻与版画

鲁迅与木刻的情缘已有很久了。

他早在1929年就竭力提倡版画，与柔石等以"朝花社"的名义出版《艺苑朝华》丛刊四辑，即《近代木刻选集》（一）、《露谷虹儿画选》、《近代木刻选集》（二）、《比亚兹莱画选》；1930年2月又编印《新俄画选》，作为《艺苑朝华》第五辑出版，内容为苏联木刻十二幅。其中《近代木刻选集》一、二两集，是中国最早出现的英、法、美、日艺术家创作的木刻画册，也是鲁迅向木刻青年介绍创作木刻的开始，又是向木刻青年提出创作要求的先声，他在《新俄画选》小引中说："当革命时，版画之用最广，虽极匆忙，顷刻能办。"

1930年鲁迅以"三闲书屋"名义自费出版了《士敏土之图》。这十幅木刻，是德国青年木刻家凯尔·梅斐而德为小说《士敏土》所作的插图，鲁迅把原拓版画以珂罗版精印于夹层宣纸上，版面"大至尺余"，强烈的黑白对比，犀利的刀法，塑造出生动的人物，这对中国初期新兴木刻产生过明显的影响。

鲁迅还对德国女版画家凯绥·珂勒惠支的画作推崇备至，因为感到珂勒惠支的作品集中表现了被压迫人民的苦难，有一种力量和渗透力，笔触与线条都能够启发人和打动人，中国需要这样的作品来唤起民众麻木的神经。珂勒惠支有非常高超的艺术手段，有现代派的新意，又不脱离现实。她是女性，作品中却表现出超乎女性甚至超乎男性的力度。鲁迅的整个气质和精神与珂勒惠支很相像，在对底层民众的社会关怀和对民众灵魂的表现，以及安特莱夫式的阴冷和摩罗之美上，艺术精神惊人一致，体现了现代社会的魂魄与大众血脉相通。

45. 木刻与版画

  1931年2月7日，柔石、李伟森、胡也频、殷夫、冯铿等被国民党当局秘密杀害于上海龙华。鲁迅在悲痛之中，偶然看到德国书店的目录上有珂勒惠支的《牺牲》，画面是一个裸身的母亲双手托起一个婴儿，望着孩子的双眼冒着怒火。想到了柔石的母亲以及柔石所创作过的小说《为奴隶的母亲》，便将这幅版画寄给《北斗》，以表对柔石的纪念。这是珂勒惠支的版画第一次出现在中国。而珂勒惠支也是在全世界进步文艺家联合抗议国民党当局屠杀"左联"五个青年作家的抗议书上签名的一位。

  由于鲁迅的倡导，进步的艺术青年拿起了木刻刀，组织起木刻团体，1931年初春，被国立杭州艺术专科学校开除和退学的"一八艺社"社员陈铁耕等联合上海的江丰等人在上海成立一八艺社研究所。6月，在虹口每日新闻社楼上举行一八艺社习作展览会，展品一百八十幅，其中有油画、雕塑及木刻等。这是新兴木刻版画首次在展览会上展出，之后出版了画册，鲁迅为之作序。

  新兴木刻兴起了，鲁迅很高兴，但又深感木刻青年缺乏最基本的训练。这一年的暑假，内山完造最小的弟弟内山嘉吉，到上海来玩。他当时在东京成城学园担任工艺科教员，对木刻略知一二，从日本带了些木刻刀具放在内山书店里寄售。

  一天，鲁迅拿起一把把木刻刀，问内山嘉吉这些刀子的用法，又捡起一个马棣注视了一番问它是怎么用的。他每样都问，一边点头示意，一边安静地倾听着内山嘉吉的答复。嘉吉还用马棣在未刻完的板子上使用，给鲁迅看。

  鲁迅一边凝神谛听，一边把版画、印成的画以及火柴棒的画稿反复做了比较，然后几乎大声喊道："嘉吉先生。"他的那双明净而深陷、然而又显得十分恳切的目光正注视着嘉吉那张凑迎上来的脸，提出："你给上海学美术的学生们讲些课，好吗？"

嘉吉一时无言答对，呆了半晌才说："给学美术的学生上课，我怎么能行呢？我又不是专业版画家，既无知识，更无技法，至多勉强给小学生教些版画入门之类。"他极力地婉言推辞。

鲁迅却说："只需讲点入门就够了。从学画的学生新近试作的版画来看，的确不大会刻的，恐怕连版画的基本技法也没有掌握，他们也是在探索中干的，只要教孩子们的那种版画ABC，就恰到好处了。"

"嘉吉君，接受吧！""你就按鲁迅先生所讲的去做好了"。内山完造和妻子也在一旁鼓动着嘉吉。尽管嘉吉再三推诿，但在鲁迅的真挚陈言和其兄嫂的竭力怂恿下，不得不勉强应允了下来。

于是，8月17日早晨，木刻讲习班就在内山书店附近的狄思威路一家供销社楼上开始了。嘉吉吃完早饭，怀着不安的心情，准备好木刻刀、马棕和木板之类，在书店里通常坐的位子上坐下来等待。

片刻间，店门口闪了一道光亮，鲁迅穿着一身雪白的长衫走了进来。

嘉吉不知该怎样描述当时的情景，鲁迅的服装和外面的阳光交相辉映，他那件长衫简直像是用水晶织成的一般，灿烂夺目。平时鲁迅穿的是那件褪了色的似赭非赭、似黑非黑的长衫，今天简直使嘉吉大为吃惊。后来知晓那件长衫料是史沫特莱赠送给鲁迅先生作为纪念的。鲁迅神采奕奕地出现在内山书店门口的形象，就像一道银白的雪光，映照着嘉吉的心灵。鲁迅对这个讲习班所寄予的热情，深深地感动了嘉吉，他只有尽力地去做好，先前的顾虑完全消失了。

用作讲习班课堂的这间屋子不算大，总共凑齐了二十张小学生用的课桌椅子，黑板当然是有的，过去办过日语学校。

穿着耀眼的白夏布长衫的鲁迅，陪同嘉吉一起走到会场。嘉吉穿的是白夏布的普通西服，手上拎着一个小小的包裹，里面装着三套木刻刀和一个马棕，还有前天特地去买的一些拓印木刻的日本纸。

45. 木刻与版画

  鲁迅迈进了里门，右手的半扇门开着，走出来一个青年，上来迎接嘉吉。这时，已经有十来个青年缩着身子挤在那些小学生用的课桌椅旁了。他们齐身起立，向鲁迅行了个礼，一个个都怀着尊敬和佩服的心情。

  出来迎接的那个青年和鲁迅谈话时，嘉吉扫视了一下房间，看了看这些青年，见青年们穿的多半是白粗布衬衫和低质量的西裤，没有看见一个系领带的，也没穿西服的，总共是十三个人。那时嘉吉不过三十岁，与他同辈的人说不定有一两个，总括来看，二十岁左右的要占一多半。六天当中，这十三个人没有一个缺席过，但也不再增加。这在上海是绝无仅有的一次。那时在上海有各种各样的训练班，开始时大家纷纷报名，后来逐日地减少，最后留下来的寥寥无几，这已成了一种惯例。可是这个讲习班是不能和一般的训练班同日而语的。第一，是鲁迅号召的。参加学习的青年可能都是鲁迅从平素接近的青年中选定的。第二，往常鲁迅总是穿一件褪了色的长衫，这回他一反常态，六天来，一直穿着那件崭新的白色长衫，给嘉吉充当翻译。鲁迅的此情此态，使青年们深受感动。内山完造认为这个讲习班之所以非同寻常，就在于开班第四天的午后，鲁迅给嘉吉送来了非常珍贵的礼物——德国著名版画家凯绥·珂勒惠支的作品：一幅铜版画和七幅一套的石版画《织匠》。每一幅画上都有珂勒惠支的铅笔签名，这是难能可贵的。这几幅画鲁迅都亲手用衬纸把它衬上，另外再用纸书写上画题，并在上面签上鲁迅的名字和嘉吉的姓名。这一定是鲁迅非常珍爱的收藏品！据说，当时在日本也没有这两件作品，嘉吉激动之余，也深感惶恐。

  讲习班结业时大家合影留念，鲁迅当时喜形于色，简直像小孩子出外郊游或者过斋节那样意兴盎然。

  以后，1933年至1936年间，在鲁迅大加倡导下，上海良友图书公司出版了四本比利时木刻家麦绥莱勒的木刻集，其中《一个人的受难》是一部最富革命性的木刻连环图画，鲁迅为这本木刻集写了感人的序言，还为这部没有文字的画册的每一幅画写了简要的说明，其中几幅最有代表性的画幅曾被作为进步书籍报刊的标记印行，影响深远。鲁迅又与郑振铎合资刊印《北平笺谱》《十竹斋笺谱》，为白危编译的《木刻创作法》校阅作序，还将以宣纸与苏联木刻家交换得来的版画作品五十九幅，编辑成《引玉集》出版。

这些画集的出版和木刻团体的成长，对新兴的木刻创作有很大的影响，各地木刻青年不时将新作寄给鲁迅。面对这一丰硕的成果，鲁迅特别高兴，一再将木刻作品推荐给文学刊物，介绍到外国进步艺坛，并准备印一本木刻集，至1934年6月，最终选出八名作者的二十四幅作品编成了《木刻纪程》。

1936年1月，中苏文化协会与中国文艺社在南京联合举办"苏联版画展览会"，2月21日移至上海八仙桥青年会九楼继续展出。闭幕后赵家璧请鲁迅去"良友"选画，从"苏联版画展览会"的二百多幅展品中选出一百五十九件一百八十四幅编成《苏联版画集》，由上海良友图书公司出版。鲁迅为之作序，序文写道："我们的绘画，从宋以来盛行'写意'，两点是眼，不知是长是圆，一画是鸟，不知是鹰是燕，竟尚高简，变成空虚，这弊病还常见于现在的青年木刻家的作品里。"又说苏联版画："不像法国木刻的多为纤美，也不像德国木刻的多为豪放；然而它真挚，却非固执，美丽，却非淫艳，愉快，却非狂欢，有力，却非粗暴；但又不是静止的，它令人觉得一种震动——这震动，恰如用坚实的步法，一步一步，踏着坚实的广大的黑土进向建设的路的大队友军的足音。"

1935年，鲁迅在肺病越来越严重的情况下，又着手编印《凯绥·珂勒惠支版画选集》，共收入石版画七幅、铜版画十四幅、黑白木刻三幅。其中包括珂勒惠支送给中国的自画像和《织工的反抗》《农民战争》两套组画及其他。画集的《序言》是鲁迅请史沫特莱写的，茅盾译成中文。他亲自为画集写了《序目》，详细介绍了珂勒惠支的生平和作品的社会影响，并对二十一幅作品逐幅做了详细说明。画集图版由北京的故宫博物院印刷厂制版，宣纸珂罗版精印，四开大本，线装，共印一百零三册，鲁迅亲笔编号，交内山书店发售的仅三十三册。为防止出错，1936年8月，鲁迅冒着酷暑，把画页搬运回家，发动全家将画页一叠一叠地摊在地板上，一张一张编排次序，每张夹上衬纸，归合为一本一本，然后送作坊装订成册。鲁迅就是这样不顾肺病缠身而蹲在地板上，吃力地为着扶持新兴的版画事业而忘我地劳动着。

鲁迅还主持举办了多次木刻展览会，而"中华全国木刻第二回流动展览会"比以前的规模都大，在展览会的最后一天，他无论如何也要去看看。

1936年10月8日下午约莫两点钟，鲁迅亲自来到木刻展览会会场。他穿着一件惯常穿的黑色料子长衫，料子虽然是哔叽，但已经褪色，看上去只剩了四成新，或者也许因为少洗的缘故吧，衫襟和袖口都染上了些污渍。脚上穿的是珠帆布造的陈嘉庚式胶底布鞋。一顶咖啡色呢帽，至少也用过十年以上，却还戴在头上，而且戴得那么低，仿佛怕遇见了贵人。唇上留着像个篆书"一"字般的黑胡子，十分显眼。青年木刻家们见是鲁迅先生来了，一拥而上，七嘴八舌地向他问好。

见他远道而来，身子又很瘦弱，头上微微沁汗，都劝他稍事休息，可他坚持说："不、不，我先看看。"于是便在青年们簇拥之下，沿展场走去。

鲁迅的情绪很好，兴致很高。他的头发稍长，面容是比过去消瘦了一些，但精神很好，没有显露出病容，特别是那眼睛，很有神采。他和青年们边走边谈，讲话很是幽默风趣，不时爆发出爽朗的笑声，声音异常响亮。

青年们围着鲁迅，参观了整个会场，又到会场一角坐下来，那儿摆着几张藤椅，一张小茶几。围坐在一起的有：陈烟桥、白危、曹白和黄新波。

1936年10月，鲁迅在全国木刻第二回流动展览会上

"先生以为这回的作品怎样？"陈烟桥问。

"自然比以前进步了，但也有许多缺点。这是因为作者阅历不深，观察力不够的缘故。这毛病应该由作者自己克服，否则，就绝不会有长进。譬如描绘一个人，虽至最小的部分，简单的动作，也要仔细观察，然后才能描得像，才能成为一件艺术作品。"

青年们知道，他是病着的，但他说起话来，却比健康的人还起劲，还爽利。

鲁迅对大家说："刻木刻最要紧的是素描基础，万不可忘记它是艺术。若环境不允许作细微素描时，就要多速写。单是题材好，是没有用的，还是要讲求技术。作者必须每天练习素描才会有进步，而且观察要准确，构图要紧凑。"

有些木刻刻的是工农劳苦大众的形象，但却刻得头小而手大，过分夸张。

鲁迅指出："这些人物刻得不好，不要把劳动人民刻成是无头脑，无知识的。刻劳动者头小而臂粗，看后有'畸形'之感。劳动者是有头脑的，手是有力量的。

"刻人物要刻得像中国人，不要过于夸张。艺术是需要夸张的，但夸张过了，反变成空虚……"

鲁迅和青年们一起度过了一个难忘的珍贵的下午。他准备回去了，他也应该回去了，因为战斗的岗位，在召唤着他。

他缓缓地站起来，他要走了……

青年们都要送他，大家一起朝电梯走去。

鲁迅戴好帽子，轻捷地回过头来，说："都不要送，都不要送，我自己会走。"

他慈祥地笑着，自个儿踏上了电梯。青年们默默地注视着他，头上依然戴着那顶旧呢帽，宽大的袍子越发显出身躯的瘦削，清瘦、苍白的脸上，一绺浓黑的胡子，显出凛然不可侵犯的威严，眼角的皱纹比过去更深，呢帽下露出的鬓角有些斑白……但是，他的步子是稳健、轻快、有力的。青年们意识到，在他们面前的，不是一位年逾半百的老人，而是一位威武健壮，率领他们冲锋陷阵的战士！

五

鲁迅的晚年

46. 晚年的杂文

鲁迅一共活了五十五年零二十三天五小时二十五分。实在是太短了！以现在的标准看，是正当年富力强的中年，是英年早逝，谈不上什么晚年。但鲁迅确实比一般人老熟得多，文章和面相的老辣、成熟远远超过他的实际年龄。所以，林语堂早在1929年《鲁迅》一文中就力赞鲁迅"充分的成熟性"，毛泽东则在1938年的《鲁迅论》中称鲁迅为"很老练的先锋分子"。即使这样，像既往那样，把鲁迅1927年10月3日四十七岁到上海至逝世期间称为后期尚可，称为晚年就过早了。如果一定称晚年的话，1934年至1936年10月19日逝世，从文章和面相的老熟程度看，称作晚年还算相宜。

鲁迅晚年的杂文，一直受到忽视和贬损。早在1937年2月，毕树棠就在《宇宙风》第34期上发表《鲁迅的散文》，对鲁迅做出这样的评价："在艺术上，他是一步一步地往后退，到了晚年，似乎已没有灵感了。"当代也有学者认为：鲁迅后期的文章"每每会显出文气接不上的模样，缺乏有力的控制和提勒"。"《且介亭杂文末编》中的文笔是泼辣的，也是老到的，但在这泼辣和老到旁边，分明站着文思的枯涩和文气的衰竭"（《无法直面的人生——鲁迅传》）。我则与他们的意见相左，认为鲁迅后期在艺术上是一步一步升上去了，笔调不仅婉曲有致，顿挫有力，而且愈加幽深、老成。晚年杂文则达到了老熟的极致。

我们可以从文章火候品鉴文章的老熟境界。

古代科举考试前，看一个人能不能考中，内行人常讲"文章火候"到没到这类话。这里的"火候"，就是品鉴文章的重要标准。

所谓"火候"，指文章是稚嫩还是成熟，以及成熟的程度，是否升华到老熟的境界。

不仅一般作家的文章存在是否由稚嫩到成熟的发展过程，鲁迅这样一开始就非常成熟的作家的文章也存在一步步更加老熟的升华阶段。

譬如拿1919年发表的《自言自语》与1924年至1926年写的《野草》做一下比较，就可以清楚地看出这种进展。

且看《自言自语》第七篇《我的兄弟》，文章不长，全引如下：

> 我是不喜欢放风筝的，我的一个小兄弟是喜欢放风筝的。
>
> 我的父亲死去之后，家里没有钱了。我的兄弟无论怎么热心，也得不到一个风筝了。
>
> 一天午后，我走到一间从来不用的屋子里，看见我的兄弟，正躲在里面糊风筝，有几支竹丝，是自己削的，几张皮纸，是自己买的，有四个风轮，已经糊好了。
>
> 我是不喜欢放风筝的，也最讨厌他放风筝，我便生气，踏碎了风轮，折了竹丝，将纸也撕了。
>
> 我的兄弟哭着出去了，悄然的在廊下坐着，以后怎样，我那时没有理会，都不知道了。
>
> 我后来悟到我的错处。我的兄弟却将我这错处全忘了，他总是很要好的叫我"哥哥"。
>
> 我很抱歉，将这事说给他听，他却连影子都记不起了。他仍

是很要好的叫我"哥哥"。

阿！我的兄弟。你没有记得我的错处，我能请你原谅么？

然而还是请你原谅罢！

这篇《我的兄弟》，显然是《野草》中《风筝》的雏形，但与《风筝》相比，实在是太平直了。仅是平实的记事，没有委婉曲折的笔调和优美的描写。

《风筝》则婉曲、优美得多。开头就是：

北京的冬季，地上还有积雪，灰黑色的秃树枝丫叉于晴朗的天空中，而远处有一二风筝浮动，在我是一种惊异和悲哀。

语气沉郁顿挫，婉曲、深沉，"一弹再三叹，慷慨有余哀"，像河水的旋涡一般，愈转愈深，显然比《我的兄弟》艺术得多了！

然后文气一转，由北京转到故乡绍兴，写故乡风筝的美丽。再一折，说现在自己"四面都还是严冬的肃杀，而久经诀别的故乡的久经逝去的春天，却就在这天空中荡漾了"。开始了一段绝妙的文学描写：听觉上有"沙沙的风轮声"，视觉上则有"淡墨色的蟹风筝或嫩蓝色的蜈蚣风筝"，还有"出芽"的"杨柳"，"吐蕾"的"山桃"，配以"春日的温和"。由听、视、感构成了一个现场环境，给人以极强的实感性。而其中"淡墨色"与"嫩蓝色"的色调搭配极为谐调、亮眼，可谓是一位高明的画家。

接下来，由风筝的美丽转到自己不爱放风筝，而弟弟爱放，又放不成。再转到想起已多日不见他，到堆积杂物的小屋去，发现了糊风筝的弟弟，便踩毁了弟弟将要制成的风筝，以胜利者的姿态走出。

但最后胜利者转为内疚者，而且已无法弥补……

真是一波三折，一曲百转，回肠荡气，沉郁顿挫。从整篇的文气，到句子的婉转、画面的旖旎，都跌宕起伏，行止有致。与1919年的《自言自语》相比，大不一样了。

不仅是《风筝》，整本《野草》都运转着婉曲的笔调。

对《朝花夕拾》中《藤野先生》的开头，韩少华老师也极叹赏：

> 东京也无非是这样。上野的樱花烂熳的时节，望去确也像绯红的轻云，但花下也缺不了成群结队的"清国留学生"的速成班，头顶上盘着大辫子，顶得学生制帽的顶上高高耸起，形成一座富士山。

开头一个长句，徐迂转曲，视觉感很强，富有诗意，为全篇定了调。韩师叮嘱须特别咀嚼那个"无非"。

所谓转折，其实就是吞吐抑扬之法。心中的郁结要以文字的形式吐出，又不能直吐，就必须琢磨抑扬顿挫的规律，从中摸索吞吐妙法。

我沉潜往复、从容含玩鲁迅文章数十年，感到鲁迅的文章有这样五个发展阶段：一、早期论文表现了一位年轻的"精神界之战士"激昂慷慨、意气风发的爱国情怀与超人锐气。二、从《狂人日记》开始的《呐喊》《热风》时期，尖锐、明白、大声疾呼，但有些直白。三、《彷徨》《野草》时期，徐婉转曲、色彩旖旎。"士穷而后文工"。兄弟失和，搬入条件差得多的砖塔胡同平房，跌入病苦交加的境地，尤其是躺在床上起不来，只能静思的时候，鲁迅对文字的感觉倒更灵敏了。杜甫那般沉郁顿挫、内含情韵、曲折婉致的文字，正是1924年大年初三，即2月7日，着笔写作酝酿已久的《祝福》开始的。四、1930年成为左联盟主斗志昂扬时期，《二心集》里面的文章机智而谨严。五、1934年左联内部出现矛盾又沉入寂寞，也就是写作《且介亭杂文》及其二集、末编时期，色调似乎不像《野草》那么绚烂了。而其实是绚烂之极，归于平淡，显出一种淡然的妙色：

恬淡、超然、化为青烟，从急板和行板转入缓板，如进禅境，达到了老熟的极致。而非"没有灵感了"，"显出文气接不上的模样，缺乏有力的控制和提勒"。鲁迅杂文后期在艺术上的确是一步一步升上去了，笔调不仅婉曲，而且愈加幽深；文气没有衰竭，而是愈益隐蓄，老辣精深，升至文章的极致。

真正升华到峰巅的，我认为是鲁迅生命最后的日子里写的六篇半散文，堪称绝唱。

据许广平所记，鲁迅生前曾把夏季大病之后写的《半夏小集》《"这也是生活"……》《死》《女吊》四篇，另外放在一处，预备做《夜记》的材料，不幸遽然长逝没有编成。这四篇和4月1日，即大病前写的《我的第一个师父》、临终前写的纪念章太炎的一篇半，共六篇半，确实别有味道，应属鲁迅文章中最为老熟的佳作，是他生前最后一次向文章更高境界的攀升。

《半夏小集》是一束议论性的杂感，九节短论，各呈一番风采和理趣，一、五、六是对话体，二、三是箴言体，四、七、八、九是随感体。文体腾挪多姿，富于变化；风格冷峻洒脱，蕴藉深厚；立论警策机智，尖刻诙谐。试将第一节剥A大衫的对话与《华盖集》中的《牺牲谟》进行一下比较，就会发现鲁迅晚年的杂文艺术的确更为清峻、简劲了，这里的几句话比那时的一大篇还要痛快淋漓！再拿四、七节的随感与《而已集》中的《小杂感》做一番对比，又会感到鲁迅晚年的杂文不仅更为峻拔，而且愈加丰厚、委婉、跌宕，不只限于哲理的凝聚，还展现了"伟美的壮观"，增添了画面感和语言的顿挫、曲折之美。而文中所充溢的是更为炽烈的爱国热情，不甘做任何人奴隶的凛然正气，"令人看了神旺，消去鄙吝的心"。

《"这也是生活"……》是病中生活的散记，写得散淡、恬静、随意，似乎连文章也进入了"无欲望状态"，然而又于平淡中突发令人警醒之语，关于名人也不能总耍颠的格言、盲人摸象的比喻、"删夷枝叶的人，决定得不到花果"的警句，以及对把吃西瓜和抗敌硬联在一起者的反驳，都闪烁出只有鲁迅才有的智慧和理性。是的，即使在大病之中，鲁迅也和"无穷的远方，无数的人们"休戚相关。

《死》是鲁迅大病之后写的关于死的杂感，类似遗嘱，又不算遗嘱。通篇沉郁、阴冷，令人有读但丁《神曲》、游历地狱的感觉，堪称是世界文学史上谈论死亡主题的经典之作。文后写给亲属的七条遗嘱，已成为最后的传世遗教，而对怨敌"一个都不宽恕"的决定，又令今天的读者难于理解。其实不必非要寻找各种思路去理解不可，鲁迅就是鲁迅，是按照他独特的个性和方式遗世独立的！如果符合人们的理解思路和思维框架，也就不是鲁迅了！

《我的第一个师父》开头一段：

> 不记得是那一部旧书上看来的了，大意说是有一位道学先生，自然是名人，一生拚命辟佛，却名自己的小儿子为"和尚"。有一天，有人拿这件事来质问他。他回答道："这正是表示轻贱呀！"那人无话可说而退云。

起笔从容舒卷、沉郁悠婉。说"不记得"，正是随意的表现，不像论文那样引经据典，句句有出处，而是从容潇洒，随口一说。后面的"自然是名人"，是定语的倒置。鲁迅常用这种倒置的手法，表达舒缓的语气。据说鲁迅写完文章后，常在深夜里独自朗诵，听来好像与人谈话，我们不妨也可试试朗读一下这篇文章，就会感到鲁迅是极其讲究语气的缓急和音节的顿挫的，而此文似乎比以前文章的语气更为松缓、深沉，顿挫更为厚重、沉稳，这是因为更趋老熟了吧！再试与《且介亭杂文》中的《忆韦素园君》和《忆刘半农君》对比，又会发现这两篇与《朝花夕拾》中的记人散文相比，是更上一层楼了，但似乎不及《我的第一个师父》那般苍老、浑厚。尤其是三师兄面对他有老婆的嘲笑，来了个"金刚怒目"式的"狮吼"："和尚没有老婆，小菩萨那里来！？"更是惊人一笔。这真是所谓"庾信文章老更成"，鲁迅的文章是越老越成熟，越来越奇崛了，怎么能说他晚年"文气接不上"了呢？

《女吊》是记述绍兴乡俗的杂感味很浓的散文，写于9月19日至20日，一个月之后，即10月19日，鲁迅就逝世了。所以这篇文章透发出一股鬼气，然而这鬼，是一位美丽的女鬼，不令人恐怖，反引人怜爱，如鲁迅所说，是"一个带复仇性的，比别的一切鬼魂更美，更强的鬼魂"。鲁迅临终前以浓重的笔墨描绘这位美神一样的女鬼，是含有深意的，尽可细细去琢磨、品味。体悟会是形形色色的，但有一点恐怕能够形成共识，那就是：贯穿鲁迅一生的会稽报仇雪耻的复仇精神，在生命的最后时刻得到了最彻底的贯彻，像火山一样喷出血红的火焰。整篇文章看似阴冷，其实比过去的所有文字都炽热得多！

《关于太炎先生二三事》和《因太炎先生而想起的二三事》，也是品位很高的记人散文。前一篇似乎"散漫杂乱"，其实是老到的随意，不达老熟之境做不到的。后一篇系鲁迅的绝笔，逝世前二日所作，未能完稿。而最后一笔写黄克强，即著名民主革命家黄兴在东京无视日本学监诫令"偏光着上身，手挟洋磁脸盆，从浴室经过大院子，摇摇摆摆的走入自修室去而已"，人物的个性立即跃然纸上，活脱脱呼之欲出，充分显示了鲁迅抓细节写人的功力。极其遗憾的是，鲁迅未能着笔写他酝酿已久的表现四代知识分子的长篇小说，但从写黄兴这段文字可以推想，倘若鲁迅写这部长篇的话，其中的人物会多么生动！

倘能含英咀华地细细品读以上六篇半文章，就能把握鲁迅晚年杂文的精髓了。

当然，这仅是相比较而言，从大体上讲的，并非说其他文章就不重要了。

《写于深夜里》以悲愤的笔调，描绘了当时国民党政府的秘密审判和秘密杀人，被称作"童话"的几个场面，在看似平淡的"暗暗的死"的叙述中透出深深的悲愤，渍血透纸，感人肺腑。

《白莽作〈孩儿塔〉序》，虽在后面的《续记》中说明是被人骗稿，但也反映出鲁迅有一颗多么仁爱的心，对白莽等"左联"五烈士的怀念有多么深沉，在那下着淅沥细雨的春夜里，于独坐中写出的文字真比诗还要美。

善于对文章火候进行细腻的揣摩与体悟，对火候有着细腻、敏锐的艺术感觉，能够揣摩那个"咸酸之外"的味道，做出准确、中肯的判断，标志着一个散文家和散文研究家人生阅历与文学经验的深浅、老嫩。

47. 自知之明与知人之明

告诫自己的同胞要有自知之明与知人之明，也就是正确地认识自己与认识世界，是贯穿鲁迅一生矢志不渝的宗旨。

1936年10月5日，他去世的前十四天，新出的《中流》半月刊第一卷第三期来了，头条刊出了杂文《女吊》，还在补白发表了鲁迅署名"晓角"的《"立此存照"（三）》。

文中说的是发生在上海的"辱华影片"事件，有人主张对美国导演予以舆论谴责，鲁迅则告诫中国同胞：

> 我们应该有"自知"之明，也该有知人之明：我们要知道他并不把中国的"舆论的谴责"放在心里，我们要知道中国的舆论

究有多大的权威。

关键是要自强自励，提高我们中国人自己的认知水平和国家实力，并以肥胖与浮肿为例，形象地说明了既无自知之明又无知人之明的蒙昧的人，是怎样"安于'自欺'，由此并想'欺人'"的：

> 譬如病人，患着浮肿，而讳疾忌医，但愿别人胡涂，误认他为肥胖。妄想既久，时而自己也觉得好像肥胖，并非浮肿；即使还是浮肿，也是一种特别的好浮肿，与众不同。如果有人，当面指明：这非肥胖，而是浮肿，且并不"好"，病而已矣。那么，他就失望，含羞，于是成怒，骂指明者，以为昏妄。然而还想吓他，骗他，又希望他畏惧主人的愤怒和骂詈，惴惴的再看一遍，细寻佳处，改口说这的确是肥胖。于是他得到安慰，高高兴兴，放心的浮肿着了。

这种在"妄想"中求得精神胜利的"放心的浮肿"者，与忌讳头上癞疮疤的阿Q属于同种精神类型，永远"自我感觉"良好，永远在自欺欺人，永远不能认识自己的真实面目。为了疗救这种普遍的精神痼疾，鲁迅劝告这些"闭了眼睛浮肿着"的人，要好好"反省"，并且希望：

> 有人翻出斯密斯的《支那人气质》来。看了这些，而自省，分析，明白那几点说的对，变革，挣扎，自做工夫，却不求别人的原谅和称赞，来证明究竟怎样的是中国人。

这实质是教导中国人要学会"以别人的眼光来审查自我"，以别人的批评为"镜子"，照出自己的真实面目，"而自省，分析"，"变革，挣扎"，自强自励，自立于世界民族之林，"不求别人的原谅和称赞"。无所求于外界的内心，永远是稳定和丰富的。有了这样的心，这种正确地认识自己、认识世界的自觉的精神境界，在世事面前便可以荣辱不惊、乐观洒脱，永远立于不败之地。

鲁迅是真正地深深挚爱着中华民族的，直到生命的最后一刻，他都惦念着自己的同胞，正如他在《"这也是生活"……》中所说："无穷的远方，无数的人们，都和我有关。"病成这样了，想到底层人的痛苦时还是那么焦虑，说"无穷的远方，无数的人们，都和我有关"，只有释迦牟尼、耶稣基督这样的人才会有这样的情怀。所以鲁迅同时代的人都和他不在一个档次上，他这一辈子没遇到过对手。他自始至终坚持着青年时代立下的"救中国"的志向。他对于本民族的尖锐批评，敦促同胞听取外国意见的教诲，正是出于对中华民族的热爱，比那些廉价的赞扬和奉承要珍贵得多！我们切切不可辜负本民族伟大思想家的苦心！

48. 死

1936 年病后休养期间，躺在藤躺椅上，鲁迅每每不免想到体力恢复后应该动手的事情：做什么文章，翻译或印行什么书籍。想定之后，就结束道：就是这样罢——但要赶快做。这"要赶快做"的想头，是先前所没有的，就因为在不知不觉中，记得了自己的年龄，却从来没有直接的想到"死"。

但在经过美国肺病专家邓医生的诊断，誉他为最能抵抗疾病的典型的中国人，倘是欧洲人，则在五年前已经死掉时，他才确信，自己可能不久会死，于是，9 月 5 日写好一篇遗嘱似的文章：

一，不得因为丧事，收受任何人的一文钱。

二，赶快收敛，埋掉，拉倒。

三，不要做任何关于纪念的事情。

四，忘记我，管自己生活。——倘不，那就真是胡涂虫。

五，孩子长大，倘无才能，可寻点小事情过活，万不可去做文学家或美术家。

六，别人应许给你的事物，不可当真。

七，损着别人的牙眼，却反对报复，主张宽容的人，万勿和他接近。

此外自然还有，现在忘记了。只还记得在发热时，又曾想到欧洲人临死时，往往有一种仪式，是请别人宽恕，自己也宽恕了别人。我的怨敌可谓多矣，倘有新式的人问起我来，怎么回答呢？我想了一想，决定的是：让他们怨恨去，我也一个都不宽恕。

遗嘱显然是写给爱人许广平的。

冯雪峰来时，鲁迅拿给他看，精神很好地微笑着说："我倘要真写遗嘱，也就都在这里了。这些倒也都是真话……说牙眼勿报的人，是不可相信的。"

雪峰看过后，建议在"不得因为丧事，收受任何人的一文钱"后面加一句："但老朋友的，不在此例。"在"文学家或美术家"前面加"空头"二字。

鲁迅觉得很满意，在原稿上添上了，躺回躺椅上去，笑着说："'空头'添得好。只两个字，就将这些人刻画得活灵活现了。这就是住在上海的好处，看多了这类空头人物，才能想到这两个字。"

本篇以《死》为题发表于 1936 年 9 月 20 日《中流》半月刊第一卷第二期。

这篇文章虽然以《死》为题，但谁也没有当真。连鲁迅自己 10 月 8

48. 死

日参观木刻展时还跟青年木刻家说自己还能活十年。

但是1936年10月17日,鲁迅访问日本翻译家鹿地亘后回到家里,天已不早了,傍晚建人先生来,兄弟俩随便谈谈,精神甚好,谈至11点,建人先生要回寓时,鲁迅又讲起要搬家的事,并且非常坚决急迫地说:"房子只要你替我看定好了,不必再来问我。一定下来,我就立刻搬,电灯没有也不要紧。"递过一个方章,建人先生接过走了。

到12点,广平急急整理卧具,催促他,警告他,时候不早了。他靠在躺椅上,说:"我再抽一支烟,你先睡吧。"

等他到床上来,看看钟,已经1点了。2点他曾起来小解,人还好好的。

再睡下,3点半,见他坐起来,广平也坐起来,细察他呼吸有些异常,似气喘初发的样子,后来继以咳呛,咳嗽困难,兼之气喘更加厉害。他告诉广平:"2点起来就觉睡眠不好,做噩梦。"那时正在深夜,请医生是不方便的,而且这回气喘是第二次了,也不觉得比前次厉害。为了减轻痛苦,广平把自己购置在家里的"忽苏尔"气喘药拿出来看:说明书上讲明病肺的也可以服,心脏性气喘也可以服。并且说明急病隔一二时连服三次,所以3点40分,给他服药一包。至5点40分,服第三次药,但病状并不见减轻。

3点半病势急变,他就不能安寝,斜靠休息也不可能。终夜屈曲着身子,双手抱腿而坐,那种苦状,广平看了难过极了。在精神上虽然广平能够分担他的痛苦,但在肉体上,只能是他独自担受一切的磨难。他的心脏跳动得很快,咚咚的声响,广平在旁也听得十分清晰。天放亮了,见他拿左手按右手的脉门。脉跳得太快了,他是晓得的。

他叫广平早上7点钟去托内山先生打电话请医生。广平等到6点钟就匆匆盥洗起来,6点半左右就预备去。他坐到写字桌前,要了纸笔,带起眼镜预备写便条。广平见他气喘太苦了，要他不要写了，由广平亲口托请内山先生好了，他不答应。无论什么事他都不肯马虎的，就是在这最困苦的关头，他也支撑起来，仍旧执笔，但是写不成字，勉强写起来，每个字改正又改正。写至中途，广平又要求不要写了，其余的由她口说好了。他听了很不高兴，放下笔，叹一口气，又拿起笔来续写，许久才凑成了用日文写的致内山完造便条。这是最后执笔的可珍贵的遗墨，中文译文如下——

老版几下：

没有到半夜又气喘起来。因此，十点钟的约会去不成了，很抱歉。托你给须藤先生挂个电话，请他速来看一下。草草顿首。

L拜十月十八日

清晨书店还没有开门，广平走到内山先生的寓所前，先生已走出来了，匆匆地托了他打电话，就急急地回家了。

广平看着在病苦中煎熬的鲁迅，不胜悲伤，想起1936年整个夏天，先生都被病缠绕得透不过气来，许多爱护他的人都极为着急，在亲友悉心关护下，病状好转了。在那个时候，他说做了一个梦，他走出去，看见两旁埋伏着两个人，打算向他攻击，他想：你们要趁我生病的时候攻击我吗？不要紧！我身边还有匕首呢，投出去掷在敌人身上。

梦后不久，病减轻了。一切恶症候都逐渐消失，可以稍稍散步，写些文章，还可以看看电影，生活生活。他战胜了"死神"，在讴歌，在欢愉。生的欣喜布在每一个友朋的心坎中，惠临在每一个爱护他的人的颜面上。

10月17日子夜，他写了《因太炎先生而想起的二三事》一文的中段，凌晨将原稿压在桌子上，预备稍事休息再继续执笔。午后，他想出去散步，广平因事在楼下，见他穿好了袍子下扶梯。那时外面正有些风，但他

48. 死

已决心外出，衣服穿好之后，是很难劝止的。不过广平还是姑且留住他，说："衣裳穿够了吗？"他探手摸摸，里面穿了绒线背心，答道："够了。"广平又说："车钱带了没有？"他理也不理就自己走去了。

广平心知他的犯病，就是这天出去遭受风寒造成的，当时应该拦挡他，不让他出去。但是他就这犟脾气，谁拦得了呢？禁不住叹了口气。

换到躺椅上坐，广平怕他再受凉，在躺椅上加了条薄棉垫。8点多钟，18日的日报到了。他问广平："报上有什么事体？"广平说："没有什么，只有《译文》的广告。"广平知道他要晓得更多些，又说："你翻译的《死魂灵》登出来了，头一篇上。《作家》和《中流》的广告还没有。"

广平为什么提起《作家》和《中流》呢？这也是他的脾气。在往常，晚间撕日历时，如果有什么和他有关系的书出版时——敌人骂他的文章，他倒不急于要看——他就爱提起："明天什么书的广告要出来了。"就像自己的一本好书出版一样的欢快，熬至第二天早晨，报纸到手，就急急披览。如果报纸到得迟些，或者报纸上没有照预定登出广告，那么，他就很失望。虚拟出种种变故，直至广告出来或刊物到手才放心。

广平告诉他《译文》的广告出来了，《死魂灵》也登出了，别的也连带说了，以为可以使他安心了。然而不！他说："报纸给我，眼镜拿来。"广平把那有广告的一张报给他，他一面喘息一面细看《译文》的广告，看了好久才放下。

原来他是在关心着《海上述林》上卷的介绍，即使在这样的病苦中，他还记挂着瞿秋白。这是他最后一次和文字接触，也是他最后一次和大众接触……

在躺椅上仍旧不能靠下来，广平拿一张小桌子垫起枕头给他伏着，他还是在那里喘息。

6点钟左右看护妇来了，给他注射和吸入酸素，氧气。

7点半钟广平送牛奶给他,他说:"不要吃。"过了些时,他又问:"是不是牛奶来了?"广平说:"来了。"他说:"给我吃一些。"饮了小半杯就不要了。

其实是吃不下去,不过他恐怕太衰弱了支持不住,所以才勉强吃的。到此刻为止,广平推测他还是希望好起来,他并不希望轻易放下他的事业。

内山完造一看许广平拿来的便条,就感到一种难言的悸动。平常总是写得齐齐整整的信,今天,笔却凌乱起来了。内山马上打电话给须藤医生,请他就来。随后跟妻子一起跑到先生家里去。那时候,鲁迅坐在台子旁边的躺椅上,右手拿着香烟,脸色非常坏,呼吸好像很困难。内山告诉他,须藤医生马上就会来,他点点头。

鲁迅的呼吸异常困难,内山静静地按摩他的背部。广平也同样地按摩,但他一点也不能够平静下来。内山家里藏有治哮喘的药,鸡蛋油;有一次他曾问过先生吃不吃,先生却说不必,所以也就没有吃。可是,今天,内山觉得或许要吃也未可知,所以,不管妻说"不行,先生决不会吃的",还是把装在胶袋里面的药拿出六管来。作为须藤医生来到之前的治疗,问先生吃不吃?先生说:"唔,吃吧。"于是,内山马上揭开胶袋的盖子,拿到先生嘴边去,先生一口气吃了三个。内山很高兴,心中祈求能够奏效。

内山要先生睡下,他躺下了,进入梦中……

鲁迅霍然梦醒,忽觉躺下来就很不自在;因此,还是坐在圆椅上,有时摇摇身体,并将上半身伸直。内山和广平要他停止吸烟,他终于把吸剩的丢了。

须藤医生是在内山和广平在给鲁迅按摩背部时来的,一踏入房门就跑过来,好像要把先生看个透彻。内山用家乡话说着"怎么搞起的?"但从

48. 死

医生脸上,明明白白看到了忧色,就不得不一个人在心中祝祷着。

须藤医生没有回话,只是让先生躺到床上,准备给他注射,那时他双足冰冷,医生命给他热水袋暖脚,再包裹起来。两手指甲发紫,大约是血压变态的缘故。广平见医生很注意看他的手指,心想这回是很不平常而更严重了。

鲁迅困难地呼吸着,用断断续续的话语,说:"从今天4点钟起,哮喘又发作起来了,请快替我注射。"那时候,医生已经把注射的手续准备好了,马上就在他右腕上打了一针。可是,他的呼吸好像还是很困难。过了一两分钟,鲁迅说:"怎么搅起的,总是没有效果。"

医生一边说再过一两分钟看看,一边做第二回的注射准备,说道:"如果一针不见效,就再打一针。"已经过了五分钟,鲁迅的呼吸没有变化,依然很困难;于是,医生又在他右腕上面做了第二次注射。过了一两分钟,鲁迅说好像稍为好点了,呼吸也好像比较舒服些了。内山和广平都不知不觉地松了一口气,几乎同时开始按摩先生的背部,但鲁迅要他们停止,他们这才一同停止了。他的苦闷稍为和缓了一点,就跟须藤医生讲起话来了。这时候,恰好是7点55分。内山8点钟在店里有个约会,就拜托了须藤医生,和妻子一起回到店里来了。什么通知也没有,内山以为已经不妨事了,就安心地跟来客谈话。可是,这时,须藤医生来了,说哮喘总没有好,好像已经变成心脏性哮喘,想要请松井博士诊察一回,于是马上把汽车驶到福民医院去接松井博士;偏巧赶上礼拜天,博士不在,回到他的住处去了,须藤医生就亲往住处接他,仍没接到,只得一人回到鲁迅那里。这时候,石井医生偶然到内山书店来,内山把鲁迅今天发病的情况告诉了他,他说马上去问候一下。

过了一会儿,须藤和石井两医生回书店来了,说病很重,很危险,今天须得十分注意,但内山不能够对许广平说这些话。他把看护妇叫到书店,吩咐她按照医生的治疗方法,每隔两个钟头注射一次,呼吸困难的时候,就做酸素吸入。看护妇应声回去,内山马上准备好酸素发生器送去,先行用酸素发生器施行吸入,又叫药店准备酸素管。那时候,鲁迅已经睡在床上,酸素的吸入,似乎多少使呼吸舒服了些,于是说起话来:"我的病究竟怎么样了?"

内山对他说,最好是静静地休养,医生也说要让他静静地休养。所以,请他不要想各种事情,好好地休养一下。这当儿,酸素管已经拿来了,就再行准备酸素管的吸入。看起来,酸素管的吸入效果很不错,鲁迅好像能够安睡了。在这以前,内山为防止万一,委婉地对广平说,病势很重,有注意之必要。须藤医生又来诊视,说了声大概不妨事,明天再来,就回家去了。但内山总觉得不放心,叫一个店员住在鲁迅家里。

内山也先行回到家来,但总觉得不放心,于是再把石井医学博士请来诊察。结果,说是病势很重,还是叫先生的弟弟来好。内山急赶回鲁迅家,对广平说:"希望建人先生来。"广平说:"日里我问过他,要不要见见建人先生,他说不要。所以没有来。"内山说:"还是请他来好。"于是马上叫人打电话请建人先生来。一会儿,建人先生来了,内山把医生的话告诉他,请他注意。当他跟着内山在楼下的客堂间谈话的时候,广平惦念着内山,劝他回去休息。但他仍然不放心,却又没有把话直说出来的勇气;只得绕着弯儿,说是打算跟建人先生谈到天亮。广平非常操心地说:"先生很安静的,还是请你回去吧。"又请建人先生在楼上休息。内山遂于晚间12点半动身回家了。

冯雪峰18日下午也来了。他见到鲁迅才知道他的病已转为剧烈,直坐在藤椅上,只是气喘,见雪峰来,曾想向他说话,雪峰连忙摆手,因为鲁迅那时说话十分困难,雪峰看鲁迅自己也很焦急。雪峰坐了有二十多分钟,见鲁迅只是气喘,偶尔看他一下,那表现出疲乏、痛苦的眼睛,好像

48. 死

是在说："想不到，突然就这样严重了。"这时候，广平和别的人，都只能依照鲁迅自己的意思，依赖长期给他看病的日本须藤医生的诊治，只希望先把气喘止住，然后再想其他的办法。雪峰只好先走了。

到晚上八九点钟，雪峰又来了，见鲁迅已经静卧在床上，因为打了强心针和室内装了氧气机，气喘减轻了。须藤医生在那里，没有离开。雪峰请人转问医生，究竟怎样，医生回答说："只要能够过得了这个晚上，就可以有转机。"

于是雪峰出去找上海党的领导人潘汉年商量，想请宋庆龄聘请更好的医生来诊治，但他们都相信这个晚上能够过得了的，准备第二天再去和宋庆龄联系。

11点前雪峰再去，广平再问医生，回答还是要看"这个晚上"。雪峰12点离开时，广平送他下楼，暗暗地流着眼泪轻声说："我很怕……"冯雪峰以坚定的态度对她说："度过这个晚上，明天再请别的医生试试看。"但广平告诉雪峰，当晚十一二点时鲁迅两脚的温度已经很低了，所以她当时有可怕的预感。雪峰看见广平忧愁很深，对她说道："你在周先生面前要竭力表现得坚强；你是知道他的性情的，即使万一——他看见你强，也就安心一些了。"的确，广平是坚强的，她不曾在先生面前流过一滴眼泪。

鲁迅眼窝里却流出一大滴泪，急切地要紧握广平的手……

喘息一直使他苦恼，连说话也不方便。看护妇和广平在旁照料，给他揩汗。

腿以上不时地出汗，腿以下是冰冷的，用两个热水袋温他。每隔两小时注一次强心针，另外吸入氧气。

12点那一次注射后，广平怕看护妇熬一夜受不住，叫她睡一下，到2点钟注射时叫醒她。这时由广平看护他，给他揩汗。不过汗有些黏冷，不像平常。揩他手，他紧握广平的手，而且好几次如此。陪在旁边，他就说:"时候不早了,你也可以睡了。"广平说:"我不瞌睡。"为了使他满意,就在对面斜靠在床脚上。好几次,他抬起身来看广平,广平也照样看他,有时还赔笑地告诉他病似乎轻松些了。但他不说什么又躺下了。也许这时他有什么预感吗?他没有说。广平也没有问。后来揩手汗时,他紧握广平的手,广平已没有勇气回握他了。广平怕刺激他难过,装作不知道,轻轻地放松他的手,给他盖好棉被。

她不知道是否应该回握先生的手,从死神手里把自己最敬爱的人夺回来……

从晚12点至晨4点,中间饮过三次茶,起来解一次小手。人似乎有些烦躁,有好多次推开棉被,广平怕他受冷,连忙盖好。他一刻又推开,看护妇没法子,告诉他心脏十分贫弱,不可乱动,他往后就不大推开了。

5点,喘息看来似乎减轻,然而看护妇不等到6点就又给他注射,心想情形必不太好。她叫广平托人请医生,那时内山先生的店员终夜在客室守候。广平匆匆嘱托书店店员去请,内山先生和他的店员,这回是全体动员,营救鲁迅先生的急病。

建人先生也来到二楼,看见鲁迅头稍朝内,呼吸轻微了,连打了几针也不见好转。

他们要广平呼唤他,广平千呼万唤也不见他应一声,就又紧握先生的手,他紧紧地紧紧地回握了一下,渐渐松开,凉了。天是那么黑暗,黎明之前的乌黑啊,把他卷走了。黑暗是那么大的力量,连战斗了几十年的他也抵抗不住。医生说:过了这一夜,再过了明天,没有危险了。他就来不及等待到明天,来不及看到那光明的白昼。而黑夜,那可诅咒的黑夜,广平天天睁着眼睛瞪它,将诅咒它直至自己的生命终止……

内山先生听到了"老板老板"的喊声,吃了一惊,跳了起来,把窗子打开。"请你马上来!并且请你马上请医生来!"于是,内山当即叫用人

48. 死

去请石井医生和须藤医生马上来诊视,然后急跑到先生家里去,那时是午前5点51分。可惜——先生的额还温暖,手也还温暖,但呼吸已绝,脉搏也停止了!内山用一只手握着先生的手,一只手按在先生的额上,温味渐渐地消失下去了。许广平靠着台子悲泣着,内山说不出什么安慰的话语,只是跟她一同悲泣。石井医生来了,但已经"没有法子"。接着,须藤医生也来了,但也"没有法子"。

呜呼哀哉!鲁迅先生长逝矣!

时为1936年10月19日午前5点25分。

这时,小海婴还在三楼睡觉。1936年的大半年,他的日子也是在忧喜交错之中度过的。父亲的健康状况起伏很大,体力消耗得很多。因此,家里的气氛,总与父亲的健康息息相关。

每天清晨,海婴穿好衣服去上学。按照过去的惯例,父亲因为深夜写作,睡得很晚。今年以来,更因为他不断生病,母亲就叮嘱海婴,进出要小声,切勿闹出声响,以免影响父亲的休息。遵照母亲的嘱咐,海婴每天从三楼下来,总是蹑手蹑脚,不敢大声说话。父亲的房门一般不关,他悄悄钻进卧室,侧耳倾听他的鼻息声。父亲睡在眠床外侧,床头凳子上有一个瓷杯,水中浸着他的假牙。瓷杯旁边,放着香烟、火柴和烟缸,还有象牙烟嘴。海婴自知对父亲的健康帮不了什么,但总想尽点微力,让他一展容颜,也算是一点安慰,于是轻轻地从烟盒里抽出一支香烟,细心地插进被熏得又黑又黄的烟嘴里面,放到父亲醒来以后伸手就能拿到的地方,然后悄悄离去。这些动作十分轻捷,没有一点声响。

不幸终于来临了。清晨,海婴从沉睡中醒来,觉得天色不早,阳光比往常上学的时候亮得多了。他十分诧异,许妈为什么忘了叫他起床?连忙穿好衣服。楼梯轻轻响了,许妈来到三楼,低声说:"弟弟,今朝侬勿要上学去了!"海婴急促地询问:"弄为撒个能(这是为什么)?"

只见许妈眼睛发红,却强抑泪水,迟缓地对他说:"爸爸吭没了,侬现在勿要下楼去。"

海婴意识到,这么不幸的一天,终于降临了。他没有时间思索,不顾许妈的劝阻,急促地奔向父亲的房间。父亲仍如过去清晨入睡一般,那么平静,那么安详,好像经过彻夜的写作以后,正在作一次深长的休息。但房间的空气十分低沉,压得人喘不过气来。母亲流着眼泪,赶过来拉着他的手,紧紧地贴住他,生怕再失去什么。他只觉得悲哀从心头涌起,挨着母亲无言地流泪。父亲的床边有一些亲友,也在静静地等待,似乎在等待父亲的醒来,时间似乎凝滞了,秒针一秒一秒地前进,时光一分一分地流逝,却带不走整个房间里面的愁苦和悲痛。不一会儿,来了一个日本女护士,她走到床前,很有经验地伏下身去,听听父亲的胸口,心脏是否跳动,等到确认心跳已经停止,她便伸开手隔着棉被,用力振动父亲瘠瘦的胸膛,左右摇动,上下振动,想用振动方法,使他的心脏重新跳动。这一切,她做得那么专心,充满着必胜的信念,没有一丝一毫的犹疑。人们也屏息等待,等待奇迹的出现。希望他只是暂时的昏迷,暂时的假死,忽然一下苏醒,睁开大家都在期待着的眼睛。然而父亲终于没有苏醒,终于离开他们而去,再也不能慈爱地叫他"小乖姑",不能用胡须来刺他的双颊了……止不住的泪水,不由地从眼眶涌出,顺着脸面倾泻而下,滴得地板叮咚作响。他再没有爸爸了,在这茫茫无边的黑暗世界之中,就只剩下了他和母亲两个人了。悲痛和苦难,将要一起向他们母子扑来……

胡风、冯雪峰来了。他们往二楼奔去,跑进房门,一眼看见许多人面对着床站着,回头朝床一看,他们便扑在床前,痛哭起来。

海婴紧紧偎在母亲怀里哭泣,过了一会儿,广平放开海婴,到楼下迎人。

来了一些人。有录制电影的,有拍摄遗照的。……室内开始有点杂

48. 死

乱，不像刚才那样寂静了。日本牙科医生兼塑像家奥田杏花，赶来为先生塑像。他先在先生面部搽上薄薄的一层凡士林油膏，仔细抹平，然后用现调的湿石膏敷在脸的四周，轻轻抚平，贴上纱布，待石膏凝固，轻轻地揭下模子。当他翻过面模检查质量的时候，海婴也过去望了一眼，看到石膏面模拔下父亲许多根胡子，当时感到很不舒服，仿佛从自己身上拔下许多毛发一样难受。

七八点钟以后，前来吊唁的人也慢慢增加了，但大家仍动作很轻，只是默默地哀悼。忽然，海婴听到楼梯咚咚一阵猛响，只见一个大汉，直奔父亲床前，没有犹疑，没有停歇，没有俗套和应酬，扑到床前，跪倒在地，像一头狮子一样，石破天惊地号啕大哭。他扑向父亲胸前的时候，一头扎下去，好久没有抬起，头上的帽子，沿着父亲的身体急速滚动，一直滚到床边，这些，他都顾不上，只是从肺腑深处，旁若无人地发出了悲痛的呼号，倾诉了他对慈父般的鲁迅先生的爱戴之情。海婴从充满泪水的眼帘之中望去，看出是萧军，后边跟着的是黄源。这位重于友谊的关东大汉，不几天前，还和父亲一起谈笑盘桓，替他们分担忧愁呢！而今也只有用这种方式来表达他对父亲的感情了。海婴不记得这情景持续了多久，也不记得是谁扶萧军起来，劝住了他的哭泣的。只是这最后诀别的一幕，在自己脑海中凝结，形成了一幅难忘的画面。

鲁迅出世，曾在中国精神文化界响起惊雷；鲁迅逝世，也如惊雷般震撼了中国，震撼了世界。

当日，即10月19日下午，上海《大沪晚报》《华美晚报》《大美晚报》，北平《世界日报》《北平新报》，香港《港报》都刊出文坛巨星鲁迅陨落的消息。国外的反响也非常强烈，日本东京、大阪的晚报在当天就作为重要新闻发布了这一噩耗，第二天好几家报纸都刊载了哀悼鲁迅的文章。苏联的《国际文学》《文学报》《真理报》《劳动报》连续发布了消息，刊载了纪念文章。法国巴黎出版的中文报纸刊登了好几期纪念文字。

鲁迅在当时精神文化界的影响确实是非同一般的，他已被主要媒体公认为"中国文坛巨星""中国新文化运动领导者""世界前进文学家""中国文化界革命领袖""世界新文化运动战士著作家""中国民族解放运动英勇战士""世界之中国唯一学术家"……

当时处于困难时期的中国共产党很快就发出了三则唁电，表示深切的哀悼。《为追悼鲁迅先生告全国同胞和全世界人士书》，称："鲁迅先生在无论如何艰苦的环境中，永远与人民大众一起与人民的敌人作战，他永远站在前进的一边，永远站在革命的一边。他唤起了无数的人们走上革命的大道，他扶助着青年们使他们成为像他一样的革命战士，他在中国革命运动中，立下了超人一等的功绩。"《致许广平女士的唁电》，说："为我中华民族失去最伟大的文学家，热忱追求光明的导师，献身于抗日救国的非凡的领袖，共产主义苏维埃运动之亲爱的战友，而同声哀悼。谨以至诚电唁，深信全国人民及优秀之文学家必能赓续鲁迅先生之事业，与一切侵略者，压迫势力作殊死的斗争，以达到中国民族及其被压迫的阶级之民族和社会的彻底解放。"《为追悼与纪念鲁迅先生致中国国民党委员会与南京国民党政府电》，"要求：（一）鲁迅先生遗体举行国葬，并付国史馆立传；（二）改浙江省绍兴县为鲁迅县；（三）改北平大学为鲁迅大学；（四）设立鲁迅文学奖金，奖励革命文学；（五）设立鲁迅研究院，收集鲁迅遗著，出版鲁迅全集；（六）在上海、北平、南京、广州、杭州建立鲁迅铜像；（七）鲁迅家属与先烈家属同样待遇；（八）废止鲁迅先生生前贵党贵政府所颁布的一切禁止言论、出版自由之法令。"

49. 悼念

经冯雪峰、宋庆龄与许广平、周建人等商量，决定鲁迅先生的出殡事宜由上海万国殡仪馆承办，并告知这是一代文化伟人，只是群众吊唁，瞻仰遗容，不要西式仪式。

1936年10月19日，鲁迅逝世当天下午3点，上海万国殡仪馆的"克雷斯莱"黑色柩车开进了大陆新村，平时住户都从后门出入，前门不常开启。这天，前门打开了，殡仪馆的工作人员将鲁迅的遗体用白布裹着舁下楼，郑重地放进柩车里的西式铜棺。许广平和海婴母子从屋门口、楼梯上一直到前门口，悲痛地送别先生和爸爸。

鲁迅告别了自己的书房和病榻，告别了从不释手的书籍和画册，告别了他的"金不换"，告别了相濡以沫的妻子和爱子，以及手足之亲的三弟，告别了生活了三年多的大陆新村九号和温暖的家，走向另一个世界……

内山完造等内山书店职工送的花圈，从家里移到黑色柩车顶上，萧军、黄源等跟车前往殡仪馆。

鲁迅遗体移到了万国殡仪馆，经过馆方施了防腐剂，化妆小殓，6点暂厝于该馆二楼二号房间，接受亲友的吊唁。

房间里寂静得好像空气已经凝固。鲁迅身上穿着他生前所爱穿的咖啡色旧绸袍，上面覆盖着褐色棉被，上及胸际。在灯柱旁看到他的遗容，两颊瘦削，双目紧闭，浓浓的短须耷在唇上，脸上依旧透出他不屈的性格和永不

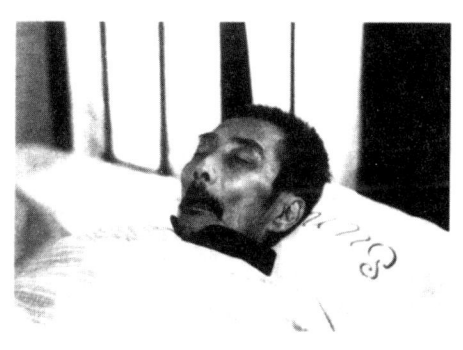

鲁迅遗容

休战的英气。灵床四周,摆放着景仰者致送的花圈、花篮。鲜花,泛着沁人心脾的浓郁花香。

是夜,萧军、黄源、胡风、雨田、周文五位青年作家守灵。萧军一直跪在先生的灵前,直到夜深人静时也不肯起来。他后来在10月26日的日记中写道:是的,我们在过去和现在,全是吃着你的血和乳在生长着!你也甘心作这样一头牛!……先生!我们在这里痛哭,不是在哭你!是在哭我们自己!我们还没有长成,而喂养我们的源泉却涸竭了!我们真的要作个营养不良的孩子在这世界上生长么?……先生;你底"死"是一把刀——一把饥饿的刀!深深地插进了我们的胸槽;我们要用自己和敌人的血,将它喂饱。

有情有义的萧军,以他个人的方式表达他对鲁迅的感谢,全身心投入到治丧中。

翌日清晨,胡风原是被安排回大陆新村看家的,却又被叫到殡仪馆来。冯雪峰告诉他,要黎烈文担任治丧处长,他是中间人士,对付环境便利些。但胡风见到黎烈文时,向他提出此事,被黎烈文"一口拒绝了"。胡风只好当了实际上的负责人,料理事务,决定丧事程序,如群众瞻仰遗体的时间、灵前守夜人名单等。萧军做了活动的总指挥,黄源和雨田、周文、孟十还等人做"灵前司事",却都没有任何名义。

1936年10月20日清晨,上海胶州路万国殡仪馆前,拱门上方挂着"鲁迅先生丧仪"的白色横幅,右墙上贴着悼词和哀悼者的名字。进门的院子路口放了两张桌子,设有签名处,由接待员负责来宾签到。签名后,即有立在桌角的女子为每个人在左手臂上套上黑纱,以示哀敬。

许多手臂上套有黑纱的人们,在入口处排列成队,等候着一批一批地进去;虽然人很多,但没有一点声响,心里都为巨星的突然陨落感到心情沉重。

49. 悼念

鲁迅的遗体原来停在二楼二号房间,布置得不错,楼梯上铺着地毯,人们的脚步也很轻。8点多,某女校来了一二百人,排着队上楼仍多有不便。为了便于大众瞻仰,鲁迅的遗体在10点左右移到楼下的礼堂里。

由甬道折入礼堂的进门处,贴有"肃静"两个大字,礼堂内前半间四壁没有什么繁缛的装饰,挂满黑字白布的各式挽联、挽词,上面写着沉痛的语句。门框上挂有十六位青年作家合献的中间有五角星的轭形鲜花拱门。列有一个名单,他们是:草明、张天翼、槲公、姚克、屠琪、周文、萧红、路丁、华沙、胡风、契萌、欧阳山、萧军、奚如、周颖、聂绀弩。灵堂设在厅之西端。门首缀以鲜花和布额,以世界语文字及拉丁字书就的两幅巨大布额悬挂在两侧;法电工人读书班所献的松柏牌坊,上书"失我良师"四个大字。灵堂里的窗户都垂着绒帘,灯光幽暗,气氛肃穆。灵堂正面是鲁迅遗像,四周堆满花篮,中间安放着蔡元培、何香凝等各界人士献的花圈。灵桌上另置一张小照片,这是鲁迅在木刻展上与青年木刻家交谈抽烟的照片,为沙飞所摄。遗像两旁供着两瓶鲜花,上面插着两张纸条,写着"鲁迅老师千古,十二个青年敬献"。也许是十二个青年木刻家。下面放着一张由木刻家力群所作的木刻《鲁迅像》,这是鲁迅生前满意的作品,曾介绍刊出。灵桌上放着鲁迅生前用的一本稿纸、一个笔架、一瓶墨水和一支钢笔等文具用品。

灵桌前横置着鲁迅的遗体,与灵桌稍有距离,瞻仰遗容者,可以绕遗体而过。鲁迅身着咖啡色绸袍,覆盖深色锦被,上及胸际。他两颊瘦削,朴素庄严之至。望过去就像他正在酣睡着,仍在呼吸着的样子。他的四周"光荣的侍卫者"站在那里,向先生致以他们最后的敬礼。许广平母子始终哀痛地坐在侧面暗处的椅子上。

蔡元培所撰的挽联,悬于遗体左右之壁间,联词是:

著述最谨严非徒中国小说史

遗言太沉痛莫作空头文学家

许广平手书挽词《鲁迅夫子》放在灵床前：

鲁迅夫子

悲哀的氛围笼罩了一切，

我们对你的死，有什么话说！

你曾对我说：

"我好像一只牛。

吃的是草，

挤出的是牛奶，血。"

你不晓得，什么是休息，

什么是娱乐。

工作，工作！

死的前一日还在执笔。

如今……

希望我们大众

锲而不舍，跟着你的足迹。

许广平敬献

停放鲁迅遗体的殡仪馆大堂，壁角周围闪着几十支阴沉的电炬，苏联的、欧美的、日本的一些爱着真理的人们，满面惆怅，心情沉痛，默默地献上花圈，垂了头站着，热泪从他们的眼眶滚了出来……

中国的同胞们，各界的人，团体或个人，男的、女的、老年的、中年的、少年的、穿得漂亮的和穿得破旧的，成千上万，不经邀约，不凭通

49. 悼念

知，一个接一个地排成一长串，悲痛地从灵堂的侧门进去，献上花圈和对联，在鲁迅的遗容前站着，垂下头，眼眶滚出了热泪……还有许多一对对，或个别的人从街上，从大门外就一直哭进灵堂来，红肿着眼眶，热泪横流，在先生的遗容前沉默地站着，垂下头来，放声地痛哭，肩头不断地抽搐……有的人还留下他的悼词："我死了母亲还不曾怎样悲痛过，可在你的灵魂前我忍不住痛哭了！"

这天，秋日的天空是这样高朗，然而，万国殡仪馆里，每一个人的脸上都罩上了一层阴影。人越来越多，院子里无法容纳前往瞻仰的群众，只得将殡仪馆的大门关起来，一批人出来了，再放一批人进去。静待的民众列着队，很有秩序地分十人一组进入院子，又从礼堂西端入口处一个侧门挪进灵堂，瞻仰鲁迅先生的遗容，没有一丝混乱。无论男女老幼，瞻仰者都对鲁迅先生充满了无限的景仰，对他的逝世怀着无限的悲痛——一位老得连走路都需要搀扶的老太太，现场哭了，伤心地看着鲁迅先生的遗容，对旁边同来的亲友说："这种好人也会死吗？"一群小学生来吊唁，其中一个衣衫褴褛、腿下微跛的孩子，放下腋下的书册，深深鞠下躬去，一连鞠了七个躬，才红涨着脸，也红涨着眼睛走出灵堂。人们环绕鲁迅先生遗体踱着沉重的步子，脚跟像坠了铅球，踱到中间，冥冥中似有什么使他们肃然地屈下去。然后，噙着一泡湿湿的眼泪，用手巾堵着嘴，仓促地奔了出来……

黑纱需用量太大，几个女子赶制黑纱圈，仍然供不应求，后来赶来吊唁的人只好仅留下签字了。

正担任着国民政府财政部部长、中央银行总裁、中国银行总裁等职的国民党实力派人物孔祥熙，也给鲁迅送了挽联：

一代高文树新帜　千秋孤痛托遗言

上联右侧还题有"鲁迅先生千古"六个字，下联左侧题有"孔祥熙拜挽"五个字。

启灵祭后，将灵柩抬出礼堂，移至柩车上。抬棺是庄严而神圣的事，不要殡仪馆的人抬，由鲁迅生前接近的青年作家抬。这些抬棺人是：

第一排：巴　金　鹿地亘

第二排：胡　风　曹　白

第三排：黄　源　张天翼

第四排：靳　以　姚　克

第五排：吴朗西　周　文

第六排：萧　军　黎烈文

下台阶时，沙汀、聂绀弩等也赶上前去帮着扶稳灵柩。

每个抬棺人都自感责任重大，虽然棺木不大，鲁迅的遗体也很轻，还有殡仪馆专家的辅助，他们却觉得异常沉重，心情也极为沉重，极其小心地迈着步子，为了使鲁迅不再受一点人间的颠簸，也为了自己不会万一失足滑倒，下台阶的时候，他们更慢、更稳，甚至于不想使先生的头向下或是向上，尽量保持他平躺的姿势，走在前面的，慢慢地把手抬高起来。

下午两点半出殡，队伍出发了。走在最前面的是作家蒋牧良、欧阳山高举的张天翼书写的"鲁迅先生殡仪"横幅，接着是十多位作家送的轭形花圈、"民族魂"的大旗，之后是奏乐队、挽联队、花圈队。因为送葬的群众实在太多了，前面已走了多时，鲁迅的黑色灵柩车才缓缓地在哀歌声中，从殡仪馆中开出，灵车之前是一幅巨大的鲁迅画像，系布底墨画，为画家司徒乔的手笔，由周建人的两个女儿左右护持。

萧军是行列的总指挥，手执着两块硬纸板做成的话筒，在人丛中穿来穿去，蓬乱的头发被汗水吸在额上，神情极为亢奋。经过几十分钟的整队，秩序终于井然。霎时间竖起无数面挽旗，它犹如白云在凌空上上下下飞动，六七千名送葬群众，队伍长达里许，在哀乐和挽歌声中，向万国公墓挺进，在广漠的苍穹中，显得凄凉而悲壮。

送葬队伍中，没有传统的僧侣，也没有西方的牧师，更没有撒纸钱的陋俗，大家自愿地拿挽联、捧花圈。

许广平和儿子海婴、周建人夫妇等家属分乘四辆汽车相随。蔡元培、沈钧儒和宋庆龄等，步行了相当一段路，在再三相邀下才上了汽车。章乃器、李公朴、胡愈之、王造时、王统照、沈慈九等，都默默地跟在行列的最后。临时组织的自行车队、纠察队、救护队在前面奔驰联络、照料。

在这长长的行列中，包含着童子军、学生、工人、文学家、艺术家、职员等，很多人都低着头，脸上凝结着悲哀，跨着沉重的步伐，夹着哀叹的声息，伴送着一个为他们熟悉、亲近的而又未曾会过面的人去做永远的安息。

队伍中有一个青年，手上拿着一方白布，写了很长的一篇哀辞："我因无钱买花圈，所以用白布一方，表示敬意……"

教师和学生们离开了他们的教室，店员离开了他们的商店，工人离开了他们的工厂，穷苦的作家、画家和演员走出他们的藏身之地来为他送葬。人们手执一面白旗，唱着歌曲走在队伍中间。走过日本人办的国文书院门口时，许多日本学生穿了黑色的学生制服，戴了眼镜，看到这么长而整齐的队伍，大为惊奇，都啧啧称赞说："中国出了这么伟大的作家，了不起！"

谁也没有下过命令，没有做过邀请，也没有预先约好，送葬的行列，却有六千人光景的大众，而且差不多全是青年男女和少年。上海市区西北部几条绵延相连的马路上，送葬的队伍所经之处，无数的市民伫立街头，悄然默哀。不断有人加入队伍中来，形成了一条近万人的送殡队伍。一个个自动组合的队伍，擎起写着标语的旗子或者横幅，用黑纱、挽联和口号来表达对鲁迅的哀思，高唱起以《打回老家去》曲调谱写的挽歌和流行的抗日歌曲，从上海的四面八方会集到墓地。这样的事，上海从未有过，全中国从未有过，万人"挽歌游行"的壮举载入了现代史册。

在鲁迅丧仪中，孔祥熙也亲自送殡，一直把鲁迅送到上海西郊的万国公墓。

作为权重一时的国民党政府要员，孔祥熙虔诚地表达了对鲁迅的哀悼和敬重。

进入万国公墓，葬仪在纪念堂前露天举行，鲁迅的灵柩安置在广道上，主席团治丧委员们等站在堂前的石阶上，后面正中央挂着司徒乔所作的大幅鲁迅遗像，两旁插满挽联，群众的队伍分开两边站立在堂前大道上。电影公司的摄影机和新闻记者的照相机不停地运作。几分钟之后，主席宣布开会，群众立刻寂静无声，每个人的眼睛都朝着礼堂前的阶石。

奏哀乐后，治丧委员会主席蔡元培致辞，他庄严地号召大家：我们要使鲁迅先生的精神永远不死，必须担负起继续发扬他精神的责任来。我们要踏着前驱的血迹，建设历史的塔尖。

接着是沈钧儒代表救国会报告鲁迅事略。然后，在暴风雨般的掌声中，宋庆龄和民众见面。她很少在公众面前讲话，那天她词略而简，用带着浦东口音的上海话激动地说：鲁迅先生虽死，其精神实仍不死，吾人纪念鲁迅先生，在集合真正革命之同志，以从事于反帝之运动，为被压迫民众而奋斗。

之后，章乃器演说：鲁迅先生之所以伟大，是在于他的笔肯为全世界被压迫大众讲话，肯为特别被压迫的厉害的中国民众讲话。纪念鲁迅先生，我们必须发起一种鲁迅先生的运动。

治丧处有人以为应该有鲁迅最后的"亲密战友"的代表讲话。提议请胡风来讲，替鲁迅最后一二年来受的攻击做一番表达。但也有人以为这很不好，劝阻了，因而发生了一点争执。后来还是推选萧军讲话。萧军手里拿着硬纸做的喇叭筒，代表"鲁迅治丧办事处"全体同仁暨《作家》《译文》《中流》《文季》四大刊物，嘶哑着嗓子做了激昂的演讲：我代表《译文》《作家》《中流》《文季》四个刊物和治丧办事处全体同仁，向诸位说几句话。就是鲁迅先生他不应该死，他自己也不想死。他不想用死来逃避自己的责任。他要活，他要用活着的最后一点血，为中国整个民族，为世界上被压迫的大众，争解放，争平等……可是他的敌人们却要他死，不准他活，接连不断的压迫了他三十年！现在他死了，装在棺材里了……这是他的敌人胜利了吗？（群众喊：没有胜利）不错，他们并没有胜利，鲁迅先生的死，正是为他们点起了最后送葬的火把……鲁迅先生的死是一把复仇的刀，插在我们每个人的心窝上，我们要承继他这把刀，我们也要承继他的敌人！

内山完造先生也做了演说：鲁迅先生是个伟大的文学家，他给予日本人的印象是不可磨灭的……他如旷野中的一盏灯……为我们开辟了一条大路……他的演说带有手势，说得很有力量。

胡愈之代表主席团读哀辞。许广平也发表了哀辞。宋庆龄始终站在她的身旁，默默地用心安慰着她。

之后，向灵柩行最后的敬礼，作静默致哀。由王造时、沈钧儒、章乃器、李公朴四人献旗。旗为白底黑字，上缀沈钧儒手书的"民族魂"三字，覆盖在棺木上。

这时，暮色已经笼罩了大地，灵柩由扶柩人抬到墓地的东首墓穴，由礼堂把灵柩抬到墓穴大约有几十米远的一段路，也有一些民众跑出来一起抬着灵柩，已经是傍晚了，一个大架缚着两根宽带子，边上有活轮。在工作人员指导下，大家把覆盖着"民族魂"旗帜的灵柩放在带子上面。这回抬棺倒有些重，刚致完哀辞的萧军，迅速从人丛中跑来，把他的手掌放在灵柩下面。

押柩车来的西洋人跑来用英语问道:"我可以帮忙吗?"巴金点了点头,他默默地把手伸到灵柩下面去。

落棺了,墓穴周围素不相识的人们手拉手半蹲着成一个圈子,等到棺木完全在深处的水泥椁上定位时,再把水泥椁的墓盖盖上。许广平把第一捧土撒上去的时候,万国公墓上空响起了无数人的痛哭声和断断续续的《安息歌》:

> 愿你安息,安息!
> 愿你安息,安息,
> 安息在土地里……

在一阵阵《安息歌》哀悼的歌声里,淡淡的月光下,梧桐树下的民众,随着歌声渐渐地散去……